云南师范大学学术精品文库

The Pearl of the Indian Ocean

印度洋上的珍珠

斯里兰卡文化遗产研究

余媛媛 著

中国社会科学出版社

图书在版编目（CIP）数据

印度洋上的珍珠：斯里兰卡文化遗产研究 / 余媛媛著 . —北京：中国社会科学出版社，2023.10
ISBN 978 – 7 – 5227 – 2215 – 3

Ⅰ.①印… Ⅱ.①余… Ⅲ.①文化遗产—研究—斯里兰卡 Ⅳ.① K358.03

中国国家版本馆 CIP 数据核字（2023）第 124538 号

出 版 人	赵剑英	
责任编辑	王莎莎	
责任校对	张爱华	
责任印制	张雪娇	

出　　版	中国社会科学出版社
社　　址	北京鼓楼西大街甲 158 号
邮　　编	100720
网　　址	http://www.csspw.cn
发 行 部	010 – 84083685
门 市 部	010 – 84029450
经　　销	新华书店及其他书店
印　　刷	北京君升印刷有限公司
装　　订	廊坊市广阳区广增装订厂
版　　次	2023 年 10 月第 1 版
印　　次	2023 年 10 月第 1 次印刷
开　　本	710×1000　1/16
印　　张	18
插　　页	2
字　　数	293 千字
定　　价	98.00 元

凡购买中国社会科学出版社图书，如有质量问题请与本社营销中心联系调换
电话：010 -84083683
版权所有　侵权必究

自　序

"除了雪，这里拥有一切"，这是近年斯里兰卡推广局对外的宣传语，斯里兰卡一家著名旅行社的CEO对我说："这里（斯里兰卡）有着光辉的历史古迹，它们是著名的世界遗产；这里有印度般多彩文化的身影，有不逊于泰国的佛教文化，有非洲般丰富的野生动物，有可以和马尔代夫媲美的沙滩。"斯里兰卡就是这样一个国家，他们为什么会有着如此强大的文化自信？

十几年前，我第一次到达斯里兰卡时印象深刻，与各种光辉的世界遗产和自然资源相比，这个被誉为"印度洋珍珠"的半岛国家，让人印象深刻的是岛上的人。那时我从阿努拉达普勒、波隆那努瓦至康提，从北至中部直驱而下。站在阿努拉达普勒所剩不多的废墟石块中，好友阿索卡极其深情地对我说："这里以前是蓄水池，是我们古代国王的伟大功绩。国王的聪明才智让我们得以生存。"在从阿努拉达普勒到波隆那努瓦的路上，有几座大的水库，司机在此处特意停车，激动地比画着，告诉我他们古代的国王如何利用聪明才智在两座山之间建湖。到达西格利亚古城时正逢下雨，古代的水利系统也发挥了作用，一同随行的斯里兰卡语言和考古学家萨曼帕斯让我欣赏古代的喷泉，泉水从地底涌出，细腻而又精致。到了康提，人逐渐多了起来。他们热情友好，有着腼腆的笑容和明亮的眼眸，让人过目难忘。见到异文化突出的外来族群，他们的内心世界丰富，也许当天晚上就会去寺庙里倾诉今天的情感。吃完晚饭，夜色落下，在寺庙里，有些人坐下低声诵念佛经，有些人用水供奉菩提树。若是有所求，人们就会带来鲜花、茶水，以及与许愿相关的奉品。整个康提安静、祥和。在这里，似乎可以体会到古代国王、宗教、水、民族、国家的共同存在，它们相互交融。斯里兰卡给人的第一印象是友好淳朴，然而在那些明亮的眼神背后却总是有一些飘忽不定的东西，是害怕、恐惧、排斥或者贪婪……

正是因为这些美好和未知，驱使我开始了长达十几年乃至一辈子的斯里兰卡研究。在硕士期间，我致力于中国文化软实力在斯里兰卡的构建研究，调查对象主要是斯里兰卡中资企业，并对中国文化软实力在斯里兰卡的构建研究提出了一些见解，但是因没有人类学的长时间田野调查，对于他者文化了解不足。一直以来，我反思对于海外国家的研究，仅立足于中资企业文化适应和软实力建构研究似乎过于牵强。如若对于合作国没有深刻的理解和认识，就去谈文化适应和更进一步的软实力建构显然研究深度不够。因此，攻读博士期间我深入斯里兰卡文化中心圣城康提进行田野调查，与当地僧伽罗人同吃、同住、同劳，对斯里兰卡的社会、经济、政治进行研究。如果说旅行是一个跟自己灵魂对话的过程，那么人类学的参与观察更是如此。参与观察是一个不断与自己对话，思考，推翻自己的推断，根据事实修正自己看法的过程。我相信每一位人类学家对于自己田野的情感是复杂的，因为田野中有苦有乐，人间五味尝遍，至少我是这样认为。人类学家以自己的文化或自己非常熟悉的文化区为参照物对自己研究的田野对象进行对比分析，将田野对象的历史、社会、仪式等提升到理性思考的层面，对自己或熟悉的文化进行参照，进行分类、归纳、总结，将这些内容提升成文化的共同性和独特性。这是以文化自觉为路径，在"各美其美"与本土文化反思的基础上，试图通过深度田野调查与异文化对话构建自身学术品格、拓展研究视界、并最终实现"美美与共，天下大同"局面的学术研究过程。每位学者研究出来的作品都是基于不同视角所分析出来的材料，也是某一时段对于某一特定社会的真实写照。

这些年我分别站在"我者"和"他者"的角度对斯里兰卡文化进行摸索与研究，多次进入田野点进行调查和修正，这使得我对斯里兰卡这个国家、族群、族性有了更深刻的了解。本书以遗产为主线，将斯里兰卡的社会、经济、政治串联，讲述一座古城的生长，书写圣城康提文化遗产累叠的民族志。

序　言

斯里兰卡就像是挂在印度洋上的一颗"珍珠",也像一滴"眼泪"。作为印度洋的关卡,其战略地位不言而喻。无论是我国古代的法显"取经"、郑和下西洋、华人华侨迁徙、商贸业务与"狮子国""锡兰"(都是斯里兰卡)所建立"前一带一路"的历史关系,还是我国现在与斯里兰卡的"一带一路"战略,抑或是未来世界格局中的中斯关系"后一带一路"展望,中国与斯里兰卡两个国家过去友好,现在友好,也更期待未来双方互利互惠、共处共赢。

要想处好关系,无论是出于什么目的,有多少功利,都必须了解在先;相互不了解,谈不上处好关系。友好关系不是讲大话,不是说空话,也不只是外交辞令,而是要知己知彼,然后才有战略、有目标、有布局、有计划、有行动、有收益。人类学正好是一个了解异文化的学科,我称之为"知彼学"。所以人类学可以帮助其他学科做到、协助达到这些目标。

因此,人类学家也肩负着这样的学科使命,他们的足迹遍及世界各地。如果我们把人类学家在世界上所做"田野作业"的地点描绘成一张地图,那必定是一张完整的、布满点线的"世界地图"。估计没有什么地方没有留下人类学家的脚印,除了人类到不了的地方,否则就不能称为"人类学"了。反正只要有"人"的地方,就会有"人类学"。

从这个意义上说,人类学研究既是认知性的。实践性的,也是战略性的。"知己知彼"原就是兵家术语。20世纪80年代末我到法国留学时,在法国国家科学院"华南及印支半岛人类学研究中心"的墙上就看到一幅囊括了各种不同民族、族群、边界、关系、自然环境以及特点的"人类学地图"。可以想见,如果遇到战事,这就是一幅军用地图。

既然无论是过去、现在还是将来，中国与斯里兰卡的关系都处得很好，都要处好。那么今天我们需要继续这份"关系遗产"，当然要更深入地了解彼此。可是，不得不遗憾地说，总体上我们在这方面做得相当不够。具体地说，对于这个如此重要的国家，我们的了解相当不够。好在人类学可能弥补这一缺陷，也可以充当"友好使节"。我国古代的先贤、先哲在这方面做得不错，这是历史事实；这些历史是斯里兰卡人民念念不忘的感怀，这也是事实。我两度斯国，真切感受到斯国人民对中国人民的友好情谊。

当下，我国人类学界把到国外做田野作业称为"海外民族志"。中华民族的伟大崛起需要更多这样的研究。弟子余媛媛的博士论文是我"贤人七十"（我带了七十位博士研究生）中唯一做"海外民族志"的样本。无论是作为她的老师、作为论文的指导者，还是作为曾经的参与者，我都需要说些什么，我也有话要说、想说。

让我从大说到小。

战略方面。既然斯里兰卡是我国战略中重要的关系和关联，无论是冲破以美国为首制定的遏制中国的"印太战略""岛链钳制"，还是我国自主性地"走向深蓝"，或是"一带一路"发展战略，以及两国经济发展中的互惠互补关系，发扬中斯两国历史与现实的友好关系等，都需要对这个国家有足够广泛和深度的了解，特别是文明与文化，地缘与政治，历史与现实，传统与价值等。对这些关系的了解正是人类学所擅长。然而，据我所知，媛媛的博士论文是迄今为止我国人类学者到斯里兰卡做田野调查，完成民族志的第一部作品（不包括僧伽罗语言、历史方面的博士论文）。不言而喻，这样的调研对我国南亚布局具有重要的参考价值。事实上，这种价值也正在显现。

旅游方面。斯国还真是一个旅游的好去处。"除了雪，这里拥有一切"，这是论文的开场白。我要加一句："什么都有，包括奇遇"。我曾经在斯里兰卡的坎达拉马"遗产酒店"（Heritage Hotel）所住房间的阳台与猴群召开了一个"座谈会"，我为它们讲解"一带一路"，猴王带着它的团队坐着听得很认真，这是真实的情况。它们可能没有听懂我讲的"道理"，太深奥了（不过也说不定，或许听得懂，毕竟它们是我们的祖先，我们没忘记"人是猴子变来的"的道理）；却听来了我为它们准备的"点心"。那猴王真是好领导，它知道要得到好吃的，要先听话，所以指挥它的猴群坐着认真听教授讲课，下课后就有好

序　言

吃的了。每当想到我为猴子上课的经历，就有"奇遇感"。

顺便说一下，我还受聘于桂林旅游学院"中国南亚旅游战略研究中心"的首席专家，正是从斯国的旅游入手。媛媛是我的助手。我们希望从"旅游战略"的角度为两国关系提供一些旅游方面的数据、样式和咨询材料。要不是新冠疫情，我们已经成行：去年我组织了一个庞大的团队，团队中包括我的美国老师 Nelson H. Graburn、《亚洲旅游研究》主编、国内知名的旅游人类学家、桂林旅游学院领导以及二十多位教师；斯里兰卡的相关大学、机构、媒体等都已跟进，双方的所有事情都谈妥了，办好了，连议程都拟好了。媛媛全权负责斯国的事务。可是疫情限制了我们。

范式方面。既然要做民族志研究，就要亲身到当地，而且是长时间的调查。这是人类学田野作业的要求，像契约一样必须遵守。对于一个年轻的姑娘，田野点的选择有各种可能性。记得当年在选择田野点的时候，媛媛先是想做昆明的官渡古镇，这样既可以照顾到家，照顾到孩子，还可以兼顾到工作。这个选择被我直接否定。理由很简单，官渡就是身边，找不到差距感，体验不到异文化。我建议她到云南的元阳梯田（即"哈尼梯田"）做有关文化遗产方面的调研。那一段时间，入选世界文化遗产（景观类）的哈尼梯田倍受关注，从联合国到国家到地方。我希望她通过这一发生在云南的世界遗产案例去做人类学的深度调查、分析和研究。媛媛接受了，也去元阳采点。可是，她从元阳回来，垂头丧气。她没有找到感觉。那怎么办？我也没有办法。

我一直认为，做学问做到"读博"就像"找爱人"。不爱，没有爱，那研究做不好，路也走不远，要"离异"的。这个道理很简单：做人类学研究很辛苦，如果没有"爱的正能量"是很难坚持走下去的。费孝通先生因为做田野失去了她的新婚妻子，自己也受到重大创伤：生理的、心理的、情感的。我曾经在弟子入学的第一次课就讲了这个道理。我的弟子中确实也发生在人类学研究中没有找到"爱而离异"的例子，甚至有人读人类学读到了抑郁，想跳楼。这没办法。爱是勉强不了的。

既然元阳没感觉，我们只好再商议。有一次当我问她硕士论文做什么题目，媛媛回我做的是斯里兰卡文化方面的。我的眼光立即闪亮起来，被点燃了，我感觉到了。我立即建议她继续做斯里兰卡，完成博士论文。因为此前我去过斯国，对这个国家还有所了解。同时我也了解除了我国古代与斯国的历史关系，也知道锡兰茶（比如"立顿茶"）从中国"出口"到对中国"进口"的故事。为了试图说服弟子，我从几个方面讲了我的理由。那"图景"和"前途"定然是极好的。

未曾想到，她一口回绝了"师父"的建议。她回绝的理由也很充分，门内也没有哪个师兄师姐到国外做田野的；田野经费也没有这一块，要自费；斯里兰卡在文化距离上又很远，不像日本、韩国；一个年轻的女子到异国他乡呆那么长的时间，那个艰苦是可以想见的。当时媛媛的女儿尚小，父母年迈。这一切困难使她在情感层面难以接受。为了说服她，当时连师母都加入了"说服"工程，也没效果。我当时就想，现在的女孩子要是厉害起来还真是挺厉害的。

不过，几天后，媛媛找到我，说她接受了。她把"师父的建议"征求了家人、亲戚、朋友等多方意见。大家都认同师父的意见。她想通了。她敞亮了。她行动了。她真的去了斯国，去过好几次。她吃了很多苦。最令我印象深刻的是，她告诉我在斯国一天只吃两顿饭，她外出时只好把饼干盒随身带着。有一次她调研回到处所，门前有一条蛇挡住了回家的路。

为了驰援媛媛，我也曾率领一个小团队专门到斯里兰卡，与她一起田野，参与她的调研，走访了一些世界遗产地，参加了学术界的活动，参观了古城康提，看到了难得一见的佛牙，到殿宇里体验，去了西格利亚古城遗址，调查了锡兰茶的种植和生产情况，到民众家里做客，用手抓着饭吃，到印度洋游泳，去体验南亚风情……重要的是，为媛媛的论文出主意。

学业方面。对于一个人的学业追求，如果他们的课业读到博士，已经到了学位的"顶端"，迄今为止，世界上再没有比"博士"更高的学位了。作为一名博导，我一直遵循这样一个原则，对于我自己，对于我的弟子都一样，我将其简化为"三合一目标"：个人追求，国家需求，学科诉求。如果能够三者兼顾，最为圆满。

对于个人的追求而言，我对自己、对弟子还有一个延伸的"三合一"目标：学位读到博士，职称评到教授，留洋去到名校（毕竟人类学是西来学科，所以需要有留学的经历）。现在我的弟子中有一部分到达了这一"个人目标"。对于研究，一定要兼顾到国家的需求。从道理上说，我们都是国家培养的学者，国家的需求成为我们的学业和研究目标，这原本就是天经地义的事情，就好像你为自己家做一点事情那样。人类学是一个特殊的学科，有独特和学科诉求，我们的调查、研究、应用也都是从人类学这一学科出发。学科是我们的根据地。反正我自己是努力这样做的，作为老师我也引导我的弟子这样做。

媛媛的研究正是契合了国家需求。要不是疫情，去年她就到加州伯克利大学去了。她已经获得了国家留学基金委的"国家资助计划"。她正向这"三合一"目标急速迈进。

媛媛的博士论文经过好几次的修改，包括当时的论文立意方向。现在即将付梓的其实只是她调研的一部分，即文化遗产研究，特别对斯里兰卡古都康提的文化遗产研究。而实际上她的调研涉及了宗教、历史、文化、民族、族群、语言、传媒、旅游、华侨华人，以及两国关系等。只是当今的人类学博士论文已经很少再有人去做传统的"一般民族志""普通民族志"（general ethnography），样样都涉及，而是瞄准一两个专题、命题下手。

所以，媛媛在完成博士论文的基础上，也在不断向其他方面和方向推展。她顺势拿到了国家课题。立意于文化传播与交流方向。这两年她也做斯里兰卡的华侨华人研究。她的研究受到国家相关部门的重视。

媛媛论文在她毕业五年后即将出版。她请我作序，——作为老师，看到弟子的博士论文即将出版，看到弟子在研究中的进步，看到弟子的研究为国家战略提供了参考资讯，看到弟子的成长，我由衷地感到欣慰。

是为序。

彭兆荣
2022 年 4 月 17 日于厦门

内容提要

在美丽、浩瀚的印度洋上有一个国家呈"泪珠"形状，因其拥有丰富的自然文化遗产，被誉为"印度洋上的珍珠"，这个国家就是斯里兰卡。斯里兰卡位于东经79°—81°，北纬5°—9°之间，是一个距离赤道880千米的岛国。从古至今斯里兰卡地理位置非常重要，它地处南亚次大陆南端，西北与印度半岛相隔保克海峡，东临孟加拉湾（与泰国、马来西亚和印度尼西亚隔海相望），西濒阿拉伯海（连接非洲）。它是航路交会的十字路口，是印度洋上的主要港口和南亚贸易中转站。

斯里兰卡全岛有8处世界遗产，其中2处自然遗产和6处文化遗产。自然遗产分别是辛哈拉加森林保护区和斯里兰卡的中央高地。在这8处世界遗产中有6处文化遗产，其中一处是于1988年被列为世界文化遗产的加勒古堡，斯里兰卡的另外5处世界文化遗产集中在阿努拉达普勒古城、波隆那努瓦古城和康提构成三角地带，被称为"文化三角"。以阿努拉达普勒古城、波隆那努瓦古城、中部康提为顶点的三角地带中还包含着西格利亚古城和丹布拉金寺。这5处世界文化遗产地，荟萃了斯里兰卡历史上的主要遗产古迹，亦是斯里兰卡文化的精髓所在。

城市是人类文明的容器，是历史文化的载体，是社会经济文化景观，它反映了城市居民的生存状态。特别是有历史和故事的古城，它们是历史文脉的延续，是维系世代精神的纽带；它们实现社会稳定和可持续发展，也展现了现代人的生活景况和生命境遇。斯里兰卡康提就是这样有着历史和故事的古城，它是斯里兰卡最后一个康提王朝的首都，也是斯里兰卡的第二大城市，同时它还供奉着象征斯里兰卡正统法权和王权的佛牙——释迦牟尼涅槃后的臼齿舍利。康提积淀了人类在城市规划、建筑、雕刻、绘画，以及音乐、舞蹈等诸方面的才智，因而被视作重要的文化遗产，1988年以"圣城康提"之名被联合国教科文组织列入《世界遗产名录》。

本书一共有六个章节，文章首先对于遗产和城市分别进行梳理，对于城市的内涵以及城市和周边的关系进行分类；对于遗产的内涵、分类，以及三种遗产的辨析与关联分别进行阐述，继而为后文提出的观点做理论铺垫，提出斯里兰卡的遗产随着时间的推移不断累叠。在时间推移的同时，遗产累叠也伴随着地点的变化而变化。虽然文化核心之前所在的阿努拉达普勒古城、波隆那努瓦古城等地发展停滞，僧伽罗王朝的历史时钟停在了康提，但遗产的累叠并未消亡，它在康提通过人们的仪式实践和日常实践继续得以传承、发展、沉淀。因此，康提成为斯里兰卡遗产累叠和生长的交界点。在康提，人们守护着佛牙舍利和被历史与社会挑选出来累叠至今形成的文化遗产，城村之间除了双反哺的经济活动，人们对于遗产的供养和实践亦是这座古城生长的精髓之所在。

成为世界文化遗产的圣城康提是具有多重吸引的遗产旅游资源。从某种角度而言，城虽然是人类文明的容器，但这一容器并非一成不变，它会随着社会价值体系而发生改变，而圣城康提正是从时间和空间的角度见证了这一改变的过程，在现代语境中作为斯里兰卡人的遗产不断累叠和生长。

目 录

第一章 导 论 … 1
第一节 研究缘起 … 1
第二节 学术史回顾 … 2
第三节 田野概况 … 27
第四节 研究思路 … 29

第二章 遗产的累叠 … 35
第一节 遗产累叠的背景 … 35
第二节 遗产累叠的"岩层" … 43
第三节 遗产累叠的方式 … 48
第四节 本章小结 … 71

第三章 累叠和生长的交界点：遗产在仪式中的实践 … 73
第一节 佛牙的背景 … 73
第二节 佛牙寺的遗产化过程 … 91
第三节 遗产的实践 … 104
第四节 寺—城—村的供养与共生 … 123
第五节 本章小结 … 133

第四章　累叠和生长的交界点：遗产在生活中的实践 ············ 135
　　第一节　维瓦泰纳（Wewatenna）概况 ················ 135
　　第二节　亲属称谓和社区结构 ···················· 143
　　第三节　遗产传承者（主体）的实践 ················· 148
　　第四节　本章小结 ························· 201

第五章　旅游人类学视域下的遗产生长 ··················· 203
　　第一节　生长背景：中斯三部曲 ··················· 204
　　第二节　中斯"旅游外交"的人类学研究 ··············· 218
　　第三节　遗产的生长："一带一路"中遗产旅游的反思 ········ 237
　　第四节　本章小结 ························· 241

第六章　结　语 ································ 243
　　第一节　圣城康提遗产累叠的形态及其关联 ············· 243
　　第二节　古城生长的机理：遗产累叠的特征 ············· 245
　　第三节　遗产在累叠中的生长 ···················· 248

参考文献 ·································· 252

附录一 ··································· 265

后　记 ··································· 270

Abstract ································· 272

第一章 导 论

第一节 研究缘起

遗产已俨然一场运动般愈演愈烈，如火如荼的遗产申报过程不禁让人反思，遗产的价值、意义和范式何在？在行走过数以百计的旅游景点之后，最令笔者难忘的是斯里兰卡世界遗产圣城康提。康提遗产地层次分明，结构丰富，原住民较多留守古城，传统文化保存较为完整；与之相比，斯里兰卡加勒古堡大量原住民出售房屋和迁出古堡的遗产地，传统文化遗失，商业化严重。[①]我国一些世界遗产地同样面临着加勒古堡类似的问题，且多数遗产地的遗产结构较为单一，评选为世界遗产之后被当作"名片"以"招揽游客"。人类学研究就像是衣冠镜，对"他者"社会中人的行为、想法、观念的文化根源进行研究，反照自己的物质文化、制度文化、精神文化等。

一直以来，斯里兰卡地理位置优越，它是印度洋上的主要港口和南亚贸易中转站。在航路交会的十字路口，斯里兰卡地处南亚次大陆南端，西北与印度半岛相隔保克海峡，东部与马来西亚、印度尼西亚隔海相望并连接东亚。在航海史上，希腊人把斯里兰卡叫作塔普罗巴尼，阿拉伯人称它为萨兰迪卡，欧洲人叫它锡兰。在整个世界史上，斯里兰卡的重要位置不言而喻，从古至今它亦是较为活跃的贸易点。早在公元410年，东晋的法显就从印度南渡进

[①] 斯里兰卡的加勒古堡与圣城康提一样于1988年被列为世界文化遗产。加勒古堡距离科伦坡大约100公里，处于印度洋腹地。加勒古堡建筑在岩石半岛上，该岩石半岛是个天然的港口，三面环海，地理优势不言而喻，这使加勒成为大航海时代从欧洲前往远东的重要枢纽之一。海滨上还保留着当年荷兰人建的炮台，是早期殖民主义的象征，城中多为荷兰式建筑。

入斯里兰卡（当时称"狮子国"），法显在"狮子国"求法两年著《佛国记》，谱写了中国与斯里兰卡两国人民之间文化交流的绚丽篇章[①]。玄奘在《大唐西域记》里，将"僧诃罗"音译为"僧伽罗"，这便是僧伽罗人中文族名的由来。郑和七下西洋均到达斯里兰卡，且奉命立下"郑和锡兰碑"，该碑是见证古代海上丝绸之路中斯往来的珍贵实物史料[②]。一直以来，中斯之间友好往来的佳话数不胜数。2009年内战结束后的斯里兰卡百废待兴，中国政府助其重建，在中方提出共建"21世纪海上丝绸之路"的倡议后，斯里兰卡是首个以政府声明形式表示支持的国家。中斯双方同意建立海岸带和海洋合作联委会，探讨在港口、海洋资源管理、生态保护、海上搜救等领域开展合作。由此可见，斯里兰卡对建设21世纪海上丝绸之路的支持，不仅有历史依据，还有现实意义。中斯合作将成为新时期海上合作的样板，中方对斯里兰卡成为"21世纪海上丝绸之路"上耀眼的明珠也充满了期待。随着中国和斯里兰卡的联系增多，外出的务工人员和旅游出境人员也相应增多。此时，如若人类学学科进入斯里兰卡进行田野调查，深入剖析斯里兰卡文化、宗教和社会制度，不仅可为国人提供更多了解"他者"异文化的信息，还可以促进文化双向深层次理解，在减少冲突的同时，使得"他者"对"我者"的整体综合素质也得到更全面的了解。在这样一个学科思潮和"海丝"的双重背景下，笔者再次进入斯里兰卡展开田野调查。

第二节　学术史回顾

城市是人类文明的容器，是历史文化的载体，是社会经济文化景观，它反映了城市居民的生存状态。特别是有历史和故事的古城，它们是历史文脉的延续，是维系世代精神的纽带；它们实现了社会稳定和可持续发展，也展现了现代人的生活景况和生命境遇。在文化遗产累叠视域下观看一座古城的

---

① 在《佛国记》中，法显将其所见闻的斯里兰卡地理环境、物产、建国传说、气候和佛教盛行情景及他的参求法活动等都进行了介绍，为后人留下珍贵的历史资料。
② 郑和锡兰碑，全称《布施锡兰山佛寺碑》，立于公元1409年郑和第二次抵达斯里兰卡时期，现藏科伦坡国家博物馆，碑顶呈圆拱形，上方刻有二龙戏珠的浮雕，四周饰有花纹。碑面是中文、泰米尔文和波斯镌刻的碑文，记载了郑和对锡兰山佛寺的布施等事迹。

生长，它包含了城市、遗产和社会等诸多元素。在城中又包含了城市的内涵、城及其周边关系，以及城的生长等元素。遗产亦有不同的分类——文化遗产、非物质文化遗产、自然遗产，应在界定清楚遗产的辨析和关联之后，对遗产的累叠进行阐释。因此在本章的第二节，笔者对城市和遗产的研究进行梳理，继而将关键词锁定在斯里兰卡，并进行综述分析。

一　城市与遗产

（一）城市

《管子·度地》说"内为之城，内为之阔"，即建起城以墙为界，有内城、外城的区别。[①]《吴越春秋》中载："筑城以卫君，造郭以卫民。"[②] 在《世本·作篇》中亦载："颛顼臣祝融作市（玉篇）"。[③] 内城即围墙以内的部分用于保护君王，亦叫城，围墙以外的部分用于民众居住，进行集市买卖，经营生活的地方，亦叫郭。即城有着防御功能、集市功能和社会分工等特征。在被英国殖民之后，斯里兰卡的君主立宪制被废除，国王不复存在，但王宫的建筑遗址仍然存在，这一部分遗址对应中国古代的"城"，而古王宫外人们生活的区域对应中国古代的"郭"，是民众进行集市买卖、生活经营之地。在康提，除了国王和王后居住的两栋楼房变成对外开放的"博物馆"外，其他的建筑、遗存仍然维持原状，被当代斯里兰卡人居住、生活，进行着集市买卖。在殖民者时期的材料中，西方殖民者多用城镇（Town）来描述康提。因为那时的康提规模较小，还不足以用城市来形容。但1988年联合国评定康提为世界遗产地之时，申报材料和公示的材料中已将康提确定为城市（City）。康提是一座犹在成长的古城，逐渐"长大"。故本书在梳理相关概念时仍以城市为主线。

1. 城市的内涵

从古至今，城市是构成区域经济、社会、政治复合体中的一个元素。《雅典宪章》在介绍城市时就阐明城的四大主要活动分别是居住、休闲、工作和交通，城在确立之初，就被打上了人工的烙印。在城这个区域经济、社会、政治复合体中，与经济、社会和政治价值相提并论的是人们的生理和心理原本的价值。人居住在城中受到地理、地形和经济、政治环境的影响，人又因

[①] 李山：《管子》，中华书局2009年标点本。
[②] （东汉）赵晔：《吴越春秋》，岳麓书社2006年标点本。
[③] （清）秦嘉谟辑：《世本八种》，商务印书馆1957年标点本。

为各种特殊地需要决定了城市的特征。因此,影响城市发展的根本原因是不断变化的。人和城、城与人之间互相影响、互相涵养。

正是因为人与城之间的关系密切,所以人们也密切关注到城市的变化。在1933年的国际现代建筑协会(CIAM)上,建筑师和专家们对阿姆斯特丹、雅典、巴塞罗那、布拉格、罗马等33个城市进行分析。认为在现代人私欲膨胀下,原先自然形成的和谐关系被现代机械时代所破坏,城市的发展逐渐偏离它最初的职能,不能提供适合人类生存的空间。如要合理的解决这一危机,城市必须同时在精神和物质层面上确保个体的自由和集体活动的利益。这也意味着要保持一座城市合理、良性的发展,从个人到族群到国家之间的利益必须保持相应的平衡,精神层面和物质层面需齐步发展。

由以上古人或现代人对于城市的界定可以总结:从经济学上而言,城市是具有生产规模的地理区域,是一个由诸多劳动力、生产关系等因素交织在一起的网络系统;从社会学上而言,城市是在地理上有着边界的社会组织形式;从地理学上而言,城市是与交通、人群和房屋等密切相关的概念。城市在古代有防御作用,而现代语境中的古代城市是人们的宝贵遗产。因为这些遗留至今且仍呈活态的城市是历史的选择,这里需要说明的是活态的城市指的是有人居住、而非指古城遗址或无人居住之城。在这些具有遗产的城市中,建筑也好,社会关系也罢,都可以体现出社会、经济和政治分层。城中的建筑、仪式、风俗等是现代人对于先辈们"财产"的"继承",连接历史与未来的载体。对于具有遗产的城市,即活态的历史古城是有限且宝贵的资源。

美国著名城市理论家刘易斯·芒福德(Lewis Mumford)在解读克里斯汀娜·霍尔(Christina Hall)的《英国的家庭生活》中提出:"在一些遗留的风俗中,我们可以隐约看到古代流传下来的某些传统,从岩洞的礼仪中能看到古代社会的社会性和宗教性所形成的推动力,而正是在这两种推动力的协作下,人类最终才形成了城市。"① 刘易斯·芒福德认为村庄是城市的源头,那些最古老村庄留下来的习俗人们一直秉持至今。正如安德烈·瓦拉格纳克(Andrei Wallagnack)所言,这种古旧文化(Archaic Culture)似乎就是旧大陆各种文化层次下坚不可摧的基石,不论后来的文明程度和城市化水平有多高,都离

---

① 美国学者刘易斯·芒福德在其著作《城市发展史》第一章"圣地、村庄、要塞"中,对于早期人类居住的岩洞、岩洞中的壁画,以及壁画中进行了分析和对比。

不开这些古老村庄留下来的古旧文化。永生是不可能的，人类的创造物亦是如此。这些古老村庄的物质结构，大多已随着岁月的侵蚀与自然地貌融为一体，可历史总是倾向于选择有活力、有价值的遗留物。这些有价值的遗留物可以是有形的也可以是无形的，它连接着古老的杰作，这些杰作是一个时代的独特思维方式、概念和审美。倘若这些古老的杰作只是用现代砖石堆砌起来的旧形式或者是毫无灵魂的展演，这些最多只是一个幻影罢了。

斯里兰卡城市的胚胎构造存在于村庄之中，城市的房屋结构、蓄水池、集会场地等都源于未形成集市的村庄。虽然在社会的变迁和环境的改变下，一些村庄被系统地改造，村民的生活方式也接近城市生活。但是城市本身那些起源的因素却从来没有完全消失过。正如本书的田野点圣城康提，它的源起和人们的生活习惯依旧有着古老村庄的基因。康提是古城，亦是圣城，也是现代语境中的城市。城里的一切重要元素都离不开人，人的实践是城的灵魂之所在。居住在城里的这一群体决定了城的形态。

2. 城市及其周边

（1）城—乡

城市和乡村是构成社会两个密不可分的组成部分。城乡关系是社会生产力发展和社会分工的产物。城市产生后，城乡关系也就相继产生。城乡关系广泛存在于城市和乡村之间相互作用、相互影响、相互制约的普遍联系与互动关系之中。这种关系是在一定社会条件下，政治、经济、阶级等诸多因素在城市和乡村两者关系的集中体现。关于城市和乡村之间的关系，西方学者有不少经典的理论。

刘易斯的"二元结构"理论。阿瑟·刘易斯（Arthur Lewis）1954年提出了关于"二元经济结构"理论思想。二元经济理论已经成为主要分析发展中国家结构变迁、城乡关系、劳动市场、资本积累的重要理论框架。刘易斯认为："当二元经济发展中，第一阶段转变到第二阶段时劳动力由无限供给变为短缺，此时由于传统农业部门的压力，现代工业部门的工资开始上升，第一个转折点，即'刘易斯第一拐点'开始到来。"[1] 如果将斯里兰卡的国情结合刘易斯的理论，这里的现代工业部门应该相应替换成现代服务部门，即发展中国家存在着"传统"和"现代"两个部门。在斯里兰卡社会中，女性受传统因素影响，在外

---

[1] ［美］威廉·阿瑟·刘易斯：《二元经济论》，施炜等译，北京经济学院出版社1989年版。

就业人数不多，社会主要劳动力为男性，服务行业劳动力出现短缺。当传统农业与现代工业的边际产品相等时，也就是说传统农业部门与现代工业部门的收入水平大体相近，意味着一个城乡一体化的劳动力市场已经形成，整个经济包括劳动力的配置完全商品化，经济发展将结束二元经济的劳动力剩余状态，开始转化为新古典学派所说的一元经济状态，此时，第二个转折点开始到来。

托达罗理论。美国发展经济学家托达罗在1970年提出的"托达罗假说"，其中指出，发展农村经济、提高农民收入是解决城市失业、城市病、农村病的根本出路。只有农村和城市协调发展，工业化才能顺利进行。[①] 虽然托达罗模型在一定程度上提出重视农业发展和技术进步，以及市场机制在劳动力转移过程中的作用，但仍带有城市偏向的特性。

城乡空间极化发展理论。20世纪以"增长极"理论和"核心—边缘"理论为基础的"城乡空间极化发展"的非均衡发展理论模型被相继提出，即城乡发展应实行"先城市后乡村"的城市偏向战略。法国经济学家佩鲁（Perroux）于1950年首次提出"增长极"理论。所谓增长极就是具有空间集聚特点的推动性经济单位的集合体。经济的增长率先发生在增长极上，然后通过各种方式向外扩散，对整个区域经济发展产生不同影响。佩鲁认为，经济增长在地理空间上并非均衡发展，这些发展先是出现在具有创新能力的行业。这些具有创新能力的行业经常聚焦在经济空间的某些点上，于是就形成了增长极。"核心—边缘"理论主要是由瑞典的缪尔达尔（Myrdal）和赫希曼（Hirshman）提出，后被弗里德曼（Friedman）完善。弗里德曼在《区域发展》一书中试图通过"核心—边缘"理论阐明一个区域如何由互不关联、孤立发展到发展不平衡，后又由极不平衡的发展变成互相关联平衡发展的区域系统。弗里德曼认为，任何一个国家都是由核心区域和边缘区域组成，在区域经济发展中，核心地区和边缘地区具有不同的地位和作用。1971年弗里德曼《极化增长的一般理论》一文进一步将"核心—边缘"理论研究的对象从空间经济扩展至社会生活各个层面。[②] 在此之后，"核心—边缘"理论作为关于区域空间结构和形态变化的解释模型被广泛应用。

---

① ［美］迈克尔·托达罗、斯蒂芬·史密斯：《发展经济学》，余向华等译，机械工业出版社2009年版。
② 武小龙、刘祖云：《城乡关系理论研究的脉络与走向》，《领导科学》2013年第4期；王华、陈烈：《西方城乡发展理论进展》，《经济地理》2006年第3期。

（2）城—镇—乡

西方学者的理论和研究结论呈二元结构，即城市（城镇）和乡村的对峙结构。中国学者与西方学者的研究有所区别，结合中国国情，学者们认为中国的"镇"有特色的中国传统社会，也即认为中国的社会结构是城—镇—乡三者的关系。

在中国古代历史上，"镇"是指具有军事职能的行政单位，原义为压，衍义主要有镇压、镇守、安定等意思。《说文解字》释："镇，博压也。"[1]《广雅》："镇，安也。"[2]《新唐书·兵志》记载："唐初，兵之戍边者，大曰军，小曰守捉，曰城，曰镇，而总之者曰道。"[3] 今之古镇，一般指具有百年以上历史的城镇，人们集中居住的建筑群构成"古镇"。古城镇保护专家阮仪三将历史古镇的特征概括为：历史城镇是拥有物质文化、精神文化和制度文化等深厚的历史文化积淀，是人类的历史见证和文明结晶，主要用于生产精神产品，丰富人类精神文化生活，并且在历史上，历史城镇是区域性经济或政治、文化中心。具体包括所有仍保存比较完整的古建民居、传统习俗和生活方式的古城、古乡镇、古村，以及建筑古旧、风俗奇特的少数民族村寨。综上，本书对古城镇的理解是：介于城市与乡村之间，至今仍完整保留着历史特色的古建筑群、古民居、传统习俗和生活方式的区域集合体和人群聚居地。

我国著名学者费孝通先生早年开展的研究始于吴江的开弦弓村，后又对云南三村等地开展实地调研，并运用类型比较的方法对这些农村的发展情况进行了深入研究。"城乡关系"理论是费孝通先生研究的重点，也是贯穿其社会学领域研究生涯的重要线索。1983年，费孝通先生提出"小城镇、大问题"的论述，对于"市镇"问题的研究真正开启了关于"城乡关系"讨论的先河。在《乡土中国与乡土重建》一书中，费孝通先生对于中国乡村和都市的关系提出了"相生相克的两种看法"。[4] 在自给自足的农村，不能自销的剩余粮食便没有了经济价值，而城市乡村不同，因无法自产他们需要乡村的粮食，粮食价格越高，乡村农民获利越多。城市为乡村"输入"工业技术，这些技术能够提升农产品价值然后输出。与此同时，乡村仍向都市提供不能全部自销

---

[1] （汉）许慎撰：《说文解字注》，上古籍出版社1981年标点本。
[2] （清）钱大昭撰：《广雅疏证》，中华书局2016年点校本。
[3] （宋）欧阳修、宋祁撰：《新唐书》，中华书局1997年版。
[4] 费孝通：《乡土中国与乡土重建》，台北：风云时代出版社1993年版。

的剩余农产品。整个城乡系统的关键在于城乡之间的"输入"与"输出"功能。在这一互动过程中,都市对乡村进行了"双重反哺":第一次反哺,城市在购买乡村剩余农产品时对乡村进行了资本的输入;第二次反哺,经过都市"现代技术"升值后的工业制造产品最后也会反馈给农村。从这一角度而言,似乎城市对于乡村的经济发展是有利的。城市和乡村之间的良性互动可以促进经济发展,使人们的生活品质得以提升。城乡关系泛指存在于城市和乡村之间的相互依存、相互矛盾、相互影响、相互制约的普遍联系与互动关系。

在中国,城市和乡村的"输入"和"输出"经济活动大部分发生在集市、街道等临时集合的场所。在经济较为繁荣的地方,举办这类街集的集合次数可以很密集,甚至每天都有,随之而来的相应配套设施也被建立起来,例如憩息之用的茶馆、囤货的小仓库、宾馆等,这里就逐渐形成了一个永久性的小市镇。

我国人类学家彭兆荣先生对于城—镇—乡也进行了新的历史表述。乡村的生活方式是自给自足,但同时也依附于城市,乡民生活在"城镇化"里,充当着"小城市"的角色。彭兆荣先生认为"城—乡"二元结构是以西方模型为标准的分类。在我国"镇"是一个动态性表述,属于中国传统的结构性词语,西方语境中的"城—乡"关系还不足以包容我国特有的结构,"镇"的自身演变又曲折地反映了中国的传统社会。"镇"充当着"城—乡"二元结构中化解和通缀角色,在传统的形制中,城乡并未隔绝,"镇"既可以是"城",又可以是"乡"。[1]

3. 生长

在梳理城市的内涵以及城市和城市周边之间的关系之后,这里需要提到一个"生长"概念。生长是本书的关键词之一,下面将以词为线,进行阐述。"生"(𡳿)的甲骨文是指事字,在上部的"屮"(中)表示初生的草木,下面所加的一横是地面的指事符号,表示地面或土壤。"生"的本义是草木破土萌发,滋长。"生"金文作"𡳿";篆文承续甲骨文字形作"𡳿";隶书"𡳿"将篆文上部的"屮"(ψ)简化成"𡳿"。《说文解字》载:"生,进也。象草木生出土上。凡生之属皆从生。"[2]描述了"活也,鲜也"之事物生长和发展变化的动

---

[1] 彭兆荣:《我国的城镇化建设与文化遗产保护的关系》,《西北民族研究》2014年第4期。
[2] (汉)许慎撰:《说文解字注》,上海古籍出版社1981年标注本。

态形象，如草木破土而出。《周易·系辞》中载："天地之大德曰生，生生之谓易。"①其中三个"生"皆为一个意思，都有生命和生生不息之意，即生而又生，生而不息，绵延不绝。它推动万物生生不穷，新事物层出不穷，如斯宏大。

"长"（𣉟）是象形字，像一个人"𠂉"头发飘散"彡"的样子。有的甲骨文刻作"𠊱"，像头发飘散"山"、拄着拐杖的老年人，一横是指事符号表示发簪。有的甲骨文刻作"𣉟"，在头发飘散形象"𣉟"的基础上左边加"又"𠂇（抓），表示拄杖的老人。长字的金文"𣉟"突出了人"𠆢"的头上飘飘的头发"𣉟"和拄杖的手"𠂇"。隶书"長"将篆文的"人"与"手"𠂇写成"𠃊"。古人认为身体发肤是父母所赐，不能随意剔剪，因此头发越长，年龄越大，"长"的本义为：头发飘飘的拄杖老人。《说文解字》中载："久远也。从兀从匕。兀者，高远意也。久则变化。亡声。𠤎者，倒亡也。凡长之属皆从长。"②即长表示时空久远。字形采用兀、匕作边旁。兀，是高远的意思；匕，表示久则变化。字形采用"亡"作声旁。《广雅》中载："长，老也。"③《礼记》中载："问国君之年，长，曰能从宗庙社稷之事矣；幼，曰未能从宗庙社稷之事也。"④《庄子》中亦载："子之年长矣，而色若孺子，何也？"⑤这些古时文献中的"长"皆有年老的、年纪大的之意。而在《小雅》中"父兮生我，母兮鞠我，拊我畜我，长我育我"，即"长"是发育，发展，变化，增加之意。

将"生"和"长"结合一起，表示事物或人经历生成和发展的一个动态变化过程，且这个过程伴随着事物或人逐渐变大或成熟。将"生长"放在"城"的后面，表示城的生长。美国学者奥利弗·吉勒姆（Oliver Gillum）在《无边的城市——论战城市蔓延》一书中亦有提到城市的蔓延，认为现代城市化的蔓延像蔓藤一样，这些具有跳跃式的开发模式具有灾难性，在城市开发的整个过程中，充斥着过度的商业化、土地的不合理利用、环境污染等等。⑥虽然"蔓延"和"生长"皆表示了一个城市活动的状态，但前者所强调的是从经济发展角度质疑现代城市的过度开发；而后者所强调的是从人的角度探索一座

---

① 黄寿祺、张善文撰：《周易译注》，中华书局 2016 年版。
② （汉）许镇撰：《说文解字注》，上海古籍出版社 1981 年标点本。
③ （清）钱大昭撰：《广雅疏证》，中华书局 2016 年点校本。
④ 杨天宇译注：《礼记译注》，上海古籍出版社 2016 年标点本。
⑤ （战国）庄周：《庄子》，山西古籍出版社 2003 年标点本。
⑥ 参见［美］奥利弗·吉勒姆《无边的城市——论战城市蔓延》，叶齐茂等译，中国建筑工业出版社 2007 年版。

古城的自然生长机理。本书以斯里兰卡康提为调查点，并选择了两处具有代表性的区域作为田野点，与当地民众同吃、同住、同劳进而试图探索这一座古城在现代化、全球化、同质化极其严重的语境下，为何仍然能坚守自己的传统文化，它有着怎样的生长机理。

（二）遗产

1.遗产的内涵与分类

遗产一词现如今被提及得越来越多，到底何谓遗产？首先，追溯到法语单词"Heritage"，该词有两点含义：A.通过继承财产（Biens transmis par succession）；B.给下一代以前的东西（Ce qu'on a reçu des générations précédentes）。家园（patrie）为其同义词。其次，关于英文的"Heritage"，在《简明牛津字典》（*New Shorter Oxford Dictionary*）对遗产的定义为：A.被继承或可能被继承；B.承认的事实，世袭的接替；C.构成适当资产的礼物；（4）继承下来的环境或利益。再者，在《新华字典》《现代汉语词典》《辞海》中，"遗产"一词均有两个意思：A.死者留下来的财产；B.历史上遗留下来的精神财富或物质财富。根据《中华人民共和国继承法》第三条"遗产是公民死亡时遗留的个人合法财产"，在我国字典中的第一点则对于财产的定义和继承原则属于"私法"。乡对应"私法"而言，"公法"的概念则是现代价值观的产物。遗产在"私法"这个层面的定义上属于个人，而在"公法"这个层面上则属于全人类。[①] 再者，从上述各国有关"遗产"一词定义中不难看出，关于"遗产"这一定义的关键词是："继承"和"财产"。

（1）文化遗产

在西方的拉丁语和中古英语中，农业（Agriculture）和园艺（Horticulture）由文化（Culture）一词演变而来。法语的文化也有栽培种植的意思，同时也可以引用为对人性情的陶冶和对品德的培养。1871年爱德华·泰勒（Edward Taylor）在《原始文化》中就明确了"文化"的定义："文化包括知识，信仰，艺术，道德，法律，习俗和任何一个作为社会成员而获得能力和习惯在内的复合整体。"[②]（a completed system including knowledge, faith, art, law, morality, custom and all the abilities and habitats from which a social member would

---

[①] 刘红婴：《世界遗产法》，北京大学出版社2008年版。
[②] ［英］爱德华·泰勒：《原始文化》，连树声译，文艺出版社1992年版。

acquire）。而遗产正如上文所阐述的是由"继承"和"财产"两个关键词所组成。正是因为遗产具有财产等鲜明特色，日本学者将文化遗产进行直译，叫作"文化财"。文化财是作为文化活动的结果而生成的、具有文化价值的东西，特指《文化财保护法》的保护对象，包括有形文化财、无形文化财、传统建筑群、民俗文化财、纪念物。

联合国教科文组织在1954年通过的《海牙公约》中对于文化财产一词的定义是：1.对每一民族文化遗产具有重大意义的可移动或不可移动的财产，例如建筑、艺术或历史纪念物而不论其为宗教的或非宗教的；考古遗址；作为整体具有历史艺术价值的建筑群；艺术作品；具有艺术、历史或考古价值的手稿、书籍及其它物品；以及科学收藏品和书籍或档案的重要藏品或者上述财产的复制品；2.其主要和实在目的为保存或陈列1项所述可移动文化财产的建筑，例如博物馆、大型图书馆和档案库以及拟于武装冲突情况下保存1项所述可移动文化财产的保藏处；3.保存有大量1项和2项所述文化财产的中心，称之为"纪念物中心"。

1968年11月19日联合国教科文组织第十五届会议在巴黎通过了《关于保护受到公共或私人工程危害的文化财产的建议》，其中文件对于文化财产的定义是：A.（a）不可移动之物体，无论宗教的或世俗的，诸如考古、历史或科学遗址、建筑或其他具有历史、科学、艺术或建筑价值的特征，包括传统建筑群、城乡建筑区内的历史住宅区以及仍以有效形式存在的早期文化的民族建筑。它既适用于地下发现的考古或历史遗存，又适用于地上现存的不可移动的遗址。文化财产一词也包括此类财产周围的环境。（b）具有文化价值的可移动财产，包括存在于或发掘于不可移动财产中的物品，以及埋藏于地下、可能会在考古或历史遗址或其他地方发现的物品。B."文化财产"一词不仅包括已经确定的和列入目录的建筑、考古及历史遗址和建筑，而且也包括未列入目录的或尚未分类的古代遗迹，以及具有艺术或历史价值的近代遗址和建筑。

在《海牙公约》中，明确建筑群是文化财产。虽说文化财产或者文化财的概念与文化遗产极其相似，或者说是不同国家的称谓不同，但文化遗产作为一个专有名词，于1972年11月16日联合国教科文组织在巴黎通过的《保护世界文化和自然遗产公约》中出现。[①] 公约中明确了文化遗产的定义是：

---

① 国际古迹遗址理事会国际保护中心：《国际文化遗产保护文件选编》，文物出版社2007年版。

古迹：从历史、艺术或科学角度看具有突出的普遍价值的建筑物、碑雕和碑画、具有考古性质的成分或构造物、铭文、窟洞以及景观的联合体；

建筑群：从历史、艺术或科学角度看在建筑式样、分布均匀或与环境景色结合方面具有突出的普遍价值的单立或连接的建筑群；

遗址：从历史、审美、人种学或人类学角度看具有突出的普遍价值的人类工程或自然与人的联合工程以及包括有考古地址的区域。

所以文化遗产，即我们所说的有形的物质遗产，通常是指某个民族、国家或群体在社会发展过程中所创造的一切精神财富和物质财富，这种精神财富和物质财富代代相传，构成了该民族、国家或群体区别于其他民族、国家或群体的重要文化特征。本书中的阿努拉达普勒古城、波隆那努瓦王宫遗址、西格利亚古城、丹布拉石窟都是属于（物质）文化遗产。

（2）非物质文化遗产

与物质文化遗产相对应的是非物质文化遗产，与建筑、艺术或历史纪念物、考古遗址、建筑群；艺术作品、手稿、书籍及其他物品、收藏品、档案等可以触摸的有形遗产相比较，非物质文化遗产可以是观念表述、表现形式、知识、技能以及相关的工具、实物、手工艺品和文化场所。

因非物质文化遗产是指被各社区、群体，个人的各种社会实践、观念表述、表现形式、知识、技能以及相关的工具、实物、手工艺品等，具有群体多样化、展现形式多样化等特点。文中佛牙供奉仪式中的古老颂词、佛牙节、佛牙节中以种姓为分工的表演等都属于非物质文化遗产。

（3）自然遗产

1972年11月16日联合国教科文组织在巴黎通过的《保护世界文化和自然遗产公约》中明确提出了自然遗产的概念：从审美或科学角度看具有突出的普遍价值的由物质和生物结构或这类结构群组成的自然景观；从科学或保护角度看具有突出的普遍价值的地质和地文结构以及明确划为受到威胁的动物和植物生境区；从科学、保存或自然美角度看具有突出的普遍价值的天然名胜或明确划分的自然区域。[①] 在斯里兰卡有两处世界自然遗产，分别是辛哈

---

① 国际古迹遗址理事会国际保护中心：《国际文化遗产保护文件选编》，文物出版社2007年版。

拉加森林保护区和斯里兰卡中央高地,在本书后文的主体部分会进行简单的介绍。

2. 三者的辨析与关联

文化遗产亦可叫作物质文化遗产,它的存在形式是有形的,而非物质文化遗产的存在形式大多是无形的,是抽象的文化思维、不可触摸的精神观念形式存在。例如,康提的佛牙寺是一座建筑,以有形的物质载体形式存在。它的载体是砖块、房屋等。佛牙寺与物质文化遗产相对应。斯里兰卡加勒地区的高跷渔夫,他们传统维持生计的钓鱼方式是斯里兰卡的非物质文化遗产,因为它不可触摸,以精神观念的形式而存在。

物质文化遗产凝结的是一种特定历史时期文化的记忆载体,这种记忆载体附着于客观存在的有形物质上,不能被后人创新和发展,因而是静态的文化遗产。非物质文化遗产在世代相传的过程中,随着社会文化生态环境的变化以及传承者知识、兴趣、主观经验的变化而不断变化。在康提,每一座有历史意义的房屋都被标记了联合国世界遗产的标志,这些被标识的房屋有着数百年前的建筑风貌,为了将它们留给后人,尽可能地保存这些遗产的原真性,不能轻易改动。因为物质文化遗产的记忆载体是客观存在的、有形的物质载体,所以我们可以认为其是静态的遗产。与物质文化遗产相比,非物质文化遗产随着社会的变迁而变化。因为非物质文化遗产的载体与社会文化生态环境以及传承者知识、兴趣、主观经验相关联,而这些因素随着社会的变迁而产生变化,因此相对物质文化遗产而言,非物质文化遗产呈活态。

物质文化遗产、非物质文化遗产和自然遗产都具有文化遗产的内核。文化遗产的内核是指文化遗产所体现的独特精神价值、思维方式、文化意识。非物质文化遗产本身就是以精神、观念等抽象的形式存在。根据《世界遗产公约》关于物质文化遗产的定义:古迹、遗址、建筑群等有形的物质载体必须具有突出的普世价值才能成为物质文化遗产,而突出的普世价值包括历史、艺术、科学、人类学等方面突出的价值。这些普世价值就是文化遗产的精神和观念价值,亦即文化遗产的内核。无论是物质文化遗产还是非物质文化遗产,抑或是自然遗产,它们都是脆弱的、不可再生的资源。

3. 累叠

在对三种文化遗产的内涵进行阐释及辨析后,这里需要提出一个与本书密切相关的"累叠"概念。"累叠"是由"累"和"叠"二字组成,"累"(🧍)

又作"纍"从糸，表示与线丝有关，畾声，本义：绳索，用大量绳结计数、计事、备忘、统计。有的篆文"纍"将"畾"简化成"田"。在《说文解字》中载："缀得理也。缀者、合箸也。合箸得其理、则有条不紊。是曰纍。"① 即把东西联系得有条理，如绳索之贯穿然，就称之为"累"。楚辞《招魂》载："层台累榭，临高山些。"② 即建在台上的房屋错落有致。"累"除了有连续、重叠、堆积的意思，还含有按照一定顺序积累而成之意。

"叠"（疊）金文字形，象物体叠放在"俎"上，本义：重叠。本义：在共产平分的原始时代特权者堆积肉食品。隶书"疊"将篆文的"夕"（肉）写成"月"。平分肉食为"宜"，独享双份肉食为"多"，堆积大量肉食为"叠"。《说文解字》载："叠，杨雄说以为，古理官决罪，三日得其宜，乃行之。从晶，从宜。亡新以为，叠从三日太盛，改为三田。"③ 叠，按杨雄的说法，古代法官判罪，经过多日的审讯，得到与案情相宜的判决，就去执行。字形采用"晶、宜"会义。新朝以为"疊"字采用三个"日"字作边旁，显得王气太盛，故将三个"日"改成三个"田"。在《仓颉篇》中亦有载"叠，重也，积也"，即表示堆积和重复进行。《诗·周颂·时迈》中亦有载"莫不震叠"，即有多层地、多次地之意。"叠"有堆积、重复的意思，且是多层次的堆积与重复。

将"累"和"叠"二字连在一起，即有按照一定顺序，连续、多层次地堆积之意。将"文化遗产"置于"累叠"之前就是"文化遗产的累叠"，即文化遗产是按照一定顺序，连续、多层次地堆积而成的。这个概念并不常见，一些学者有提到过类似的概念，例如：在范文澜所编著的《中国通史》中载："河南安阳县后冈地方，曾发现累迭着小屯、龙山和仰韶三种文化的遗址。"④ 范文澜在介绍小屯、龙山和仰韶三种文化的遗址所用之词是"累迭"，所指三种不同文化的遗址堆积在一起，但并未用到"累叠"一词。本书则采用文化遗产累叠的视域来观看和记录斯里兰卡圣城康提的民族志。从雅利安人等登陆斯里兰卡至今，僧伽罗文化的形成并非一蹴而就，而是经历了漫长的过程堆积所成。这个堆积的过程并非毫无顺序，而是"累叠"而成，即文化遗产是依据其独特的纹路和章理而逐一沉淀、积累而成。

---

① （汉）许慎撰：《说文解字注》，上海古籍出版社 1981 年标点本。
② 文怀沙：《屈原招魂今绎》，百花文艺出版社 2005 年版。
③ （汉）许慎撰：《说文解字注》，上海古籍出版社 1981 年标点本。
④ 范文澜：《中国通史》，人民出版社 1983 年版。

（三）城市遗产

城市是人类文明的重要组成部分，如若将城市遗产结合在一起，即意为从过去"继承"下来的"财产"，这个财产包括与生活在这一地域的族群或人有关的历史、文化、经济和有社会价值的历史建筑、历史环境、生态环境、城市景观资源等等，这些财产可以是有形的，也可以是无形的。城市和遗产价值的维系归功于居住在城中的居民和村民。他们是享有城市遗产价值的个体，是享受外部公共利益的群体，他们与城中的经济、政治、符号、教育、社会和文化价值密切相关，是遗产的重要实践者。

1. 有关城市遗产的研究

早期学者对于城市和遗产的研究多强调功能性和共同性，当代学者则有了多元化的思考。国外学者对城市遗产的研究开始较早，且理论的脉络逐渐清晰。19世纪，英国作家、艺术家约翰·罗斯金（John Ruskin）在其著作《建筑的七盏明灯》中将建筑概括为五类，分别是：作为祭祀用的建造之物，纪念用的纪念碑和墓碑，民用建筑包括国家或社会为公共事物或娱乐而疏离的建造之物，私人或公共防御的军用建筑，以及家用建筑包括各种居所。此外，约翰·罗斯金认为建筑是从先辈们手中继承下来的东西，映射了先辈们的生活景况，是古代记忆的象征。提出将城市建筑组群列入历史遗产保护的范围，尽量避免对历史性城市遗产的破坏。[1] 从20世纪90年代开始，学者们对环境问题、城市遗产和全球城市化发展等进行了针对性研究。此类研究成果的国内译本较少，近期出现的有齐珂理、方馥兰、保罗·文森佐（Paul Vincenzo）、瓦伦蒂诺（Valentino）、石雷等国外学者的研究成果，以及郑时龄、刘临安、卢娟、张国超、詹长法等国内学者的著述。

在我国，阮仪三先生认为，城市遗产指的是在城市中留存的具有历史文化、科学、艺术价值的实体遗存，包括历史建筑、历史街区、历史环境等，以及非实体的但能反映城市文化、民风民俗和城市风貌特色的遗产。[2] 阮仪三先生对城市发展的演变与策略，区域与城市规划及其经济技术依据，城市总体规划与分区规划，总体布局结构、对外、交通、城市设计、基础设施、旧城改造与古迹保护，城市建设的经济问题与社会研究等有关城市遗产各方面，都

---

[1] ［英］约翰·罗斯金：《建筑的七盏明灯》，张璘译，山东画报出版社2006年版。
[2] 阮仪三：《城市遗产保护论》，上海科学技术出版社2005年版。

进行了研究。①他认为对于城市遗产的开发与保护,须坚守四大原则,即真实性、整体性、可读性、可持续性。

张松教授认为城市遗产是人类历史上重要的遗产,是仅次于语言的人类文明的第二大创造,是各地历史文化的象征,也是文化过程的产物,带有明显地域特征。城市在发展演变中历经的沧桑变化说明了城市的发展具有延续性,历史保护就是要保护历史发展的延续性,特别是要保护那些表面似乎破旧,但反映了城市过去发展历程的历史街区、中心区和旧城区部分。城市中保护、更新和再开发这三部分是不断变化、交替进行的,也是城市基本次序的"生长活动"。②

邵甬教授认为,城市遗产的概念源于建筑遗产,指的是和主体建筑息息相关的环境,随后则指具有独特风貌特征的城市肌理与空间。这些城市肌理、空间可能是一座城市的历史街区,也可能是时间不够久远但具有独特场所感的空间。③

沈海虹在其博士论文中提出,城市遗产是城市内的有形文化遗产。城市,既是对文化遗产地域位置的限定,又指向其复合多面的社会属性。城市遗产可以被认为是城市内一切具有建筑、美学、历史、考古学、经济、社会甚至是政治价值,且具有情感与场所精神的历史建筑、历史文化街区和历史文化名城本身,也包含未得到指定却也能体现城市风貌特色的传统建筑、旧住区、产业区。除了包含城市的人工建成环境,如构筑物、建筑物、传统活动场所、历史园林,也包含自然形成环境,如古树、历史水体,特殊的城市格局、地形本身,甚至扩大到涉及城市区域和群体的文化线路、遗产运河、遗产廊道等。④

马荣军在《日常性城市遗产概念辨析》一文中将城市遗产的定义分为狭义和广义进行解读。他认为:"狭义的城市遗产是和建筑相关联的环境,随后发展为包括长期演化形成的、风貌独特的城市肌理空间。广义的城市遗产则包含历史建筑、城市肌理所代表的有形要素和城市生活形态为代表的无形要

---

① 阮仪三:《城市建设与规划基础理论》,天津科学技术出版社1992年版。
② 张松:《历史城市保护学导论——文化遗产和历史环境保护的一种整体性方法》,上海科学技术出版社2001年版。
③ 邵甬主编:《理想空间》,同济大学出版社2004年版。
④ 沈海虹:《"集体选择"视野下的城市遗产保护研究》,博士学位论文,同济大学,2006年,第4—6页。

素,既涉及能够体现城市历史、艺术、科学等价值的具有传统及地域特色的历史建筑、历史街区、历史环境等,同时也包括社会、经济和生活于其中的人等多方面要素的系统。"①

近年来,中国在城市遗产发展的学理和法理研究逐渐增多,一方面是国外著作的翻译;另一方面是国内高校研究机构的学术论文。其中,国内学者对国际宪章的解读、误读和再解读实际上反映了中国学术界对于城市遗产发展的一种认识过程,这种认识过程也影响了实际操作层面的具体政策和措施。对于这一过程的研究,贺耀萱和龚晨曦的成果在近期比较有代表性。

2. 中外历史城市的空间格局演变研究

列斐伏尔(Lefebvre)是城市社会学的重要奠基人。20世纪50年代,他一直热衷于乡村社会研究,70年代逐渐转向都市研究。在列斐伏尔的解读中,空间既具有物质性,也具有精神性,更是一种包容了物理空间和精神空间的社会空间。空间的生产与人的社会生活融合,并随社会生产的发展而改变,是"生长"和"变化"的代言词。在《空间与政治》一书中,列斐伏尔多次提出"城市的权利"。所谓城市的权利就是指城市中的公民有权控制城市中的物质生产,公民和公民所在的城市有拒绝外在力量控制和压抑的权利。②在当今的资本主义社会中,资本在城市中心集中所构建的空间组织和机构,挤压了人们的生存空间,人们不得不改变生存方式向城市边缘移动。

彼得·桑德斯(Peter Sanders)认为,一切社会活动都是在空间和时间里进行的,且认为社会学的核心关注点是以空间上界定的社会组织单位为基础,即对于不同的社会空间安排,村庄、城镇和城市的研究就是社会分析的基础。基于社会学理论,他将城市生活所特有的一类社会关系或社会过程做了四次分析,分别是作为生态社群的城市,作为形式的城市,作为资源分配系统的城市和作为集体消费单位。他认为在20世纪建立城市社会学理论基础的四次尝试都以失败告终,但是这四次尝试都留下了宝贵的经验,最后彼得·桑德斯提出将空间的关注确立为社会学的话语中心。

3. 城市遗产的保护和发展研究

研究城市遗产的学者们对于城市的现代性问题常有深入的探讨和批判。

---

① 马荣军:《日常性城市遗产概念辨析》,《先锋论坛》2015年第1期。
② [法]列斐伏尔:《空间与政治》,李春译,上海人民出版社2015年版。

早期学者多强调共同性，讲究意识形态分析，剖析深层结构；当代学者多强调差异性的思考，学者们对城市遗产的保护研究较多。对于城市化压力和环境变化的城市遗产，在转型中为城市发展提供契机，是当前城市遗产中不可或缺的要点。

意大利著名古迹修复专家古斯塔沃·乔万诺尼（Gustavo Giovannoni）最早使用了"城市遗产"这一术语。他赋予了次要建筑和历史肌理现代的、社会的价值，对于遗产的理念深深影响着国内外保护遗产实践与发展。他继承并拓展了博伊托的科学建筑修复（也称考古修复），即修复时要体现新旧工程的差别，修复工作应记录在案，尽可能地保留原真性。除经典古迹之外，古斯塔沃·乔万诺尼还鼓励人们在修复建筑时尽可能采用材质最为接近的"原始材料"。此外，他还特别强调城市中心区和城镇一些"稀有建筑"的重要性。

城市遗产的保护和城市更新，涉及了上层次规划管理体系对于空间格局的影响。近年来，针对日本、法国、英国的保护案例有比较系统的研究专著。早期国外学者的研究以典例案例为主；近年来从多学科角度出发进行的差异性研究成为研究热点。国内学者比较注重结构性和框架性的策略研究，强调统一性，典例研究相对较少，特别是从理论到实践之间的关联性研究较少。近年来，重要的研究成果包括周俭对法国体系研究，王颖、孙斌栋对中法比较研究，朱晓明对英国体系研究，王高峰对美国体系研究等。单霁翔先生一直呼吁对文物和文化遗产的保护。除此之外，工业遗产再利用也成为现代研究的热点，例如董卫、阙维民、于一凡、罗萍嘉、阳建强、李慧民等对旧工业建筑或建筑群再生利用评价理论与应用研究等。除此之外，我国还有一批学者关注历史环境动态再生模式的研究，从系统性上关注城市遗产的发展，例如薛求理、汪丽君的建筑类型和建筑形态分析研究；关瑞明、王浩锋、董卫等基于历史的城市形态与变迁研究；童乔慧、段进、叶茂、韦庚男、汪芳、卓健、曹磊、陈饶对城市空间再生产和空间形态研究等。

对城市遗产的保护，研究定论较多，但面临城市化压力和环境变化的历史地段，如何在保护和更新中寻求平衡，并通过当代空间设计的嵌入，为城市发展提供契机，则是当前城市遗产发展研究中的热点。

二 遗产与旅游

现代旅游与遗产的大规模接触，迅速改变了遗产的价值和对遗产价值表现的诠释路径。遗产因此也增加了全新的展示内容，成了现代社会再生产的"新产品"。从人类学的知识谱系和研究角度来看，遗产与亲属关系，特别是与继嗣制度密切相关。那些被传承的东西，无论是被称作继承物、遗产、祖产（尤其是在父系社会），还是被称作传统，抑或是长子特权等及其所形成的继承关系和制度，早已成为人类学研究的核心内容之一。遗产旅游（Heritage Tourism）是一种人们自觉地将自己的休闲活动与记忆中的或是认定的过去联系起来的行为，其中包括怀旧、记忆、原真性等问题的诉求和争论。在人类学界，国际上有知名的美国加州大学伯克利分校的纳尔逊·格雷本（Nelson Grayburn）教授、哈佛大学迈克尔·赫兹菲尔德（Michael Herzfeld）教授、美国戴伦·J.蒂莫西（Darren J.Timothy）教授，国内有厦门大学彭兆荣教授、云南大学的张晓萍教授和杨慧教授、中山大学保继刚教授和孙九霞教授。

从遗产与社会群体的关系来看，可以将遗产理解为一种继承关系，并且通过遵循一套继嗣原则，某一物体、物质或者信仰、习俗与某一特定的人群、世系、团体建立起了特殊的情感纽带，成为他们维持认同、保持群体延续的重要载体。台湾学者王镇华认为文化遗产与民族的情感和认同息息相关，从某种角度上来说，一个民族对于文化遗产的态度反映了该社会的文化成熟度。哪怕是古迹，从某种角度上来说，遗产也可以是活态的，有"软体"和"活体"之分。[1] 而当地居民在家时的精神状态、神情、心态等都可以反映出该古迹是否具有生命力。

旅游目的地的自然景观虽然非常重要，但是遗产同样也包括共存于自然环境以及人文环境中的独特文化、当地居民及其民族认同感。总之，遗产以及对遗产的理解是无法与其存在的环境分割开的。戴伦·J.蒂莫西和斯蒂芬·W.博伊德（Stephen W. Boyd）同时认为历史并不完整，并非所有的遗产都会受到社会的重视，社会只是有选择地保存历史遗产。这种选择性也许是有意的或者说是有目的性的，但是社会通过某种价值体系来筛选遗产。这种价值体系会随着时空的变更而发生变化。

郑时龄、薛密认为在西方，历史作为物质被保存下来；而在日本，历史作为一种精神遗产被保存下来，就像遗传密码的一部分那样被保存，且遗产

---

[1] 王镇华：《两岸文化的关怀》，德简书院1982年版。

有"活态"和"静态"之分。[①]澳大利亚学者葛兰·艾波林（Glenn Apollin）认为古迹是具有生命力的，而当地居民在家时的精神状态、神情、心态等都可以反映出该古迹是否具有生命力。遗产不仅仅是一个个人概念，还是一个极端的政治概念。遗产需要有共管人，在托管前，要做好调查、评估、建档等工作。自家—地区—州—国家—国际—遗产所在地的社群，并且遗产的经济因素都必须考虑进去，因为遗产的供养需要人或者是家族或者是群体来支付费用。从某种角度说，遗产的重要意义之一就是教育意义。以澳洲托勒斯海峡岛民（Aboriginal and Torres Strait Islanders）为例，后文将揭示他们如何惊讶地发现自己的"国家"是如何看待自己的。而对于遗产的商品化（Commodification）和商业化（Commercialisation），葛兰·艾波林认为游客是因为遗产的价值才会对遗产进行旅游观光，这个价值也可能是知识的、生态的等。[②] 皮特·霍华德（Pete Howard）则是从遗产的管理、阐释和认同入手对遗产进行研究。巴布拉则是从旅游、博物馆和遗产角度进行研究。

以上学者虽对旅游和遗产的研究有着不同的切入点和见地，遗产的古迹因怀旧等因素也确实是吸引游客的一个方面，但罕有学者从具有多层次结构的遗产本身特征进入分析研究、分类，从而总结出一个遗产地的文化特征与族群特征，进而分析东道主社会在旅游背景下对遗产的消费研究。这些研究并非没有，只是较少。例如，针对买卖或出售出租遗产地的房屋等较为突出的现象，云南大学的杨慧教授发表了有关世界遗产地丽江"驻客"的研究论文，这其实也是一种东道主社会消费遗产而产生的现象。[③] 而康提东道主对于其遗产的消费有其所在社会的底线和原则，并非一切以经济目的为导向。本书将从康提的文化遗产细节——一块砖瓦、一个符号，对其背后的社会意义进行挖掘和阐释。

本书记录的是一座城市的日常生活民族志，圣城康提展现了一个生产关系交换的网络，这个生产关系包括与斯里兰卡上层建筑不可分割的生产力、技术、知识等。在圣城康提这一空间中，存在着物理空间和精神空间，而这

[①] 郑时龄、薛密：《黑川纪章》，中国建筑工业出版社1997年版。
[②] 葛兰·艾波林：《文化遗产：坚定、保存和管理》，刘蓝玉译，台北：五观艺术管理有限公司2005年版。
[③] 杨慧、凌文峰等：《"驻客"："游客""东道主"之间的类中介人群——丽江大研、束河、大理沙溪旅游人类学考察》，《广西民族大学学报》（哲学社会科学版）2012年第5期。

个社会又生产出它自己独特的社会空间。这些空间互相渗透，相互重叠，遗产的累叠和城的生长也在这些空间中实践。

三 斯里兰卡文化遗产的研究

早期，国内有关斯里兰卡的研究十分稀少，如果再将"遗产""城市"或"旅游"等关键词锁定在"斯里兰卡"上，就很难找到类似研究。所以下文将国内斯里兰卡研究、国外斯里兰卡研究和斯里兰卡城市和遗产研究分别作梳理，从而进行学习和借鉴。

（一）国内研究

国内早期有关斯里兰卡的研究一部分集中在文学作品上。北京外国语大学的邓殿臣教授，编著的《斯里兰卡古代历史故事》（1987年），记录了13个僧伽罗人的经典故事。其中有狮子国的源起、佛国出兴、迦米尼大帝、五百罗汉大集结、凶残的女王、国王和卫士、桑加波国王为民献身、佛牙的传说、以及其他民间故事等。虽然这些故事带有浓厚的神话色彩，但用历史唯物主义的观点进行分析，可以透过神话的外壳发现历史本来的面目。当然这些极具神话色彩的故事也并非空穴来风，近年斯里兰卡出土的大量文物中也证实了部分故事的真实性。同是北京外国语大学的邵铁生教授出版了《斯里兰卡文学》（1999年），该书从狮子国的传说、佛教文化和传播故事、现代文学兴起、泰米尔文学发展四个方面介绍了斯里兰卡的文学作品。斯里兰卡的僧伽罗文学和泰米尔文学各有千秋，相互补充和融合，后斯里兰卡一直受到西方殖民，在西方文化的冲击下，形成了新型的僧伽罗现代文学，这些文学作品中有印度洋热带岛国绮丽的风光，有人们对殖民主义的控诉，有佛教社会的善恶和人情冷暖。

在季羡林先生主编的《东方文化集成》系列作品中，中国社会科学院亚洲太平洋研究所的王兰教授对斯里兰卡民族宗教与文化有较全面的介绍。其著作《斯里兰卡的民族宗教与文化》（2005年）是一部研究性著作，全书从斯里兰卡的民族历史发展过程，斯里兰卡的民族，斯里兰卡传统社会组织形式，斯里兰卡的宗教、文化，僧伽罗人与泰米尔民族矛盾的历史由来六个部分对斯里兰卡进行介绍，对于斯里兰卡自古以来的社会体制、信仰和传统文化进行探讨。后王兰教授在中国社会科学院《列国志》（2004年）系列作品中从国家概况、历史、政治、经济、军事、教育、文化、卫生和外交等方面对斯里兰卡进行了详细介绍。

2006年刘艺的博士论文（暨南大学）以斯里兰卡泰米尔跨境民族问题与印斯关系为例，分析了跨境民族问题与国际关系。该论文以斯里兰卡泰米尔跨境民族问题的产生、发展、激化进行分析，探讨印度插手斯里兰卡泰米尔跨境民族问题的原因和实质，以及该问题与印斯关系的相互影响。

北京外国语大学的佟加蒙在其2013年的博士论文中对斯里兰卡殖民进程进行研究，主要叙述斯里兰卡的古代史沿革和与印度文化的渊源，该论文现已出版成书。其主要内容按照殖民强权的更迭次序，分别从葡萄牙、荷兰、英国三个阶段进入，研究在这三个时期的殖民统治对斯里兰卡的经济政治文化带来的影响和变化。提出在葡萄牙殖民时期，僧伽罗文化首次面对西方文化的冲击，在语言、宗教上都面临着挑战，以中姓为基础的社会分工体系逐步瓦解。在荷兰殖民时期，相对平和的殖民气氛使得人们更大范围地接受了西方的文化。在该时期，荷兰风格的建筑遗迹以及混血族群人数的增加也成为显著特点，中低种姓的人群获得并积累了更多的社会财富。

北京外国语大学的江潇潇在其2014年的博士论文种对斯里兰卡的种姓成因、特点以及社会影响进行研究。该论文通过对比分析僧伽罗人和泰米尔人种姓的异同，归纳斯里兰卡种姓特点，深入探讨了斯里兰卡历史发展进程中影响种姓的因素和不同种姓的地位，进而总结斯里兰卡文化的总体特征。江潇潇提出种姓制度源于印度，不是斯里兰卡自身文明发展的产物，即在斯里兰卡民族形成之初已是社会结构中的主要元素。论文阐述了僧伽罗人种姓和泰米尔人种姓的异同，以及斯里兰卡种姓对当代社会生活、政治及民族争端的影响。认为种姓的影响在很大程度上是负面的，种姓对斯里兰卡的社会发展更多起到制约作用。

四川大学南亚研究所课题组2015年出版的《内战结束后的斯里兰卡》一书由文富得牵头，杨文武、张立和唐鹏琪等学者参加共同完成。该书对于斯里兰卡概况，殖民统治与斯里兰卡民族问题，独立后斯里兰卡民族问题，内战的影响和蔓延进行分析，对内战结束后斯里兰卡的经济和发展进行详细概述，以及对内战后斯里兰卡的对外关系进行分析和阐释。

除此之外，刘兴武撰写的《各国手册丛书：斯里兰卡》（1984年）对于斯里兰卡的地理、历史、政治、经济、外交、文化、教育、旅游，以及宗教、民族、民俗等做了概述。

郭家宏撰写的《英联邦国家现代化研究丛书：斯里兰卡——发展与民族对抗的困境》（2002年）一书从前殖民时期社会与文化，葡萄牙、荷兰统治时期，英国殖民统治时期，延续殖民时期的遗产，寻找新国家的特色，调整方向，社会福利制度的形成与发展，民族问题的形成与民族冲突八个方向，以历史为主线对斯里兰卡的概况进行介绍和阐释。

由何道隆主编，王晓东、邱慧琳、唐鹏琪参与撰写的《当代斯里兰卡》（2000年）一书对斯里兰卡的国情、历史、行政区域划分与主要城市、经济、政治、交通、对外关系、民族与宗教、教育、文化、卫生和新闻，以及旅游、风俗和重要节日进行了概述。

近年来，有若干针对游客、介绍景点和风土人情的著作问世，例如前驻斯里兰卡大使江勤政著的《印度洋明珠：斯里兰卡》，虽是一本旅游指南，但其深入介绍了斯里兰卡诸多历史遗迹和风土人情。还有单琳、杨诗源等新一代年轻作家的出现也为斯里兰卡研究推波助澜。

由此可见，我国有关斯里兰卡的研究主要有两个特点：一是集中在文学作品、政治和民族问题三个方面，大多作品都是基础的国情介绍。二是整体性研究不足。虽然许多斯里兰卡古老的制度在20世纪初就已经消失或发生了巨大变化。但是至今，先辈们遗留下来的内在社会秩序和风俗还在继续影响着人们的生活。以上作品大多是研究人们过去的生活，对于斯里兰卡现代人的文化变迁却鲜有涉及。以历史为脉络，将村落、城市、遗产串联成体系的研究几乎没有。本书是基于同一空间来研究斯里兰卡文化遗产的过去和现在，这无疑是一个有趣的和创新的学术点。

（二）国外研究

相比国内的斯里兰卡研究，国外有关斯里兰卡的历史研究和佛学研究较为突出。结合人类学特性，笔者对国外斯里兰卡研究进行了以下梳理。在康提王朝时期国王拉贾辛哈二世（Rajasinghe Ⅱ）抓捕了英国航海者罗伯特·诺克斯（Robert Knox），罗伯特·诺克斯（1660—1679）被囚禁岛上19年，亲眼见证了康提王朝的兴盛和衰败，并撰文《锡兰岛的历史悲剧》（*A Historical Relations in The Island of Ceylon*）。该书记录了中世纪康提王朝居民的社会生活，是人类学早期的民族志材料。《锡兰岛的历史悲剧》于1681

年首次发行,后被翻译成多国文字,多次再版,1931年被翻译成僧伽罗文在斯里兰卡发行,因罗伯特·诺克斯有敏锐的观察力和强烈的好奇心,对于民族问题较为中立,因此他在斯里兰卡国内也被广泛接受和认可,可惜至今该书还未有中文版。

除此之外,毕业于英国伦敦大学的德哈拉玛拉塔纳·赫拉斯(Dharmaratna Herath)博士对公元前3世纪至15世纪佛牙和王权的关系进行阐释。其博士论文《佛牙与王冠》("The Tooth Relic and the Crown")于1994年出版,该书首先对佛牙历史进行概述(Dthvamsa),然后以公元前300年至公元1000年为阶段对佛牙的早期历史进行介绍,以公元1000年至公元1500年为起止对佛牙在王国中的主导地位进行阐述。在介绍完佛牙流转的历史后,德哈拉玛拉塔纳·赫拉斯博士将主线拉回到公元前300年至公元1500年,对佛牙在该历史时期的政治意义进行分析,最后对佛牙的财产、资源以及仪式和寺庙进行阐述。

佛牙寺佛教交流中心首席米伽哈库姆布拉(K.Meegahakumbura)的著作主要是从佛学的角度对康提佛牙寺进行概述,介绍了佛牙和佛牙寺的历史。其著作《佛牙寺的遗产和神圣的佛牙》(Heritage of the Sacred Tooth Relic and The Temple of the Sacred Tooth Relic)一书依次从阿努拉达普勒时期到波隆那努瓦时期,再到登巴德尼亚、库鲁内加拉、加姆波勒、科特,一直到康提,讲述佛牙辗转历程以及佛牙寺的日常仪式。

楠达德瓦·威杰瑟柯拉(Nandadeva Wijesekera)从人类学的角度对僧伽罗人的生活方式、习俗、信仰、交通、工业、民间歌谣等方面做了简单概述。萨曼·科勒葛玛(Saman Kelegema)从经济学的角度用数据分析对斯里兰卡的社会进行阐释。尼拉·威克拉玛辛哈(Nira Wickramasinghe)以历史学家的眼光来看待斯里兰卡后殖民时期的历史文化以及族群认同。

苏联学者科奇涅夫·瓦·伊(Kochnev Va Yi)对斯里兰卡的民族结构形成过程、僧伽罗和泰米尔两大民族矛盾的历史成因、斯里兰卡的传统社会制度、斯里兰卡古代民俗和宗教信仰进行研究,其著作《斯里兰卡的民族历史文化》被我国学者王兰译成中文,该书介绍了斯里兰卡的民族历史阶段、社会关系和宗教信仰。相关著作还有:季亚琴科(Diachenko)的《锡兰与社会主义国家》、马斯洛夫(Maslov)的《锡兰粮食问题》《锡兰经济问题与前景》和《斯里兰卡共和国:经济与政治》。

除此之外,斯里兰卡留学生对中斯文化互动起到了不容小觑的积极推动作用。例如:查迪玛(A.Chandima)在其 2011 年博士论文(山东大学)中介绍了斯里兰卡出土的《布施锡兰山佛寺碑》,铜镜、铜铃以及近年发现的汉代丝绸残片等中国文物;继而以判断中国文物所属年代,分析中斯古代贸易关系。凡·卢帕哈(Ven. Rupaha Sumanajothi thero)在其 2012 年的博士论文(华中师范大学)中对斯里兰卡和中国幽默民间故事进行比较研究。瑞威·波尔嘎斯瓦特(Rev Polgaswatte Paramananda)在其 2013 年的博士论文(华中师范大学)中,从文学的角度对中国和斯里兰卡的"异类婚"故事进行比较研究。度努科勒·萨拉楠达(Dunukeulle Sarananda)在其 2014 年的博士论文(华中师范大学)中对中国与斯里兰卡的佛教信徒、佛教经典、佛教仪式、佛教节日、佛教建筑,以及佛教对于两国的社会影响等进行对比分析研究。达尔沙纳·布拉萨德(A.D.Darshana Prasad)在其 2015 年的博士论文(中央美术学院)中,对斯里兰卡丹布勒石窟的雕塑和壁画进行研究;并反思当代雕塑艺术中的传统性问题,认为当代雕塑创作除了有具体的雕塑语言外,还应关注传统和雕塑创作的精神因素。

(三)斯里兰卡城市和遗产研究

以上概述是国内外学者对于斯里兰卡的整体研究,如果细分到城市和遗产研究则可以列出数名学者。其中斯里兰卡著名学者阿努拉德哈·森内维拉塔纳(Anuradha Seneviratna)教授对康提的历史和文化方面进行介绍。其著作《通往康提:斯里兰卡中部山区的古迹》(*Gateway to Kandy:Ancient Monuments in the Central Hills of Sri Lanka*)集中介绍康提王朝的传说、康提的历史遗迹,最后对于康提的建筑、想象、艺术和手工艺品也做了概述性的介绍。其另一套著作《达拉达·玛利嘎瓦:佛牙寺的历史与建筑》(*Sri Dalada Maligawa:The Temple of the Scared Tooth Relic,History and Architecture of The Temple*)对于佛牙辗转的地点、佛牙的守护者进行了概述。该书对于佛牙的建筑结构和传统木雕也有详细描述。阿努拉德哈·森内维拉塔纳教授的第二卷著作《达拉达·玛利嘎瓦:斯里兰卡佛牙寺》(*Sri Dalada Maligawa:The Temple of The Scared Tooth Relic*)与《通往康提:斯里兰卡中部山区的古迹》为同一系列,该书从佛牙寺内部结构、寺庙日常所提供的服务和功能、寺庙仪式、四个重大庆典、寺庙的宗教和社会力量五个方面进行阐述。其著作《康提的佛牙节》(*The Kandysala Perahra*)记录了佛牙节仪式的详细步骤。其另一著作《僧伽罗文明之春》(*The Springs of Sinhala Civilization*)系统介绍了斯里兰卡的水利系统,包括斯里兰卡古代的水利灌溉结构、历史、成就,水的管理和仪式,税收和国家等内容,多角度围绕水展现了斯里兰卡古代灿烂的水利文明。当然,阿努拉德哈·森内维拉塔纳教授的研究并非仅仅停留在康提文化研究,他对于斯里兰卡整个社会研究都具有独特见解,在斯里兰卡学界颇具影响力。

马丁·威克拉玛辛哈(Martin Wickramasinghe)从人类学角度对斯里兰卡的文化遗产进行阐释。其著作《僧伽罗文化面貌》(*Aspects of Sinhalese Culture*)对于斯里兰卡民间文化、面具、诗歌、僧伽罗文学等有详细概述。

斯里兰卡古迹保护协会的主席尼玛尔·希尔瓦(Nimal De Silva)教授对于斯里兰卡的建筑遗产有较深研究,特别是对于斯里兰卡重要建筑的结构研究。其著作《斯里兰卡遗产建筑》(*Heritage Buildings of Sri Lanka*)对于佛塔、石窟、佛龛、牧师会礼堂、教堂、清真寺等进行建筑结构分析,该书所涉面积较大、范围较广,可谓斯里兰卡建筑的百科全书。

斯里兰卡中央文化基金(Central Cultural Fund)出版的《遗产的反思:斯里兰卡近代学术史》(*Reflections On A Heritage:Histoical Scholarship Permodern Sri Lanka*)从斯里兰卡发展的历史,早期泰米尔人的定居,斯里兰卡的穆斯林、斯里兰卡的政治、文化进行了多方面的探讨。

有关斯里兰卡的艺术遗产,阿楠达·肯提希·科玛拉斯瓦米(Ananda Kentish Coomaraswamy)在《中世纪僧伽罗艺术》(*Mediaeval Sinhalese Art*)中剖析贯穿斯里兰卡社会的绘画、建筑、传统手工编织、服饰等艺术图案的源起。

达雅·阿玛拉瑟克拉(Daya Amarasekera)教授的《种姓和社会的变迁》(*Caste and Social Change*)从一个社会学者和人类学家的视角研究种姓,讲述了斯里兰卡的社会变迁。其中首先介绍了种姓和种姓群体,继而讲述了印度的种姓,以斯里兰卡皮革工作者的种姓(Chamard)为例,阐释了种姓与文化冲击的抗衡,以传统工艺为生的种姓人群在婚姻、经济等方面与现代文明的冲突以及一系列文化变迁。

埃德蒙·利奇(Edmund Leach)在《普尔埃利亚,一个锡兰村庄:土地所有制和亲属关系的研究》中选取斯里兰卡中北部省的普尔埃利亚村庄作为田野点，主要以亲属关系和土地制度为突破口，探寻社会的连接性、社会结构和社会认同。①

除了佛教研究，斯里兰卡学者们较为注重历史和古迹研究，一些受过高等教育、具有文化自觉和文化自信的历史遗迹热爱者，也会著书立传，对斯里兰卡的文化抛出各自的见解。

第三节 田野概况

一 田野过程

在进入田野之前，笔者曾向多位专家请教，云南大学在海外民族志方面有较多的经验，这里要感谢云南大学的李晓斌教授，对于本书田野的有效进入方式和方法进行了指导。美国加州大学伯克利分校的纳尔逊·格雷本教授对于斯里兰卡国情的介绍和注意事项进行了指导与提示，这也为笔者的整个田野的安全起到了警示作用，并开始关注斯里兰卡政治。还有哈佛大学迈克尔·赫兹菲尔德教授，一如既往地强调需要重视语言的学习。

近几年，国内学者对人类学到海外做民族志做了不少梳理。王建民对中国海外民族志研究的学术史进行梳理。从古代海外记述传统到改革开放之后中国大陆学界的海外民族志勾勒出中国海外民族志研究史的总体轮廓。②郝国强梳理近10年来中国人类学界海外民族志研究成果，归纳出海外民族志具有记录文化类型提供"他者"文化个案与经验事实为社会科学提供想象力等优势，提出与本土解释、田野进入融入与产出、理论导向等问题的理论预设。③近些年，也有一批赴世界各地进行田野的年轻学者。有研究泰国的龚浩群、研究马来西亚的康敏、研究印度的吴晓黎、研究澳大利亚的杨春宇、研究美国的李荣荣、研究法国的张金岭、研究德国的周歆红等等。可惜笔者在进入田野前未能有机会向这些老师请教和学习。

---

① 余媛媛:《文化遗产视域下斯里兰卡文化认同构建研究——以文化三角为例》,《世界民族》2020年第4期。
② 王建民:《中国海外民族志研究的学术史》,《西北民族研究》2013年第3期。
③ 郝国强:《近10年来中国海外民族志研究反观》,《思想战线》2014年第5期。

另外，田野的顺利进入还要得益于笔者前期硕士阶段的积累，博士期间笔者深入斯里兰卡文化中心圣城康提进行田野调查，与当地僧伽罗人同吃、同住、同劳。分别站在"我者"和"他者"的角度摸索与研究南亚和东南亚文化，这使得笔者对斯里兰卡这个国家、族群、族性有了更深刻的了解。经过长期对斯里兰卡的追踪研究和多次调查及田野回访，根据不同时期的调查任务和侧重点，本书的田野调查可以分为以下三个阶段：

表 1-1

前期：2010—2014 年	进入斯里兰卡，长期致力于中国与斯里兰卡文化交流以及中国文化在斯传播研究，与斯里兰卡当地学者进行多项合作、交流。更为重要的是，为后期的博士田野积累了稳定、可靠的社会关系。
中期：2015—2016 年	深入斯里兰卡田野调研，与斯里兰卡人同吃、同住、同劳，如实记录康提民众生活、仪式、节庆，拍摄相关视频、照片，做好录音记录，定期进行访谈，书写田野日记。收集外文文献，分批转运回国。
后期：2016—2019 年	多次返回斯里兰卡，整理田野日记、录音、视频、照片、访谈材料等，梳理文献，撰写书稿。

除了用参与观察法进行日常调研外，在斯里兰卡田野期间，本着促进中斯两国学者友好交流的原则，笔者曾在斯里兰卡策划举办国际会议，斯里兰卡国家级报纸对该次会议也进行了专访。会议主办方科伦坡大学，承办方凯拉尼亚大学，参加会议的有斯里兰卡著名高校的校长、院长各级领导、著名学者们以及斯里兰卡《今日锡兰》等主流媒体。我国参会的学者来自厦门大学、四川美术学院、百色学院、贵州大学等高校。中斯学者交流源远流长，这只是一个良好的开端，希望中斯两国的合作能够更加紧密和顺利。

二 田野点介绍

斯里兰卡在英语中的表述为 Sri Lanka，Lanka 是锡兰的梵语名称，Sri 是形容词，意指快乐、幸福。在斯里兰卡的历史上，维杰耶 Vigaya 登岛后，因为外患、宗教、灾害等数次迁都，后被葡萄牙、荷兰、英国殖民，最终僧伽罗王朝的时钟停在了康提。在历史选择和社会变迁下，康提成为斯里兰卡遗产累叠和生长的交界点。

至今，康提仍是传统僧伽罗文化的代名词。康提最早由维克拉玛巴忽三世（Wickramabhu Ⅲ）于公元 1357 至公元 1374 年建立，康提王朝延续了 5

个世纪，后被英国殖民者攻陷。这里积淀了人类在城市规划、建筑、雕刻、绘画，以及音乐、舞蹈诸方面的才智，因而被视作重要的文化遗产，1988年被联合国教科文组织作为文化遗产，列入《世界遗产名录》。

如今康提被分为23个区域，其中第18区的孔图贡德拉是康提的文化核心区和斯里兰卡社会举办重要仪式的地区，是本书调查仪式实践的一个田野点。另一个日常生产实践的田野点是维瓦泰纳，它位于康提湖东南方属于传统文化保护区，以自然村庄形态存在，那里没有热闹繁华的街道、餐厅、商店、冷饮店等，基本的生活用品需要走出村庄才能购买，是传统僧伽罗人的聚集地。

第四节　研究思路

一　主要思路

本书写作思路线索如下：首先，从遗产累叠的背景入手，即与遗产密切相连的僧伽罗人开始，讲述该族群的源起、特征、符号和文化。继而在僧伽罗王国迁都的重要城市和斯里兰卡最具文化价值（Outstanding Universal Value）的古城交集中，选出三个代表性古城，它们分别是阿努拉达普勒古城、波隆那努瓦古城，以及康提。这三个古城分别为阿努拉达普勒时期、波隆那努瓦时期和康提王朝时期的持久性古都，并且有共同的文化元素。这些重要的文化元素横向构成了每个时期特有的文化岩层，纵向呈现了遗产累叠的形态。随着时间推移这些岩层不断累叠，先形成的遗产岩层在下，后形成的遗产岩层在上，越靠近上层的岩层年代越近。在时间推移的同时，遗产累叠也伴随着地点变化。随着斯里兰卡社会的变迁，文化中心也会随之改变，从一个地方移动到另一个地方。虽然文化核心之前所在的地点发展停滞，但遗产并未消亡，被历史和社会选择的遗产在新的地点继续传承、发展、沉淀。公元1815年，英国殖民者攻入康提，僧伽罗王朝灭亡。虽然僧伽罗历史的时钟停在了康提，但遗产的累叠并未消亡，它在康提通过人们的仪式实践和日常实践继续得以传承、发展、沉淀。因此，康提成为斯里兰卡遗产累叠和生长的交界点。

阿努拉达普勒古城、波隆那努瓦遗址、西格利亚古城等"静态"遗产与康提人们实践的"活态"遗产形成了鲜明对比，这就是遗产的累叠与生长。要保持遗产持久的"生命力"和"生长性"，离不开人们的供养与实践。在康提，人们现在仍然用自己的实践来传承遗产。本书第三章围绕遗产核心元素佛牙记录了人们的仪式实践。第四章记录了遗产在人们日常生活的实践。第五章放眼到当代大的社会背景，即斯里兰卡在剿灭猛虎组织后，经济逐渐复苏，旅游产业兴起。在"二元经济理论"中，斯里兰卡现如今从第一阶段转变到第二阶段时，劳动力由无限供给变为短缺，并不是由现代工业部门造成，而是由第三服务产业上升而引发了第一个转折点。在现如今的斯里兰卡，社会传统农业部门的压力增大，旅游服务部门的工资提升。近五年赴斯里兰卡旅游的人口结构发生较大改变。起初，赴斯旅游的群体以印度人和欧洲人为主。印度人赴斯旅游是因为地缘、血缘和经济关系，以英国、葡萄牙等欧洲为主的游客赴斯旅游则是具有帝国主义殖民色彩的怀旧而引发。现如今，中国赴斯游客数量突飞猛进，已远超越其他国家人数。康提在斯里兰卡旅游中具有指喻意义，第三产业的迅猛推进对于康提古城区、康提村落等社会结构有较大影响。在此背景下，第五章对斯里兰卡的遗产旅游进行阐释，将整个语境提升到了斯里兰卡大的社会和政治背景中，论述遗产的旅游教育价值和经济价值的生长。

最后，本书分别对康提遗产累叠的形态和特征进行阐述。对古城生长的机理分别从生成过程、养育机制和传承的动力进行小结。进而提出一座古城的生长并非仅仅是城村之间的涵养和空间扩散，而是遗产主体的生长（文化自觉）、遗产空间的生长（文化边界）和遗产价值的生长（文化旅游）。

二 主要内容

本书一共分为六个章节：

第一章论述了四个问题：（一）选题缘起，在学科思潮和"海丝"的双重背景下，选择斯里兰卡康提作为田野点的缘由。（二）进行三个层面的学术回顾，第一层次，从城市和遗产角度进行梳理。首先，对于城市的内涵和城市及其周边进行分析研究，进而对城村关系做研究综述，然后对城的生长的概念做了界定，对于城市的遗产分别从城市遗产的研究、空间、保护进行梳理。其次，分别从物质文化遗产、非物质文化遗产、自然遗产三个方面对遗产概念进行梳理，分析三者的辨析与关联，以及对于遗产累叠的概念界定。第二层次，对遗产与旅游的梳理。第三层次，对有关斯里兰卡文化遗产的研究进行阐述。

第一章　导　论

（三）对于田野过程和田野点分别进行介绍。（四）概述文章的研究思路、主要内容、创新和不足以及后续推进说明。

第二章主要论述遗产的累叠，从僧伽罗人在阿努拉达普勒建国定都到最后一个僧伽罗王朝在康提消失的历史进程，其中主要包括四点：1.有关斯里兰卡主体民族僧伽罗人的概况，其中包括族群溯源、族群符号、族群的特征和族群文化；2.阐述遗产累叠的岩层，在僧伽罗王国迁都的重要城市和文化三角的交集中选出三个代表性的古城，讲述阿努拉达普勒到康提的迁都历程，剖析遗产累叠的三个岩层；3.分析阿努拉达普勒古城、波隆那努瓦古城、康提的共同文化元素如水、佛牙寺等，阐述每个时期特有的文化岩层，纵向呈现了遗产累叠的形态；4.对于荟萃了阿努拉达普勒古城、古城波隆那努瓦王宫遗址、西格利亚古城、丹布勒金寺的主要社会遗产，水利、宗教、艺术的康提，层层推进，论述每一个时代和每一个时期留下的宝贵遗产，虽然曾经辉煌的古城和遗址已人去楼毁，但是僧伽罗社会的精髓却得以传承，遗产的生长从未停止，人们将它实践在康提这一城市空间里。本章先对斯里兰卡主体民族僧伽罗人进行族群的溯源；后在阿努拉达普勒古城、波隆那努瓦古城、康提背景下，以城、水、佛牙为主线，分别从阿努拉达普勒时期、波隆那努瓦时期和康提时期，对斯里兰卡政治、社会和宗教进行阐述。例如阿努拉达普勒时期被历史和社会选择遗留下来的一些文化元素组成了斯里兰卡文化遗产岩层，后波隆那努瓦时期所遗留的一些文化元素又是一个遗产岩层，诸如此类文化遗产按照时间顺序，被历史所选择连续叠加，层层累积，从而形成了如今康提的文化遗产形态。

第三章阐述在遗产累叠和生长交界点康提，遗产在仪式中的实践。主要包括五个部分：1.阐释斯里兰卡社会中最为神圣和最有权利的物——佛牙的背景，宗教文化发生期"圣物"的象征意义，即佛牙符号化的过程和传承；2.从佛牙扩大到佛牙寺，阐释佛牙寺的遗产化过程；3.佛牙与人们的宗教信仰以及信仰的表现方式，即对于遗产的田野调查和阐释，本章节也与第二章有关佛牙和佛牙寺的内容相互呼应，展示了一个"活态"和"静态"遗产的图景；4.从佛牙到佛牙寺，从佛牙寺到孔图贡德拉（古城区），从孔图贡德拉到康提的传统村落，范围逐渐夸大，遗产的边界也在扩展，本节展示了寺—城—村由一个单项维度至联动共生的演化；5.对本章节小结，从圣物到神圣的寺庙，至圣城，遗产有着一个逐渐累叠和生长的过程。本章是以康提的文化遗产核心佛牙以及佛牙寺为主线，详细阐述了斯里兰卡文化遗产的累叠历程以及现状，

31

人们通过仪式、节庆等对于遗产的供养与实践。

第四章对康提一个传统村庄的田野描述，即康提当下社会文化和人们的生活现状。这个村庄属于康提，但是还未有大量游客进入。本章的内容主要包括：1.康提维瓦泰纳的概况，其中包括了人口的信息、教育程度、村民的职业分布；2.对亲属称谓和社区结构进行了介绍和阐释；3.村的供养，该节分为四个小部分。第一个部分与第二章的古代水利系统相互呼应，从水的点（村）、线（河流）、网（大型的水利系统）、水与社会（税收）和水与仪式五个小点进行阐述，第二个部分对于康提的（食物）的供应系统，其中包括对康提地区的基本生活和饮食系统进行详细介绍，基于斯里兰卡社会生活的田野之上，继而对斯里兰卡社会中礼物的交换及意义进行阐释，第三个部分主要是基于人的系统研究，对于康提社会的婚礼、葬礼、土地和法律进行阐释与分析；4.本章小结，对于遗产的维系进行总结，本章通过详细的日常记录，对斯里兰卡的城村结构进行剖析，认为斯里兰卡的城村结构不同于中国的"城—镇—村"三元结构，而是类似于西方学者所提出的"城—村"二元结构，但是这个"城—村"的二元结构并不是完全依赖经济贸易而形成的"双反哺"结构。在康提"城—村"的互动，除了以经济为主的"双反哺"形式外，还有人们对于遗产的日常实践与传承，这是人们连接过去与现代、城与村之间的强大精神纽带。

第五章聚集旅游人类学视域下的遗产生长，主要包括四个部分，分别是：1.遗产生长的背景，从中斯古代关系、近现代关系的复兴（拉贾帕克萨时代）、后拉贾帕克萨时代（瓶颈）三个方面进行分析；2.主要是对中斯"旅游外交"的人类学研究，分别从"他者"眼中的"我者"，第三人视角进行逐层分析，其中包括对旅游背景与条件的分析，对旅游者、文化中介、东道主的研究，对文化符号构建的特色、旅游安全问题的探讨；3.主要是对"一带一路"中遗产旅游的反思，其中包括中国式的"古迹"观光、现代语境下的出境游、旅游与民间外交；4.本章小结，对于中斯友好建交下的斯里兰卡遗产旅游进行小结。

第六章主要是对遗产的累叠与城市的生长的阐述，本章分为三个章节，分别是：1.阐述圣城康提遗产累叠的形态及其关联以及圣城康提遗产累叠的特征；2.对古城生长的机理分别从遗产的生成过程、养育机制、传承动力三个方面进行阐述和分析；3.分别从遗产主体的生长，遗产空间的生长，遗产价值的生长三个方面对遗产在累叠中生长理念进行提升。

三 创新和不足

（一）难点与创新

难点：任何事物都有两面性，本书的难点也正是创新点。因有关斯里兰卡研究材料较少，所以撰写文章时可以借鉴的材料非常少，耗时耗力，即便是简单的人名都需要核对大量英文材料、僧伽罗语材料甚至梵文材料。正如江潇潇老师感慨："古老民族的文字都会比较难一点。"僧伽罗语的变迁从文字的书写到发音经历了漫长的演变，速成不可取，只有靠时间的累积和打磨才能逐渐掌握。这些困难也正是本书的创新点之一。

创新点：1. 在内容上，本书是我国第一本以斯里兰卡为国别研究的海外民族志。历史上，斯里兰卡与中国的文化交往源远流长。随着中斯两国的联系增强，国与国之间、我族与他族之间的矛盾与摩擦日益突出，这些疾症归根结底是因为我们对该国的历史文化和社会结构未进行深入研究。虽然斯里兰卡的社会文化研究重要而紧迫，但有关该国社会文化和文化遗产的研究却基本属于空白，而这份研究恰巧能为填补这块南亚区域与国别研究的空白之地尽一份绵薄之力。

2. 在学术思想特色上，实现了观念更新和知识创新。本书不是单一斯里兰卡研究的历时性罗列，而是以文化遗产为切面，选取斯里兰卡文化遗产中较为典型的实例，从社会结构进行深层的文化阐释，从而实现海外民族志的新书写。

3. 在学术观点创新上，实现了研究范式转换。例如：以文化人类学、历史学和传播学为理论视域，到斯里兰卡进行实地调查，获取第一手资料，分析王权、神权和水的内在社会秩序，以及寺—城—村的社会结构和联动机制；遗产的累叠与生长，本书通过围绕遗产阐述斯里兰卡的历史，提出遗产像岩层一般逐渐累积而成，是活态的。对于遗产的研究，不仅仅是探究其过去，或者过去与人们之间的联系，还有一个作用是在全球化与同质化极其严重的社会背景下，如何处理经济发展和保护之间的关系，这些都离不开遗产和遗产形态的研究；神圣空间的分层和遗产的边界生长等，如第三章的佛牙寺神圣空间的分层研究，虽然在人类学中经常有学者会提出圣俗的界定和界限，但是鲜有学者将神圣空间再次细化进行分层研究。再如，书中五章中对于遗产地在旅游背景下边界生长的研究和阐述等。

4.研究方法特色在突出人类学的理论分析诠释、价值分析及经验观察描述等方法的基础上，借鉴社会学等学科的理论和方法，运用历史与逻辑相结合的方法，考察斯里兰卡文化遗产的历史、现状，结合实例分析中斯命运共同体背景下民心相通和文化互动原则。

(二) 不足

因为斯里兰卡可供研究的地图不多，所以书中大多地图都是根据材料请人绘制或自己手绘而成。这里要感谢云南师范大学旅游与地理学院的研究生们，他们用了多日在实验室里帮助笔绘制了许多难得且宝贵的斯里兰卡地图。虽然在整个绘制和核对过程中，我们十分认真，但是难免会有疏忽和遗漏。

在整个本书的写作工程中，涉及英语、僧伽罗语和汉语三种语言的转换，在文中出现的人名、地名、专有名词，都是依据音译的原则转换成汉语，并且这些音译是根据僧伽罗语的发音规律进行翻译。因为工作量较大，难免会有疏忽和遗漏。

四 后续推进

首先，斯里兰卡的人文资源和自然资源远非文中所提及的这些，笔者在田野中收集的很多材料，因与主题无关并未纳入。后续可将斯里兰卡的重要文化资源以及自然资源进行整理，汇编成册。

其次，在我国提出"一带一路"倡议的背景下，两国交流、贸易增多，探究两国经济与政治之间的关系，意义重大。目前除了中资公司的固定建设项目外，旅游是斯里兰卡当局最迫切发展的项目。近年中国游客人数已超越英国和欧洲游客跃居第一、第二位。中国旅游（游客）的进入对斯里兰卡社会、经济和两国关系的影响，无疑在大背景下是具有重要意义的。

最后，推进华侨华人在斯里兰卡乃至南亚的研究，在斯里兰卡生活居住的华人群体较为单一，从业种类较少。对于斯里兰卡华侨华人研究的推进也填补了我国在斯里兰卡华侨华人研究领域的空白。

书中以斯里兰卡文化遗产为主线，以圣城康提为核心调查点，对其进行综合性与实证性的研究，但由于力有不逮，书中亦有失误与不当之处，祈望各位同仁和前辈批评指正。

第二章　遗产的累叠

斯里兰卡国土面积不大，主体民族是僧伽罗人，第一大少数民族是泰米尔人，其他少数族群有穆斯林、马来人、伯格人、华人和维达人等。全岛有 8 处世界遗产——2 处自然遗产和 6 处文化遗产。自然遗产分别是辛哈拉加森林保护区（Sinharaja Forest Reserve）和斯里兰卡的中央高地（Highland）。6 处文化遗产中一处是于 1988 年被列为世界文化遗产的加勒古堡（Galle Fort），另外 5 处集中在阿努拉达普勒古城、波隆那努瓦古城、中部的康提构成的三角地带，被称为"文化三角"——以阿努拉达普勒古城、波隆那努瓦古城、中部康提为顶点的三角地带中还包含着西格利亚古城和丹布拉金寺。这 5 处世界文化遗产地荟萃了斯里兰卡历史上的主要遗产古迹，亦是斯里兰卡文化的精髓所在。

在文化三角中，阿努拉达普勒古城、波隆那努瓦古城、康提位于三个顶点，也是历代僧伽罗王朝古都的典型代表，故本章以阿努拉达普勒古城、波隆那努瓦古城以及中部的康提三个古都为例，阐释遗产累叠的方式。然而，每一个时期的遗产岩层都是由重要的文化元素组成。在本章的第三节中，以遗产岩层为横轴，不同时期的相同文化元素为纵轴，展示出一幅遗产累叠岩层的图景。

第一节　遗产累叠的背景

遗产是世界的、是国家的、是民族的、是个人的，但总归还是需要有一个或多个主体对遗产承担主要责任。"文化遗产权是特定主体对其文化遗产的享用、传承与发展的权利。享用是主体对文化遗产的接触、欣赏、占有、使用以及有限的处分权利,传承是主体对文化遗产的学习、研究、传播的权利,发展则是主体对文化遗产的演绎、创新、改造等权利。"[1]生活在岛上的岛民是创造遗产的主体、享用遗产的主体、传承遗产的主体。这一主体包含了不同的族群,而其主体族群是僧伽罗人,他们作为主力军引导了历史前进的步伐,所以本书皆以僧伽罗人为主要民族研究对象。

一　族群溯源

族群(Ethnic Group)一词兴起于 20 世纪 50 年代,关于这一词的定义,学术界至今仍有争论。最早对族群一词做出界定的是马克斯·韦伯(Max Weber),他在《何谓一个族群》(*What's the Ethnic Group*)一文中强调了族群的继嗣特点,认为族群是从祖先那里继承所得而拥有了普遍特征的人群。弗雷德里克·巴斯(Fredrick Bath)在其论文集《族群及其边界》(*Ethnic Group and Boundaries*)中认定族群的主要形成因素是它的"边界",而非包括语言、血缘、文化等内涵,一个族群的边界不一定是地理边界,主要有可能是"社会边界"。[2]《人类学通论》载:在这里,我们倾向于认为族群是人们在交往互动和参照对比过程中自认为和被认为具有共同起源或世系,从而具有某些共同文化特征的人群范畴。[3]在约翰·哈金森(John Hutchionson)和安东尼·史密斯(Anthony D. Smith)编辑的《族群》(*Ethnicity*)一书引言中对族群进行归纳,总结具有以下特性:(1)共同名称;(2)共同祖先的神话;(3)共享的历史记忆;(4)共同的文化元素;(5)历史家园的联系;(6)团结感;等等。[4]该书中并非意在厘清族群这一概念,而是想借助学者们对族群的辨析、阐释来说明,正是源于漫长的族群发展史,这些具有共同的祖先、历史、语言、信仰、风俗等文化特征的族群,强有力的文化认同使得斯里兰卡僧伽罗人的一些传说、神话、诗歌、节日、仪式、建筑、手工艺、音乐等宝贵的文化遗产得以传承。

公元前 1500 年,雅利安人进入印度,雅利安人的文化成为印度教及印

---

[1]　王云霞:《论文化遗产权》,《中国人民大学学报》2011 年第 2 期。
[2]　彭兆荣主编:《文化遗产学十讲》,云南教育出版社 2012 年版。
[3]　庄孔韶:《人类学通论》,山西教育出版社 2005 年版。
[4]　庄孔韶:《人类学概论》,中国人民大学出版社 2013 年版。

度文学、哲学和艺术的源头，开创了恒河谷地文明，奠定了吠陀文明的基础。后来印度雅利安人到达斯里兰卡，形成了独特的文明和族群，即僧伽罗人。印度文明的独特之处在于其古老性与持续性。斯里兰卡无论是从地缘还是从亲缘上而言，都离不开印度。不过印度雅利安人进入斯里兰卡前，在文底耶山脉以南的地区之中，已建立诸多小王国，且有复杂的社会组织。僧伽罗人并非斯里兰卡的原住民，最开始有记录的斯里兰卡原住民在古时被称作夜叉（Yakkhās）、罗刹（Rākshasas）和那伽（Nāgās）。斯里兰卡编年史诗《大史》（*Mahāvamsa*）中描述了佛陀进入斯里兰卡净化众人的故事，该故事被描绘在丹布拉石窟（Dambulla Cave Temple）的窟顶之上（图 2-1）。

图 2-1 丹布拉石窟

按照斯里兰卡最古老的编年史诗《岛史》（*Dīpavamśa*）和两百年之后改进的《大史》以及民间故事记载。僧伽罗人是弑狮父辛赫巴（Sinhabh）的后人，这也是"Sinhalese"（僧伽罗人）词根的由来。辛赫巴的外公和外婆是2500多年前古印度梵伽国（Vanga，现孟加拉一带）的国王和羯陵伽（Klinga）的公主，其母亲苏溪玛（Susim）公主是二人的掌上明珠。苏溪玛公主如占卜师所预言的那样无法避免地与一头雄狮结为夫妇。后来苏溪玛公主诞下一对人形龙凤胎——男孩是辛赫巴，意为"狮子之臂"；女儿名叫辛哈西瓦里（Sinhasvali），意为"狮之美女"。辛赫巴自小以母亲为荣，以身为野狮的父亲为耻，后为响应梵伽国国王的号召，以父子亲情为诱饵刺杀狮父。出于伦理道德的顾忌，辛赫巴放弃弑狮父以继承王位的奖赏，在拉扎地区建立了自己的独立王国，后娶妹妹为妻，育有32个子女，立长子维杰耶为太子。维杰耶因专横跋扈、为非作歹，屡教不改被驱逐出境。他与他的妻子、儿女和700名随从被分装上三条船，放逐大海。维杰耶和他的随从在第一条船，顺水漂流至现如今的斯里兰卡；他们的妻子们被装在第二条船，飘到了摩喜罗岛（意为女人岛，现马尔代夫群岛），第三条船装着孩子们，漂到了那伽岛（意为童子岛，相传是现在的古巴群岛）。维杰耶到斯里兰卡后娶了岛上魔王（夜叉王）的女儿古维妮（Kuvēnī）为妻，在古维妮的帮助下，从夜叉族手中取得了战役胜利和土地，建立兰卡国，自称为王，定都檀巴潘尼（Tanbapani）。几年后，维杰耶对自己的地位不满，并按照印度传统方式正式灌顶加冕，登基称帝。他认为自己出身于高贵的刹帝利种姓，因此只有刹帝利种姓的女性才配当皇后。于是，他派使臣去摩度罗国（Madurā），请摩度罗国的国王将女儿嫁与他做皇后，国王欣然接受，并且派出700名宫女陪同南印度的马杜赖（Madurai）公主前往兰卡，这700名宫女成了维杰耶700名随从的妻子。此时，古维妮被皇室所不容，带着一儿一女逃回夜叉族，最后被当作叛徒处置，死于乱拳之下。古维妮的一儿一女躲进萨巴拉格木瓦地区，长大后二人结为夫妻，其后代被认为是斯里兰卡原住民维达人。维杰耶和700名随从的后代被认为是僧伽罗人。后来，人们将夜叉、罗刹、那伽、印度王子维杰耶的跟随者，以及他们在政权稳定后从南印度娶的妻子、随从和后人们统称为僧伽罗人。

二 族群符号

关于僧伽罗人与狮子相关联的故事众说纷纭，有的人甚至认为狮子代表恐惧和杀戮。唯物主义论者可能会质疑狮子与公主如何相爱结合，儿子杀死自己的亲生父亲，以及辛赫巴与自己的妹妹通婚……这些不在情理之中的事情怎么可能会发生。然而，在人类诸多的神话起源中，某一种族的起源与特定的动物紧密相连，弑父行为和兄妹通婚来繁衍后代是较为常见的案例。斯里兰卡人对于自己民族和国家起源的典型说法颇具神话色彩，斯里兰卡本土学者和诸多外国学者迄今为止仍未能找到相关科学考证。瑞威·辛得哈尔塔（Rev.R.Siddhartha）和萨维杜拉（Md.Savidulla）从语言学的角度剖析，认为僧伽罗语跟马拉地语、孟加拉语和一些印度教的语言一样，都属于印度雅利安方言。与此同时，根据地理名字判断，种种迹象表明，早期到达斯里兰卡的僧伽罗人来源于印度的西北部。盖格（W.Geiger）认为维杰耶故事的核心内容就是历史的某种真实写照，并且推测早期的移民者来源于羯陵伽（Klinga）、摩揭陀（Magadha）和（古印度）孟加拉（Bengal）。斯里兰卡本土的著名人类学家楠达德瓦·威杰瑟柯拉认为这些推断仍然存在证据不足等问题，但根据人类学的观点，他将重点放在了对狮子的阐释上。楠达德瓦·威杰瑟柯拉并未将重点放在羯陵伽（Kālinga）公主与狮子如何结成良缘，或狮子是万兽之王代表何意之上，他认为狮子既非神话也非图腾，只是一个名称。这也就意味着雅利安人并没有像太平洋、非洲和美洲那些土著民一样运用图腾。例如，维达人并没有图腾崇拜，但是他们会用孔雀、野猪等动物的名字区分不同氏族。所以他认为，狮子也正如人们用鸟兽来区分众多氏族一样，只是一个区分的名称，仅此而已。无论狮子是作为万兽之王的寓意，还是作为该民族氏族源起的名称，或者说是其表示恐惧和杀戮，毫无疑问的是该民族与狮子有着不解的关系，即便是在当今斯里兰卡的国旗上，仍印有一头手握战刀的狮子。

三 族群特征

Hien Tsang wrote about Sinhala men in the following words:"the men of the Sinhalese kingdom are small in stature and blach complexion. They have square chins and high foreheads…...and very brave and courageous."

Another Chinese of the 7 century described the Sinhalese thus:"They have large ears.long eyes, purple faces, balck bodies, moist and strong hands and feet. They hair was worn long and flowing, not only by the woman but by the men. They lived for 100 years upwards."[1]

上文是被斯里兰卡学界广泛认可且有迹可循的"他者"对僧伽罗人的记载，即法显等人对僧伽罗人特征的描述，也大致概括出来他们的族群特征。当然，现在看来僧伽罗人并没有上文描述的那么长寿（2022年男女综合预期寿命为75.60岁，男性平均寿命72.23岁，女性平均寿命78.92岁），但外貌特征较为

---

[1] Wijesekera,*The Sinhalese*,Colombo: M.D.Gunasena&Co.Ltd., 1990.

形象。早期的人类学家根据头指数（头骨横竖指数）调查研究数据，将僧伽罗人分为长头（Dolicocephalic）型僧伽罗人和短头颅（Brachycephalic）型僧伽罗人。长头型僧伽罗人是斯里兰卡社会农民阶级的主力军，居住在干燥地带。因斯里兰卡离赤道不远，中部地区以山地为主，受西南季风和东北季风的影响，南部和西部湿润地区常年会有降雨，北部干燥地区每年有9个月左右的旱季。前文提到的长头型僧伽罗人主要集中在干燥地带。这一类人嘴唇较薄，头发微卷，眼睛较小，鼻子窄，肤色呈暗棕色或者浅黑色。短头颅型僧伽罗人也被叫作维杰耶类型僧伽罗人，这类人占据僧伽罗总人口的比例大，他们分散在岛国的各处。短头颅型僧伽罗人的体貌特征跟孟加拉人有点相似，但又有所不同，他们的头长而宽，嘴唇相对较厚，头发黝黑而有波浪，体毛较为旺盛，眼睛较大且颜色较深，鼻子窄且直，肤色从黝黑到棕色不等，因人而异。

随着海上殖民主义的兴起，公元16世纪葡萄牙殖民者控制了斯里兰卡尼甘布、马特勒等一些港口城市，当时高维种姓（Goigama，又作高维伽摩）为了避免殖民者的欺压掠夺，带着妇女儿童大量逃亡。高维种姓是斯里兰卡的农民阶级，其拥有土地，在斯里兰卡是高贵的种姓。而在海边低种姓的人则无法逃离，当地妇女与当时上层社会殖民者或士兵通婚，或者以情妇的身份陪伴有身份的人士。至今，在斯里兰卡的沿海城市仍然可以看到沿海僧伽罗人与欧洲人混合的特性，他们皮肤黝黑，头发卷曲，眉毛浓密，嘴唇外翻。沿海地区在公元16世纪被葡萄牙、荷兰殖民者先后统治了3个世纪之久，语言、传统、信仰受外来文化影响较大。公元19世纪，中部康提山区被英国殖民者征服，英国殖民者有意识地对僧伽罗传统文化进行打碎和重组。相对而言，以康提为中心的中部地区僧伽罗传统文化保留较为完整，所以人们也将山地的僧伽罗人或僧伽传统文化叫作"康提风格"（Kandyan的音译），意思为康提的、康提人的。沿海地区的人因为地理位置被称为"低地的人"（Low Country），康提人因为能坚守其传统文化而感到自豪，所以他们在描述自己时更喜欢用"高地人"（Up Country）。因为"高地"一语双关，除了描述了他们的地理位置，也表达了上流（社会）之意。从文化上来看，高地和低地习俗的差别明显，如婚姻、服饰、饮食等。例如，图2-2中左边有荷叶边的紫色莎莉为康提风格，右边红色莎莉为低地风格，因其与印度莎莉相似，故也叫作印度莎莉。斯里兰卡的康提（高地）婚礼和低地婚礼也有差别，具有康提特色的高地婚礼叫作乌达·拉塔（Uda Rata Tradition），乌达·拉塔是斯里兰卡土著的传统婚礼，而低地的帕哈塔·拉塔（Pahatha Rata Tradition）则是具有南印度习俗的婚礼。

图 2-2　康提服饰与低地服饰（余媛媛 摄）

古僧伽罗王朝时期，大部分岛民信奉佛教。随着贸易和殖民的不断加深，科特王朝贵族中出现了婆罗门人和印度寺庙。穆斯林住在科伦坡港口附近，并在贝鲁沃勒、卡尔皮蒂耶等区域进行贸易活动，但泰米尔人住在北部地区，与之相隔甚远。这种局面到葡萄牙人、荷兰人和英国人入侵之后被打破；截止至 2012 年斯里兰卡人口调查显示，僧伽罗人占全国人口的 74.9%，泰米尔人占 15.4%，其余民族包括摩尔人、马来人、伯格人加起来占 9.7%，僧伽罗人是斯里兰卡的主体民族。在康提，僧伽罗人占到了总人口的 74.11%，斯里兰卡摩尔人占到了 13.14%，印度泰米尔人占比为 8.10%，斯里兰卡泰米尔人占比为 4.07%，斯里兰卡马来人占 0.21%、伯格人占 0.17%，其他占 0.2%。其中佛教徒占 73.26%，穆斯林占 13.57%，印度教徒占 10.51%，天主教徒占 1.82%，基督教徒占 0.81%，其他占 0.03%。

四　族群文化

由此可见，有关斯里兰卡僧伽罗人的传说、史记和战争、战乱与印度有着千丝万缕的联系。从地质学上而言，斯里兰卡原属于德干高原南部，与印度大陆连接，后从印度大陆分裂开来。在这一地壳运动中，一部分大陆被大海淹没，留下了马纳尔和罗摩桥（西方称作亚当桥，Adam's Bridge）。公元前 2—

3世纪到公元2世纪之间，印度伟大史诗《罗摩衍那》详细描述了斯里兰卡的地理位置和状况，并且也提到了斯里兰卡与印度相连的这一串岛礁，即罗摩桥。罗摩桥位于接近斯里兰卡西北的曼纳岛以及印度东南海岸的罗美斯瓦伦岛之间一连串的石灰岩沙洲。罗摩桥亦被称作连接两国的"亚当桥"。这座桥从海面看去若有若无，实则是由一连串石灰岩沙洲组成的水下"隐形"桥梁，其最深之处也不过10米，有些石灰岩沙直接露于海平面之上。2002年4月，美国NASA航天照片发现"罗摩桥"影像图，从此在印度掀起一场长达数年、至今仍未平息的政治、宗教和历史的大论战。

从地图表面上来看，斯里兰卡一个独立的岛屿，但从地缘结构上言，斯里兰卡是南亚次大陆的隐形延伸，斯里兰卡与印度是由一座"隐形"的桥梁相连。正是因为有这样的渊源，该桥作为两国边界，由斯里兰卡海军等部队看守。虽然至今笔者无缘亲自探寻这一桥梁，体会两国的特殊地缘，但是一位报道人却有幸记录下了该地的现状。

通往印度的罗摩桥隐藏在一片荒无人烟且日头毒辣的沙洲，该片沙洲汽车无法到达，需要步行前往。第一个岛屿是由海军控制，是斯里兰卡和印度的边界。斯里兰卡北部异常炎热，这片沙洲也印证了斯里兰卡的气候特点。远方一个个小岛就是卫星地图中，也是传说中存在的罗摩桥，1岛和2岛连接大陆沙洲，可步行。3岛及以后的部分需海军引导过海。这片沙洲之上还有亚当和夏娃之墓，墓地在一个栅栏之中，入园需脱鞋，白沙炽热烫脚，需要小跑前进才不至于被灼伤。斯里兰卡的19岁突突车司机米度称它为大个子的人（Big Man），有14个小手臂那么长，目测4、5米。右边是女性，左边是男性，应该就是亚当和夏娃了。根据米度的描述，传说中他们来到斯里兰卡，又在这里升入天堂，其走过的岛屿礁石，连接起来又称为"亚当桥"（图2-3来自Google卫星地图和报道人）。

左图中所标注的五角星为斯里兰卡岛屿和罗摩桥，右图为罗摩桥的实景，放眼可见浮出水面的岩沙，报道人甚至开玩笑地说："我简直怀疑撸起裤脚就可以走到对面的印度去。"斯里兰卡虽受印度文明影响，但是两者却又有极大不同。斯里兰卡的主体民族僧伽罗人是公元前6世纪由北印度的雅利安人从南亚次大陆渡海而登陆上岛，与印度高种姓人——种斯坦人同源；而斯里兰卡的泰米尔人是由南印度的泰米尔人迁徙至岛，属于印度低种姓人——种罗毗荼人，而后斯里兰卡悲惨的内战也是源于这两个族群的纷争。

图 2-3　斯里兰卡北部尽头卫星图和实景图（罗摩桥）

印度文化核心在恒河平原，而斯里兰卡位于印度半岛上的德干高原以南，与印度文化核心相距万里。加之早先上岛的雅利安移民自成体系，经过千年独立发展，形成的僧伽罗民族已与印度有了极大不同。所以发展到最后，斯里兰卡的文化具有其独特性。在宗教信仰上，他们也依旧信奉曾经诞生于次大陆，但早已在当地消亡的佛教，与印度普遍信仰的印度教截然不同，有关佛教的消亡与传播在本章的第三节会详细提及。斯里兰卡与印度在历史上虽然有着不解的渊源和如此相近的地缘，但两者的文化、宗教习俗仍有着许多不同之处，不可把斯里兰卡与印度等同而言。

第二节　遗产累叠的"岩层"

为了更形象地阐述遗产累叠的形态，本节借用了地质学"岩层"的概念。岩层是地质学专业术语，指覆盖在原始地壳上的层层叠叠的岩石，在地质学上叫作地层。地层从最古老的地质年代开始，层层叠叠地到达地表。一般来说，先形成的地层在下，后形成的地层在上，越靠近地层的上部岩层所形成的年代越近。斯里兰卡遗产累叠的形式与岩层的形成过程相似。斯里兰卡的遗产也是随着时间的推移不断地累叠，先形成的遗产岩层在下，后形成的遗产岩层在上，越靠近上层的岩层年代越近。在时间推移的同时，遗产累叠也伴随着地点变化。随着斯里兰卡社会的变迁，文化中心也会随之改变，从一个地方移动到另一个地方。虽然文化核心之前所在的地点发展停滞，但遗产并未消亡，被历史和社会选择的遗产在新的地点继续传承、发展、沉淀。

一 迁都的重要城市

斯里兰卡有着几千年的文明。从斯里兰卡第一个王朝的建立直至康提王朝的灭亡，迁都数次。在古代传说中，这个岛上住着恶魔鬼怪，后来经过佛教的感染逐渐转化。按照僧伽罗人的传说，僧伽罗人是弑狮父的辛赫巴的后人。辛赫巴娶自己的妹妹为妻，育有32个子女，后者因政治原因被赶出印度，其长子维杰耶（Vigaya）被放逐到现如今的斯里兰卡，维杰耶娶岛上的一夜叉女为妻，在夜叉女的帮助下获得了战役的胜利。与此同时，维杰耶也获取了夜叉人的土地，在夜叉人原有的土地上建立城市和村庄。后维杰耶抛弃夜叉女，娶了南印度的马杜赖（Madurai）公主。自此，维杰耶在岛上称王38年，开启了岛国有文字记载的历史。维杰耶与他的南印度王后未生子嗣。晚年他派人去僧诃补罗国（Simhapura），今巴基斯坦东北部的开达斯（Ketas），位于北印度之古国。大唐西域记卷三载，僧诃补罗国周三千五、六百里，西临信度河（即印度河），请其兄弟苏弥多（Summitta）前往斯里兰卡继承王位，可是当时的苏弥多已经是国王。于是，苏弥多派自己的小儿子帕杜瓦苏迪瓦，即维杰耶的侄子带着32名随从化妆成僧人从印度漂洋过海来到兰卡继承王位，帕杜瓦苏迪瓦执政32年。相传，帕杜瓦苏迪瓦国王有一位漂亮的女儿，后她和一位王子结婚生子，他们的儿子帕杜卡巴耶（Pandukbhaya）成为岛国第三代国王，也是斯里兰卡岛上第一位土生土长的国王。帕杜卡巴耶国王最大的功绩就是在阿努拉达普勒建都，并建立了阿努拉达普勒王朝（301BC—1055AD）。公元前377年，帕杜卡巴耶国王在河岸边建立起一座规划整齐的城市，即阿努拉达普勒古城，并统治了70年（表2-1）。

在阿努拉达普勒时期，随着印度南部不断强大，斯里兰卡的外患越来越严重。加之从公元7世纪开始，印度教在印度逐渐取代佛教；公元8世纪婆罗门教彻底过渡到印度教，佛教在印度的传播大势已去；公元10世纪伊斯兰军队入侵印度，大量佛教徒被杀害或被迫改信伊斯兰教，佛教寺庙被焚毁；公元12世纪佛教在印度灭亡，斯里兰卡成了南亚地区佛教最后的坚守地。在整个历史进程中，外族领土的纷争加之宗教的博弈使得斯里兰卡不断地抗争和寻求自保。

表 2-1　斯里兰卡持久性古都

名字	中文	时间	备注
Anurdhapura	阿努拉达普勒	301BC—1055AD（1356）	文化三角
Poḷonnaruva	波隆那努瓦	1055AD—1236AD（181）	文化三角
Dabadeṇiya	登巴德尼亚	1232AD—1293AD（61）	
Kuruṇgala	库鲁内加拉	1293AD—1341AD（48）	
Gampoḷa	加姆波勒	1341AD—1374AD（33）	
Kōttē	科特	1371AD—1597AD（226）	
Kandy	康提	1592AD—1815AD（223）	文化三角

除了外患，当时的古僧伽罗王国还有内忧。古僧伽罗王国的建成得力于其灌溉体系，王国是基于以生产自给的村落为基础的封建结构。正是由于有了这一套蓄水灌溉体系，村落才得以生存，这也是斯里兰卡人为之祖先的智慧感到骄傲之处。人造的蓄水池在雨季收集储存雨水，这些水用于日常生活和灌溉农田，但古都阿努拉达普勒位于斯里兰卡北部，属于干燥地区，气候炎热，而蓄水池里的水不能流动，成为疟蚊极佳的繁衍之地，疟疾也因此在这一片干燥的地区肆虐地传播。后因外族朱罗人（Cōla）的入侵，斯里兰卡的首都迁至波隆那努瓦，朱罗人统治了七十余载后，政权重新回到僧伽罗人手中，伴随着波隆那努瓦的繁荣，巨大的蓄水池和人工湖得以修建，其中有较为著名的大型人工湖泊罗迦罗摩海。虽然水利灌溉问题得到缓解，但是疟疾问题仍然得不到根治，加之外族不断地入侵，最终僧伽罗人放弃了干燥地区，逐步向西南湿润的海边和中部地区迁徙。在这一迁都历程中，大部分是因为动乱，国王被迫迁都，或者选择一地作为临时性国都。在此期间，有历史文献记载的古都是：维吉达普拉（Vijithapura）、阿努拉达普勒、波隆那努瓦、西格利亚、卢哈纳（Ruhuna）、登巴德尼亚（Dambadeniya）、亚帕乎瓦（Yapahuwa）、库鲁内格勒（Kurunegala）、德迪伽玛（Dedigama）、加姆波勒（Gampola）、勒伊伽玛（Rayigama）、科特、凯拉尼亚、悉达瓦卡（Sitawaka）、康提。其中，具有悠久历史的持久性古都是阿努拉达普勒、波隆那努瓦、科特、康提。

因为外患、宗教、灾害等，斯里兰卡经历了数次迁都，从维杰耶登岛建城，至迁都波隆那努瓦，僧伽罗人的文明在阿努拉达普勒区延续了1356年，在波隆那努瓦持续181年，在登巴德尼亚持续61年，在库鲁内加拉持续48年，在加姆波勒持续33年，在科特持续226年，在康提持续223年。在这一系列的迁都过程中，大多数古都已成为历史遗迹。在这些遗迹中可以窥见每个朝代的重要文化元素。其中，遗迹保存较为完好、文化元素最为突出的古都分别是阿努拉达普勒、波隆那努瓦和康提。

二 文化三角的顶点

本书选取阿努拉达普勒、波隆那努瓦和康提三个时期的古城作为文化遗产累叠进行阐述分析，并非仅依据古城内遗迹数量和文化元素数量，同样也依据文化遗产价值。1978年以阿努拉达普勒古城、波隆那努瓦古城和康提所形成的三角地带（含西格利亚古城和丹布勒石窟），因其突出的普世价值（Outstanding Universal Value）被联合国教科文组织列入世界文化与自然遗产名录。

在阿努拉达普勒时期，古僧伽罗王国的建成得力于其灌溉体系。阿努拉达普拉时期和波隆那努瓦时期的王国都是以生产自给的村落为基础的封建结构。内战和侵略破坏了该体系，使之无法承受经济的压力，直至王国灭亡，后分裂为小邦。公元10世纪的战争对于佛塔和寺院等艺术建筑造成了无法挽回的破坏。公元13世纪到公元16世纪（1505年左右），在不同的时期有着不同的7个小王国。斯里兰卡在分裂以前政教合一，后佛教逐渐衰落，政治腐败。国王和僧人（僧团）的权利不一样，虽然他们在职能上有着划分，但两者之间却有着特殊的关系。国王是世俗世界的首领，国王保护着佛教；僧人（僧团）是神圣（精神）世界的首领，不行使行政权力，却有着他们自己的一套管理体系。在这两个时期也留下了僧伽罗光辉灿烂的文明，现阿努拉达普勒古城和波隆那努瓦王宫遗址被评为世界遗产，加上后面的康提成为斯里兰卡的文化三角的三个顶点。

公元1505年葡萄牙人在一次追逐阿拉伯商船时意外发现了斯里兰卡，后占领了全岛的一小部分，岛上资源丰富，尤其是肉桂让他们垂涎不已，他们很快就占领了斯里兰卡沿海地区并建立贸易港，进行肉桂等资源的出口。葡萄牙人在科伦坡建立商馆和教堂之后，才开始干预地方统治，而其进入的方式正是通过海军强国的形象加上传教士的热忱。这时斯里兰卡国家体系也逐渐发生变化，葡萄牙人在土地占有和税收方面按照自己的利益进行管理。在前三个世纪，

第二章 遗产的累叠

葡萄牙人收取香料中的黄金——肉桂作为贡税，然后由阿拉伯人出口，运到红海和波斯湾两个港口，继而运到欧洲。按巴尔达乌的说法，肉桂是吸引荷兰船只驶往东方的海伦。僧伽罗人对葡萄牙人的态度是害怕与憎恨，将其比作吃石头和饮血的魔鬼（后经考究其实是面包和红酒）。葡萄牙最成功的地方在于将其宗教文化在锡兰传播，基督教的热忱和佛教的繁文缛节等诸多因素导致了基督教成功进入斯里兰卡，这也导致了当地佛教逐步衰落。葡萄牙人留下了混血人口，并打破了政教合一的传统模式。自此，斯里兰卡逐步沦为欧洲殖民地。

公科特第一个基督教徒——国王唐胡安·达尔马帕拉（Don Juan Dalmapala）只是一个傀儡，至于他到底是科特的国王还是整个斯里兰卡的国王完全要基于"他者"和"我者"的眼光来看待这个问题了。[①] 唐胡安·达尔马帕拉在临终之前将"整个王国"赠予了葡萄牙国王（当时葡萄牙和西班牙的国王为菲利普二世）。在葡萄牙殖民期间，康提人民并未承认傀儡国王和葡萄牙殖民者的交易，他们奋起反抗，康提成了反殖民者侵略的大本营。康提人民依靠山区得天独厚的地理位置，同西方殖民主义者开展了历时300多年的抗击斗争。公元1592年，维摩达摩·苏利亚（Vimodama Surya）建立的新康提王朝，继续对抗葡萄牙殖民军。公元1603年，康提军击败了葡萄牙军队的大规模进攻。公元1638年，葡萄牙军队血洗康提后遭到康提军民的沉重反击，此次进军康提的葡萄牙军队几乎全军覆没。

公元1658年葡萄牙人在贾夫纳向荷兰人投降，荷兰逐渐控制斯里兰卡沿海各省。公元1765年，荷兰军攻入康提，遭到康提军民的强力抵抗，被迫退出。荷兰总督与康提王朝议和，尽量避免与康提王国之间的战争，以节省开支，与此同时，大力发展种植园经济。除肉桂之外，还进行咖啡、糖、椰子和烟草等经济作物的推广和耕种。在他们统治斯里兰卡（锡兰）的138年期间，在沿海省份取得成就：推行自己的法律制度，利用当地政权，把重要职务分给木达里亚尔（本地部族的头目、酋长）们。具有荷兰血统的锡兰人（伯格尔人）和穆斯林（摩尔人）在社会中起到了不小的作用。但后期东印度群岛官吏的腐败，影响到东印度公司，加上英法海军势力崛起，使得荷兰人不得不将斯里兰卡让给英国。

---

① 以"他者"的眼光来看胡安·达尔马帕拉，只是科特的国王，而在他自己和葡萄牙殖民者的"我者"眼光里，他被默认成了整个锡兰岛的国王。因为在当时全岛并非只有科特王国，科特只是众多王国中较大的一个而已。唐胡安·达尔马帕拉将科特王国赠予了葡萄牙王国，于是葡萄牙王国对外宣称具有整个王国的管辖权。

公元 1796 年荷兰人迫于无奈将斯里兰卡让给英国，英国拿下斯里兰卡是为了海上战略。即使在现代新海权时代，诸国仍将这占尽地利的岛国视为兵家必争之地。当时执政的是马德拉斯政府，亭可马里被视为当时的标志性据点。公元 1978 年，英国宣布斯里兰卡为"王冠殖民地"。公元 1802 年根据《亚眠和约》，英国将荷兰在斯的领地正式划入自己名下。英国入侵后，先是以康提王国保护者的姿态出现，顺利取代荷兰进行统治，占领沿海地区后，进攻康提，遭到康提人民的反抗。公元 1803 年，英军以康提人虐待英王统治下的摩尔商人为由，入侵康提，在马哈韦利河岸展开战斗，英军全军覆没。公元 1805 年，康提军民再次痛击英军的殖民入侵。后英国殖民当局转变入侵方式，公元 1811 年，英国殖民当局两次借康提王朝内讧之机，收买分化上层领导，征服了僧伽罗王朝。康提沦陷之后，最后一位康提国王——贾迪纳贾辛拉十分伤心，其后也无子嗣。有些僧伽罗谚语可形容他的处境：被人落井下石（什么都没得到，最后还得抵抗英国人），贾迪纳贾辛拉于公元 1815 年在康提被英国人所擒。康提可谓是殖民时期的中流砥柱，也是抗击殖民侵略的大本营。

在西方殖民进入斯里兰卡之前，康提文化环境较为封闭。葡萄牙和荷兰并未殖民全岛，康提未被葡萄牙和荷兰殖民者攻入，相比沿海地区也未受到前两个西方殖民国家的外来文化植入，僧伽罗传统文化积淀深厚。直至第三次英国殖民者强有力和策略性地进入，康提最终沦陷。后英国殖民者将康国王流放至海外，僧伽罗王朝灭亡。自此，僧伽罗王朝历史的时钟停在康提。

第三节 遗产累叠的方式

维杰耶登岛后，因为外患、宗教、灾害等数次迁都。在这些迁都历程中，有些古都具有持久性，有些古都因为战乱等因素只是临时过渡，被称为临时性古都。因临时性古都未体现某一时期的历史代表性，故本书不作深入讨论。在为数不多的持久性古都中，阿努拉达普勒古城、波隆那努瓦古城和康提因其遗迹较为集中、文化元素较为丰富而具有该时期历史文化的代表性。除此之外，三城还因其突出的普世价值，被联合国教科文组织列入世界文化与自然遗产名录。因这三个古城具有历史代表性、普世价值等特征，本章节分别以三个时期作为遗产累叠岩层背景进行分析阐释（图 2-5）。

为了更清楚地辨析斯里兰卡文化遗产特征和形态，本书借助地质学"岩层"的概念具象图形。在遗产累叠示意图中，横轴为时间，纵轴为地点，A 层代表阿努拉达普勒时期的遗产岩层，P 层代表波隆那努瓦时期的遗产岩层，K 层代表康提王朝时期的遗产岩层。从时间横轴上看，随着时间的推移，遗产不断累叠，A 层因先形成所以在下，后形成的遗产岩层在上，越靠近上层的岩层年代越近。在时间推移的同时，遗产累叠也伴随着地点发生变化。随着斯里兰卡社会的变迁，文化中心也会随之改变，从阿努拉达普勒古城到波隆那努瓦古城，直至最后的康提。虽然文化核心之前所在的阿努拉达普勒古城和波隆那努瓦古城已经成为"静态"的遗址，发展停滞，但这两个时期积累的遗产在斯里兰卡社会并未消亡。从地点纵轴上看，每一个岩层中都由共同的重要元素构成，例如城、水、佛牙等，水和佛牙背后所衍射的王权与神权是斯里兰卡文化遗产的内涵，这些重要的元素从纵向拉升出每个层次的政治、社会、宗教。K 层虽然是在上层，且此时的僧伽罗王朝已经灭亡，但遗产的累叠并未消停，那些被历史和社会选择的遗产在这里继续传承、发展、沉淀。

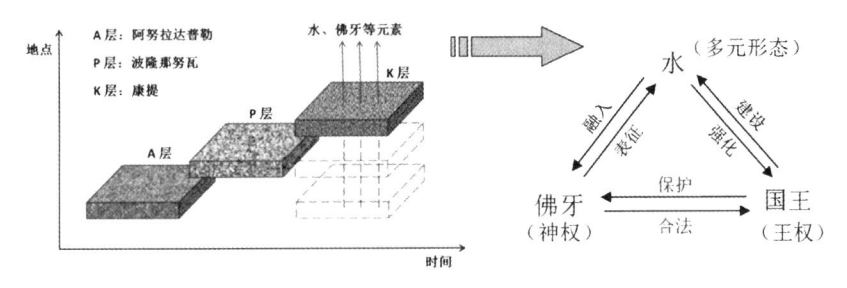

图 2-4 遗产累叠示意[①]

一 阿努拉达普勒古城

（一）城与水

阿努拉达普勒古城，位于斯里兰卡中北部，根据《大史》记载，维杰耶登陆斯里兰卡后在阿努拉达普勒建国，后帕杜卡巴耶国王在阿努拉达普勒建城，阿努拉达普勒古城建成于公元前 380 年左右。据推测，当时的阿努拉达

---

① 该部分已提炼成论文发表在《世界民族》2020 年第 4 期。

普勒古城面积约为52平方公里，房屋以地面上2—3层、地下至2层的建筑为主，城市的规划整齐。据说，国王所住的宫殿由宝石装饰而成，房间多达上千个。帕杜卡巴耶国王在执政期间建造了一系列的水库，其中最大且保存至今的是巴萨瓦库拉玛水库（Basavakkulama Tank）。

阿努拉达普勒古城地处干燥地区，地势较为平坦，植被相对于湿润地区而言并不茂密，比较容易清理和开垦。人们结合雨水灌溉和人工灌溉种植庄稼。在阿努拉达普勒时期，人们的灌溉方式主要有两种。其一，用木料和泥土将河流横断，把水导向渠道，使其流入灌溉地区，这种堤坝有一个专有名词叫作阿姆纳（僧语Amuna，英语Dam），即土石坝。第二种方法是在村庄修建水库，直接灌溉水库下面或者附近的田区，这种水库属于私有财产，它的专有名词是瓦洼（僧语Väva，英文Tank），即蓄水池。在阿努拉达普勒时期，大多数国王致力于水利修建，因为水利直接关乎民生，为民造福，当然会得到民众最大的认可。除了上文中提及的帕杜卡巴耶国王所建立的巴萨瓦库拉玛水库外，还有在阿努拉达普勒鼎盛时期，国王帝沙（King Devanampiya Tissa，260BC—210BC）修建的帝沙水库（Tissa Wewa）。然而，从乡村水库到大型水库修建由国王瓦萨巴哈（Vasabha）所开启，其在位时间为公元65年至公元109年。从公元67年开始，瓦萨巴哈大兴水利，巴利文史料中认为他修建了11座水库和12条渠道，其中有6座已经查明确认。最著名的艾拉哈拉渠道（Elahara），全长将近50公里，从斯里兰卡最长的河流——马哈伟利河，直流引水到首都西古城，这项早在公元初年就完成的浩大"南水北调"工程，充分展现了古代兰卡人在灌溉技术上卓越领先的才能。

除了瓦萨巴哈，阿努拉达普勒时期还有一位国王因为在农田灌溉方面的非凡成就而被人们奉作神明，他就是马哈森纳国王（King Mahasena，276AD—303AD），这位国王从泰米尔人手中夺回阿奴拉达普勒的统治权后，建造了包括米内利亚湖（Mineriya Wewa）在内的6个大型水库和1条大河渠，这些设施至今仍是人们生产生活中不可或缺的部分。其中米内利亚湖占地面积18.8988195平方千米，堤岸高达13.4112米，长2011.68米，从大坝延伸和扩宽到水库的水渠一共长达41038.272米。斯里兰卡《大史》记载："为了使土地肥沃，他（马哈森纳国王King Mahasena，佛教史中译作摩诃舍那）挖掘了摩尼喜罗、摩诃伽摩、佉卢罗、迦挈、摩诃摩尼、俱迦伐多、达摩罗摩、页巴罗迦、伐诃那、罗多摩罗甘达迦、帝沙伐陀摩那迦、吠朗伽毘提的水库、摩诃伽罗迦的水库、支罗水库、摩诃达罗伽罗迦水库和迦罗巴娑那水库等十六座水库。"这16座水库中已被证实的有8座，其中部分已经损坏，例如帝沙伐陀摩那迦水库等。除了水利建设方面，马哈森纳国王还在大寺旁边建造了杰塔瓦纳拉玛塔（Jetavanarama Pogoda），此塔高122米左右，超越了无畏山塔，成为古代世界最高的砖塔，是仅次于埃及两大金字塔的最高建筑，这亦是历代国王留给后人们的宝贵遗产。

在斯里兰卡历史上，王位争夺不断，国王数量众多，然而政绩斐然、出类拔萃的国王屈指可数。阿努拉达普勒时期，达都舍那（Dhatusena）在位期间修建了18座水库和18座寺庙，其中4座是大型水库。最为著名的卡拉水库（Kalvpi Wewa），占地面积25.818944平方千米。他还修建了尤达河渠（Yoda Ala，Jaya Gaṅga），该河渠长达86904.576米，堤岸高达12.192米，连通了阿努拉达普勒的帝沙水库（Tissavpi）。除此之外，达都舍那还发展了西北和中央北部的灌溉系统。正是这些功绩使得达都舍那名垂千古。达都舍那虽然功绩卓越，结局却带有悲壮色彩。他最后被儿子卡萨帕（Kassapa）篡夺王位，活埋致死。卡萨帕是斯里兰卡西格利亚古城（Sigriya）的建造者（又译作迦叶波国王）。有关西格利亚古城建立的故事在西格利亚古城章节中也会详细介绍。

在阿努拉达普勒时期，王室成员们宣称自己为刹帝利阶层，王后也必须有同样阶层的血统，这也是自古以来僧伽罗王朝会从印度王室中迎娶皇后的原因。在访谈中，有些朋友也会诙谐地说，来自印度的女人们长相好看，任何一个男人都无法拒绝，包括国王。水与僧伽罗人的社会生活息息相关，与国家税收紧密相连。水是僧伽罗民族与国家的灵魂所在。国王继位或登基的灌顶仪式必须与王后的登位仪式一同举行，这也可见女性在僧伽罗社会中的地位。相传灌顶仪式的水来自恒河。在仪式过程中，分别有刹帝利、婆罗门和吠舍阶层参与，"人们相信国王可以用他的正义操行来促使风调雨顺，保证国家的繁荣昌盛。为了达到风调雨顺和繁荣昌盛，人们期待国王能延续古代一些宗教仪式，如在普桑月举行水节庆祝等，理论上国王是正义的本原"[1]。纵观斯里兰卡历史，灌溉系统的修建、修复与寺庙的修建似乎是国王政绩的标杆。这些水利设施至今大部分仍然得以保留和使用，是古僧伽罗王朝遗留给当代人的宝贵财富。

---

[1]　[锡兰]尼古拉斯.帕拉纳维达纳：《锡兰简明史》，李荣熙译，商务印书馆1972年版。

(二)阿努拉达普勒时期的宗教——圣菩提

在僧伽罗人的观念里,宗教仪式的举办与降水和收成息息相关,而国王则是这些宗教仪式重要的引导者。在阿努拉达普勒时期,宗教的圣物是"圣菩提"。在阿育王(Ashoka)时期,该菩提是比丘尼僧家密多(Sangamitta,又译桑哈米塔)从释迦牟尼悟道的菩提树上摘下的枝干,带到斯里兰卡扦插成活。相传,斯里兰卡的菩提树皆是由此树发出的枝条扦插或嫁接而成。当时印度阿育王的女儿僧伽蜜多比丘尼来到斯里兰卡弘扬佛教,将当初佛陀释迦牟尼静坐七天七夜成道的那棵菩提树的一根枝干带到斯里兰卡,这根枝干于公元前249年被种在阿努拉达普勒,并在斯里兰卡的每一个角落开枝散叶,这也是人类历史上有记载种植时间的最古老的菩提树。而后释迦牟尼在印度成道的那颗菩提树枯死。据考证,现如今在印度释迦牟尼成道之地,菩提迦耶栽种的菩提树其实是后来由斯里兰卡阿努拉达普勒的"圣菩提"移栽回印度,即阿努拉达普勒菩提树的分枝。因此阿努拉达普勒的这颗菩提树就显得更为珍贵,被称为"圣菩提",是斯里兰卡仅次于佛牙的国宝,现供奉的圣菩提之地也成了斯里兰卡佛教圣地。阿努拉达普勒古城因"圣菩提"的存在,亦被叫作阿努拉达普勒圣城。该遗产地因符合(ii)在一定时期或世界某一文化区域内对建筑、技术、纪念性艺术、城镇规划、景观设计的发展有巨大影响,促进人类价值的交流;(iii)能为意境消逝的文明或者文化传统提供一种独特的,至少是特殊的证明;(vi)与具有突出普遍价值的时间或者活的传统、理念、信仰、艺术及文学作品,有直接或者实质的联系(世界遗产委员会认为该标准最好与其他标准共同使用)。阿努拉达普勒古城于1982年被列为世界文化遗产(纬度8°19′60″,经度80°22′60″)。在评选条例中,第一句就记录了这颗"圣菩提"所具有的重要价值:

> 公元前3世纪,斯里兰卡佛教尼姑会的创始人桑哈米塔把一枝从佛教"启蒙树"(无花果树)上剪下的枝条带回到锡兰(今斯里兰卡),人们以这枝无花果枝条为中心建起了阿努拉达普勒圣城。阿努拉达普勒圣城曾是锡兰的政治和宗教中心,有一千三百多年的辉煌历史。公元993年时,因遭遇外敌入侵,这座圣城被人们遗弃。在茂密的丛林中隐藏了许多年后,这座古圣城的遗址又重新被人们发现,她那恢宏的宫殿,轩昂的庙宇向世人展示着阿努拉达普勒圣城曾经的辉煌。

（三）阿布拉达普勒时期的佛牙寺

建国之后，斯里兰卡的历史与纷争围绕佛牙而展开，佛牙在僧伽罗语里是"Dalad"，亦写作"Dalada"，僧伽罗语中寺庙为"Maligwa"。所以供奉佛牙的寺庙被称作达拉达·玛利嘎瓦（Dalada Maligawa）。至今，除了康提的佛牙寺仍得到很好的保护外，大多佛牙寺都已成为废墟遗址。在阿努拉达普勒皇宫附近有一个佛牙寺，据推测可能是公元前313年佛牙进入斯里兰卡时的第一个佛牙寺庙（图2-5）。公元前313年，古印度羯陵伽遭到邻国攻打，国王哥哈塞瓦（Guhasīva）恐珍贵的佛牙被敌人夺去，便请求女婿丹达（Dantha）王子和女儿印度公主赫曼玛拉（Hemamālā）将佛牙舍利送往狮子国，交与好友阿努拉达普勒国王。公主赫曼玛拉将佛牙舍利藏于发髻中，在夫婿丹达王子的掩护下，成功将佛牙安全地转移到斯里兰卡。阿努拉达普勒老国王去世，由其子蒙哥哈纳纳（King Srimeghavaṇṇa）国王供养。传说中佛牙一到达斯里兰卡就被蒙哥哈纳纳国王供养，但在斯里兰卡的《大史》中并未记载此事，《大史》中有关于帝沙国王供奉佛牙并修建佛牙寺的事迹记载，在接收到佛牙之后，帝沙国王对其赋予最高的荣誉，将佛牙存放在纯水晶打造的佛龛中，然后将这装有佛牙舍利的佛龛放入帝沙国王所修建的建筑中，这个建筑也就是当今举世闻名的佛牙寺（Dāṭhādhātughara，僧伽罗语：Daladāgē）。虽然有时史料或故事的版本不一样，但指喻都具有相似性，即国王们都是虔诚的佛教徒，且以身作则地供奉佛牙，佛牙自此与国王的权利与合法性紧密相关。

据史料记载，在阿努拉达普勒时期，佛教进入斯里兰卡时，国王慕塔斯瓦（Mutasiva）年岁已高，其次子提婆南毗耶·帝沙（Devnampiya Tissa）继其衣钵成为斯里兰卡的国王之后，佛教在斯里兰卡得到大力发展。相传，摩哂陀在老国王在位期间，帝沙就已经与古代印度摩揭陀国的阿育王结为好友。帝沙继位之后与阿育王的往来更加密切。据一些铭文记载，帝沙与摩哂陀会见于阿努拉达普勒不远处的密兴多列（Mihintale）圣山。帝沙大力支持佛教，为了方便民众祭拜和祈福，他修建了斯里兰卡第一座历史性的佛塔都波罗摩塔（Thuparama Dagaba），塔中供奉佛陀的锁骨舍利。摩哂陀对于佛教在斯里兰卡的传播与生根有着不可磨灭的影响，他深知仅将佛教传播到斯里兰卡远远不够，他还注重代代相传的重要性，这样佛法在这一片土地上才能生根。与此同时，摩哂陀希望僧团能够成为民族性组织，国王和人民需要不惜代价地维持和保护这一组织。从后来佛教在斯里兰卡的发展来看，不禁感慨摩哂陀不仅是一位得道高僧，而且是一位智者，佛教自此也在斯里兰卡生根。

图 2-5　阿努拉达普勒时期佛牙寺旧址（余媛媛 摄）

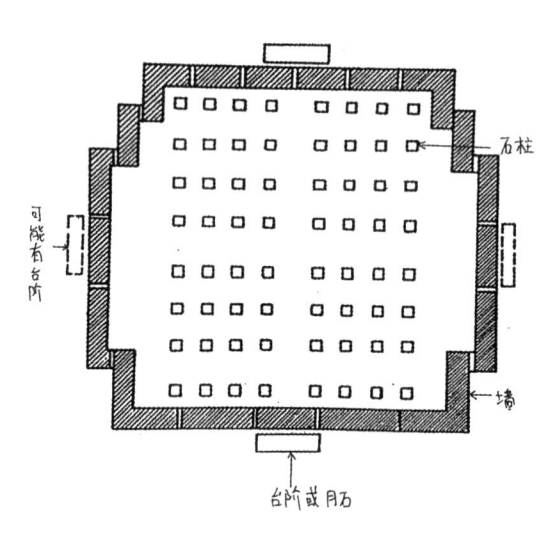

图 2-6 阿努拉达普勒时期佛牙寺旧址[①]

---

① Seneviratna, A.2010.*Śri Daḷada Māligāwa: The Temple of The Sacred tooth relic.* Colombo: Vijitha Yapa Publications.

第二章 遗产的累叠

图 2-7 阿努拉达普勒月石（余媛媛 摄）

（四）阿努拉达普勒时期的艺术——月石

除了宗教系统的稳定和水利系统的建成，阿努拉达普勒时期的雕刻艺术亦留下了光辉灿烂的一笔。月石是僧伽罗文化特有的雕塑，也是公元8世纪到10世纪雕刻艺术的最佳代表。在阿努拉达普拉有六块保存下来的月石，其中"皇后阁"（Queen's Pavilion）最为著名[①]。在斯里兰卡的寺庙外经常可以见到这种精美的雕刻。月石的雕刻有精致考究。在阿努拉达普勒时代，整个月石犹如一朵盛开的莲花，最外圈的火焰象征着生命轮回中无止境的痛苦；第二圈有四种动物，分别是大象、马、公牛和狮子，象征着人的生老病死；第三层内圈是蔓藤花纹，象征着人间欲海；第四层雕刻的是一圈天鹅；月石的中心部分则是半朵莲花，寓意着涅槃。若以莲花为轴心，动物的朝向皆为面东背北。月石的雕塑反映了斯里兰卡佛教徒的世界观，人生是无尽的轮回，只有成佛或者涅槃之后才可结束轮回，功德圆满。波隆那努瓦时期的月石在细节上与阿努拉达普勒时期有所不同，受印度教的影响，波隆那努瓦时期的月石在第二圈减去了公牛。因为牛是印度和斯里兰卡泰米尔人的圣物，将其刻在月石上，被人踩踏，视为不敬。至今，在斯里兰卡泰米尔人的寺庙中，牛仍然被视为圣物。该时期最有代表性的月石是伐多·达·祇寺的一块月石。但有学者认为，波隆那努瓦时期的月石缺乏了阿努拉达普勒时期艺术作品中某种不容易用语言表达的元素。在公元12世纪，月石成为纯粹的装饰雕刻作品，

---

① Paranavitana, *Sinhalayo*, Boralesgamuwa: Visidunu Prakashakayo, 2012.

已没有了早期月石所要表达的"宗教启示意义"[①]。13世纪后随着人口往南迁移，斯里兰卡的雕刻艺术日渐衰落。"对于宗教信仰者来说，宗教符号承载着知识和情感两个方面的意义。"[②] 雕刻中的图案被赋予了颜色功能。在这月石中，也有诸多白色元素，月石中寓意涅槃的莲花是白色，在月石第二圈的大象（白象），象征着生老病死之"生"。在僧伽罗人的观念里，白色的神圣性在于洁净。斯里兰卡的"白色"，这里简称"兰卡白"，与我国的"中国红"一样是一个显著的文化特征。无论在哪个时期的月石，天鹅在月石和其他建筑雕刻中从未消亡。在访谈时，有关月石和建筑雕刻中天鹅的含义得到两种答案：一是传说中天鹅的奶（白色）不会与水混合，表明其能够保持纯洁；另一说是天鹅具有区分奶（白色）和水的能力，寓意天鹅具有区分好坏、明辨是非的能力，是知识和睿智的象征。季羡林先生在翻译古印度故事集时，谈及学习方法也提到天鹅与牛奶的关系："文法的范围真正是无尽无穷。生命是短的而阻碍却是重重。把最精华的东西从里面取出，正如天鹅从水里把牛奶吸空。"[③] 虽说水乳可以交融，但是天鹅仍然可以把水里的牛奶取出，也说明了在生活中方法选择的重要性和对美好事物的向往，无论是斯里兰卡还是印度，这些有关"白色"的天鹅故事和类似的内涵在南亚文化中都有体现，对人们起到了启迪的作用。这些宗教的教义融入艺术，显隐相兼，代代相传，隐喻既可将其本色显在外面，却又隐于内在。隐性是一股内在的力量，在显性中得以表达；显性具有持久的生命力，是因为内在的隐性突出显性的存在。显性有助于隐性的认知、传承，使内在的隐性呈现出活态的表征。显隐相互彰显，在圣俗之间相互推动。

除了月石，在阿努拉达普勒时期亦遗下许多宗教建筑，有建于公元前2世纪的大塔、建于公元前1世纪的砖塔和高七层的铜宫。坐落在城北的无畏山寺，还有一组巨大的佛教建筑群，其中有被世界考古学界公认为"人类最大的饭碗"，可供5000僧人同时用餐的石凿水渠式饭槽，以及可供五六百僧人同时沐浴的世界上最古老的连体浴池。这里是供奉佛陀、国际研究和宣讲佛学的中心。交通发达，有铁路和公路连接全国主要城镇。我国东晋高僧、学者法显曾于公元411年至公元412年在阿努拉达普勒古城研教佛学。

---

① ［锡兰］尼古拉斯·帕拉纳维达纳：《锡兰简明史》，商务印书馆1972年版。
② ［英］维克多·特纳：《象征之林：恩登布人仪式散论》，商务印书馆2006年版。
③ 季羡林译：《五卷书》，人民文学出版社1981年版。

阿努拉达普勒古城是斯里兰卡古城的最初形态，独特的灌溉体系展现了僧伽罗文明。除此之外，佛教于阿努拉达普勒时期在斯里兰卡生根，佛牙寺初现雏形，该时期的建筑和艺术为以后的发展奠定了基础，这些重要的文化元素体现了阿努拉达普勒时期的政治、宗教、社会。阿努拉达普勒遗产岩层形成较早，是僧伽罗文化遗产中重要的基础岩层。

二 古城波隆那努瓦王宫遗址

公元 993 年，南印度的朱罗王朝在征服阿努拉达普勒后，为了抵抗来自东南鲁呼奴僧伽罗人（Ruhunu Sinhalese）的叛乱，当局将首都和军事基地设在波隆那努瓦长达 70 年之久。公元 1073 年，维杰耶巴忽一世（Vijayabahu Ⅰ）将朱罗王朝赶出斯里兰卡之后，并未迁回阿努拉达普勒，仍定都波隆那努瓦，他的主要功绩是对于水利设施的修理和恢复。与此同时，他还致力于国家建设和推广佛教。维杰耶巴忽一世定都波隆那努瓦从军事战略上而言是明智之举。因为波隆那努瓦具有重要的战略位置，这里可以控制马哈韦利河（Mahawli Gaga）和诸多渡口，在南印度入侵时可以沿河设立防线，对于当时的波隆那努瓦中央集权的政策的实施百利而无一害。维杰耶巴忽一世幼年时随父母流亡，四处藏身，经常以森林中的野草和树根维持生活。在一段铭文中揭帝（即维杰耶巴忽）自述："当我们因索利·泰米尔人造成灾难而失去王国在山野之中隐藏之时，悉特那鲁·昆姆的领主佛陀尔，即鲁呼纳之'执法官'借助其部下的力量保护王族，包括父君牟伽兰大王陛下在内；当我们年轻之际，（他）抚养我们成人；（他）以森林中之（可食）根类及草本食物养育我们；（他）隐藏我们，让我们躲避追踪，带我们走出山野地区，并使我们确立于自己的王国之中。"[①]正是因为自小生活环境艰难，深知民间疾苦的体验为他成为一代明君奠定了坚实的基础。维杰耶巴忽一世对外采取和亲联盟政策，对内兴建佛教。任何一代僧伽罗国王在其力所能及范围之内都会振兴佛教，佛教与王位之间的微妙关系在本书第三章会详细地剖析。当时的佛教在经历一百来年的内战和外族入侵后，已经变得十分虚弱，濒临绝迹，维杰耶巴忽一世从缅甸请来高僧，让其加入斯里兰卡僧团助斯里兰卡佛教仪式和知识学识的修补，恢复佛教在人们社会生活和宗教生活中地地位。维杰耶巴忽一世在自己的王宫庭

---

① ［锡兰］尼古拉斯·帕拉纳维达纳：《锡兰简明史》，商务印书馆1972年版。

院后方修建佛牙寺，供奉佛牙。他将一些水库和水道划给寺庙，作为寺庙维持的经费（斯里兰卡对于水的使用有严格的区分和限制，且会征收水的使用税，在本书第四章会对此进行详细的解释）。

（一）国王与水库

经历维杰耶巴忽一世（Vijayabahu Ⅰ）统治时期长达50年的和平阶段后，斯里兰卡又经历了40多年的内部王权争夺斗争，到12世纪时，在维杰耶巴忽一世（Vijayabahu Ⅰ）的孙子波罗伽罗摩巴忽一世（Parakramabahu Ⅰ，1153AD—1186AD）的统治下，波隆那努瓦的发展迎来了僧伽罗历史上又一辉煌的时期。这一时期，因水利的高度发展将古代斯里兰卡带到了农业文明的顶峰。据史料记载，斯里兰卡当时粮食产量充裕，还有剩余粮食可供外销。

国王波罗伽罗摩巴忽一世是波隆那努瓦时期又一代明君。他在位期间巩固边境，设立哨所，开始修建灌溉工程，尽可能地利用水资源，国家在该时期也达到顶峰。他大兴修建水库，在访谈时报道人非常自豪的介绍这位君王，说波罗伽罗摩巴忽一世曾言：只有少数田地需要用雨水灌溉，天上落下来的每一滴水都不能未经利用而流入大海。斯里兰卡《小史》中记载，波罗伽罗摩巴忽一世在位期间前后兴建和修复堤坝165座，渠道3910条，石闸341座，分支修复1753条，大型水库163座，小型水库2376座。其中最为壮观的是帕拉克拉玛海（Parakrama Samudra），人们用海来形容该湖，可见其面积之大。现在这个巨大水库由3个旧水库合并而成，面积25平方公里。在合并了原来的拖帕瓦拉湖（Topvra）以及另外两座水库的基础上兴建了这座巨型人工湖，现如今该湖占地面积21.6506819平方千米，长13679.424米，深12.192米。在河堤上每隔一段距离，就能看见刻梵文和僧伽罗文的石柱，记载着当时的水文数据。如果说阿努拉达普勒的伟大文明是由毗邻的三座水库滋养而成，那么波隆那努瓦就是由这一座湖所孕育的杰作。英国历史学家阿诺德·汤因比（Arnold Toynbee）称斯里兰卡的古代水利工程是"世界古代土木工程的一项惊人成就"。12世纪，斯里兰卡的主要河流已有详细的记录数据，马哈利河约为209.21472千米，安邦河（马哈维利河的一条主要支流）313.82208千米，卡拉河（Kala Oya）289.68192千米，马尔瓦图河（Malvatu Oya）128.74752千米，延河（Yan Oya）24.14016千米。这些数据足以表明波罗伽罗摩巴忽一世在水利上不可磨灭的贡献。其在位期间同样供奉佛牙，广修佛塔，兴建房屋、花园，颁布法律保护森林野生动物和水里的鱼类，宣扬仁慈和善良。在国内减少税收，利用航海进行海上贸易和掠夺，王朝达到鼎盛时期。

波罗伽罗摩巴忽一世的继任者是其外甥，即其妹妹的儿子维杰耶巴忽二世。维杰耶巴忽二世继位一年期间促进与缅甸的贸易和宗教交流，后被非王室的贵族阶级吉陵吉斯达·密兴杜（Gillingkisda Mihindu）刺杀篡位。五天后，篡位的吉陵吉斯达·密兴杜被刺杀。刺杀者是波罗伽罗摩巴忽一世的女婿（一说是外甥）尼桑卡·马拉（Nissanka Malla，1187AD—1196AD）。尼桑卡·马拉刺杀吉陵吉斯达·密兴杜后继承王位。这位具有槃底耶血统的国王一如既往的追寻功绩，也主张大力发展水利和修复寺庙，并建造各种宫殿建筑，在一段时期内延续了东古城的兴盛。但是这位国王似乎过度沉迷于歌功颂德和阿谀奉承之中，他在各地竖立众多刻有歌颂自己的诗篇和石碑，其中一些碑文的真实性让人质疑。13世纪初，波隆那努瓦与阿努拉达普勒一样，开始频繁受到印度侵略。斯里兰卡内斗和外侵的历史又重演，公元1293年，都城南迁，波隆那努瓦彻底退出历史舞台，自此僧伽罗人的权利中心便转移到了斯里兰卡的中西部地区。从那之后，波隆那努瓦逐渐衰败，被埋没在丛林中，那些庞大的水利系统和见证王朝的繁荣建筑也都已成为残垣断壁的遗迹。公元1900年，这些遗址被发现并进行挖掘，波隆那努瓦古城遗址又开始受到世人瞩目。

在经历分裂、内战夺权之后，斯里兰卡这片土地再次满目疮痍，佛牙舍利在此期间也不断被转移和保护。斯里兰卡之所以会有如此之多的分裂、内战以及外族的纷扰与其王室的传承体系以及缺乏自己的军队系统而过度依赖泰米尔雇佣军密切相关。一个社会如果没有十分具体的继承规则，或者可变动的因素太多，在新老国王交替之时，整个社会都需付出巨大代价，这里又是一个涉及宗族和政治等更深层次的话题，因为涉及的篇章过多，这里不再进行过多的论述。

（二）波隆那努瓦时期的佛牙寺

朱罗人入斯里兰卡后，阿努拉达普勒的最后一位国王马辛达五世（Mahinda V）继位于公元982年，公元1017年被朱罗侵略军所逮捕，后于公元1029年在囚禁地坦贾武尔（Thanjavur）逝世。在此期间卢哈纳（Rohuna）

地区的民众一直在奋勇抗敌，相传佛牙在那时也被藏在卢哈纳。但由史料记载的还是维杰耶巴忽一世（Vijayabahu Ⅰ）在公元1055年为佛牙制造了一个更名贵和漂亮的佛牙寺，并且为其举办了盛大的节日。

在斯里兰卡的南传上座部佛教中遵循这样的教义，有三样东西可以代表佛陀。第一，舍利利伽（Sārīrika），所谓舍利。此处，指佛之入灭后荼毗所得佛之身骨或牙齿。第二，巴利保吉伽（pāribhogika），佛陀曾经用过之物，例如菩提树和钵盂等。第三，乌提西伽（Uddesika），为佛所营造建立之纪念的建筑物。这里不得不提一个故事，有一次帝沙国王（Devānampiya Tissa）问摩哂陀（Thera Mahinda）佛陀是不是不久前已经过世，摩哂陀说佛陀虽然已经过世，但是如果你看见他的遗物，就如见他的真身一样。因此佛牙就象征着活佛，拥有佛牙者是离佛陀最近的信徒。在这一片土地上，人们坚信佛牙赋予了国王统治国家的权利。

波隆那努瓦的佛牙寺现名阿塔达抵（Ataādgē）是传承阿努拉达普勒时期的代表建筑。该阿塔达抵是维杰耶巴忽在位时（公元11世纪）修建的佛牙寺，也是维杰耶巴忽在世时兴建的唯一建筑，其他的更多的是修缮。佛牙寺顾名思义是存放佛牙舍利的殿堂，因为佛牙寺主要是有木材建造，现木材部分早以毁坏，只留下断壁残垣和54根石柱，虽说佛牙寺已毁但从废墟的结构、厚重精致的建材中仍不难想象当年这栋宫殿的宏伟华丽。一楼曾经供奉着三尊佛像，现如今只有中间的一尊神像依然存在。从一楼到二楼的楼梯是由花岗岩建造，珍贵的佛牙舍利在当时一直保存在二楼的佛龛之中（图2-7）。

（三）宗教与艺术

现古城波隆那努瓦王宫遗址，位于阿努拉达普勒古城东南，在斯里兰卡中北部，距首都科伦坡东北216公里处。波隆那努瓦是在公元11到公元13世纪，历经300余年建成的斯里兰卡第二古都，也是当时南亚最宏伟的城市之一（N7°54′57″，E81°0′2″）因符合（i）代表人类创造性的天才杰作；（iii）能为一种意境消逝的文明或者文化传统提供一种独特的至少是特殊的证明；（vi）与具有突出的普遍价值的时间或者活的传统、理念、信仰、艺术及文学作品，有直接或者实质的联系，世界遗产委员会认为该标准应最好与其他标准共同使用。公元1982年联合国教科文组织将波隆那努瓦古城作为文化遗产，列入《世界遗产名录》。在这个古城中，有历经几代国王先后修建极为壮观的宫殿遗址，

第二章 遗产的累叠

其中包括神殿、佛牙寺、佛塔和保存完好的婆罗门教遗址。这些建筑不仅体现了古代几何学的对称美，反映了斯里兰卡早期建筑的精湛艺术，还融合了印度古文化的精髓。古城内现存的许多遗址，大多是由当时的最后一位国王波罗迦罗摩巴忽大帝建造的。在被评选为世界遗产条例中这样描述道：

波隆那努瓦时期的佛牙寺（Hätadāgē）

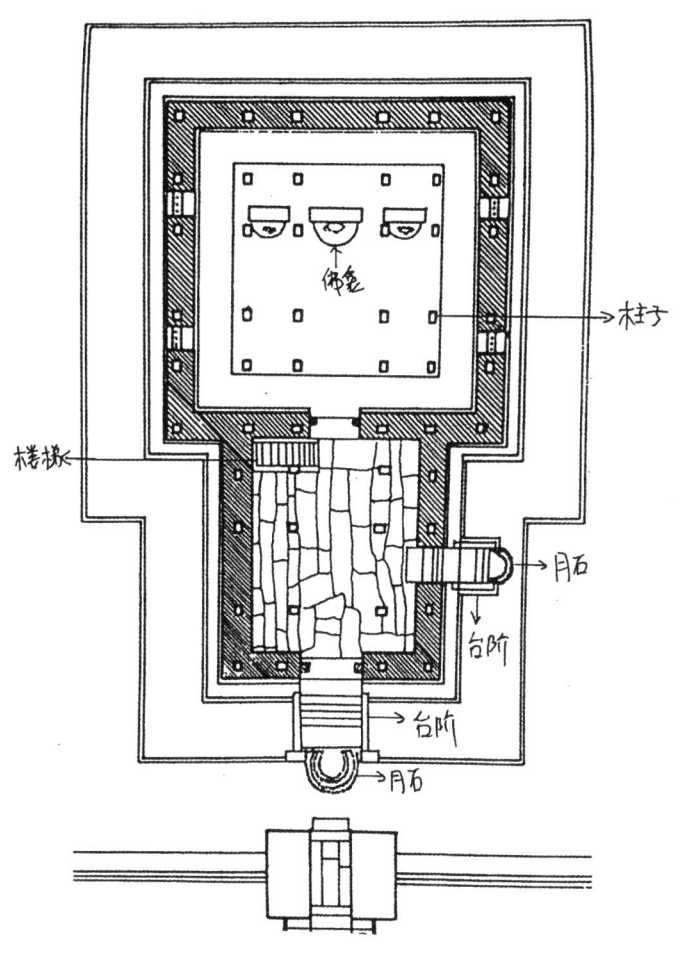

图 2-8　波隆那努瓦时期的佛牙寺[1]

---

[1] 图 2-8 在扫描基础上绘制而成。参见 Seneviratna, A.2010.*Śri Daḷada Māli gāwa: The Temple of The Sacred tooth relic.* Colombo: Vijitha Yapa Publications.

61

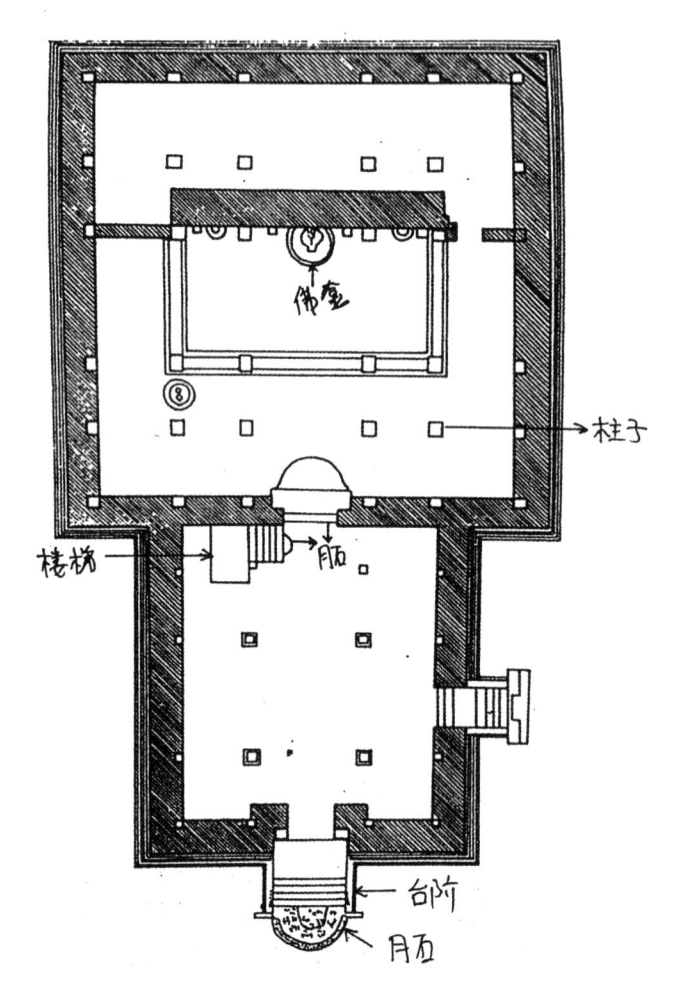

图 2-9　波隆那努瓦时期的佛牙寺[1]

公元933年，继阿努拉达普勒被毁灭后，波隆那努瓦城成为斯里兰卡的首府所在地。在波隆那努瓦古城里，不仅有考拉斯时期的婆罗门教

---

[1] Seneviratna, A.2010.*Śri Daḷada Māli gāwa: The Temple of The Sacred tooth relic.* Colombo: Vijitha Yapa Publications.

第二章 遗产的累叠

遗址，还能看到帕拉克拉马一世于 12 世纪时修建的神话般花园城市的遗迹。

朱罗人于 1017 年完成了对斯里兰卡的征服，在此后的六十年里他们破坏了阿努拉达普勒古城的王宫，并在波隆那努瓦修建自己的神庙，这些神庙主要是湿婆教的寺庙，是规模较小的德拉维达式建筑。这些建筑严格遵循着宗教模式，包括天文学和神圣的几何元素。寺庙体现了他们宏观的宇宙，以及内部空间的缩影。正是因为工匠们严格遵循传统，他们技术和精神才得以传承，至今一些斯里兰卡的印度寺庙在修缮或修建时仍然从印度请来工匠师傅。在波隆那努瓦古城，有仿照阿努拉达普勒时期的古代建筑也有考拉斯时期的婆罗门教遗址，还有帕拉克拉马一世于公元 12 世纪修建的神话般花园城市的遗迹，该古城具有其重要价值。它是宗教建筑和雕刻艺术，与自然地貌相结合，并表现出相当高的技艺，显示着精湛的艺术灵感。现存的名胜古迹大部分建于波罗迦罗摩巴忽大帝和尼散迦摩罗当政期间。后波隆那努瓦毁于其继承人尼桑卡·马拉（Nissanka Malla）之手，然后王国的核心势力西迁，波隆那努瓦遭到遗弃。

现如今的波隆那努瓦王宫遗址掩映在绿树丛中，呈长方形，考古学者推测其原为 7 层的砖石建筑，宫内有御花园。王宫北寺不远处，有排成一行的 4 尊石雕佛像，被称为东方艺术的伟大杰作，也是世界佛像雕刻的精品。城南布多拘尔寺附近还有一尊精致的石刻国王巨像。南部古迹群中的一尊著名石雕像，高 4 米。这尊雕像一直存在争议，绝大多数学者或材料认为该雕像是国王波罗伽罗摩巴忽一世，他手里拿的是象征王权的"轭"，也有人认为这座雕像手中拿的是一本书，所以是哲学家普拉斯蒂（Pulasty），也有认为其是印度宗教家阿伽萨达（Agastaya），更有一些斯里兰卡人开玩笑说，他手里所拿之物像极了木瓜。众说纷纭，为这雕像也添加了不少的神秘色彩。

继阿努拉达普勒后波隆那努瓦仍然由僧伽罗人统治，僧伽罗人仍然秉持对佛祖的追随和推崇，并以水利和佛教来衡量国王政绩为标准，在发展水利灌溉设施和修造寺院上仍然向前推进。当然，同时也延续了僧伽罗人为了争取王权而艰难斗争的历史。由于遭受更加频繁的内忧外患，波隆那努瓦作为岛国统一的都城延续不到两百年。即便在不到两百年的期间，波隆那努瓦也创造了辉煌的文化。波隆那努瓦时期的佛牙寺在阿努拉达普勒时期佛牙寺的基础上扩大面积，结构更为复杂，二层楼的佛牙寺雏形形成。除了建筑外，波隆那努瓦时期的雕塑和艺术在阿努拉达普勒时期的建筑和艺术上不断发展，融合了僧伽罗文化和印度文化。虽然波隆那努瓦印度风格的雕塑和绘画不如印度古典艺术之中的最佳作品，但是它们证明了这种古典艺术的标准和规范在印度本国已经丧失活力的时候，在斯里兰卡仍具创造力。有时遗产的源头虽然丧失了活力，可是艺术遗产在另一个空间和语境中却在不断生长。

三 圣城康提

康提是斯里兰卡文化中心，它位于斯里兰卡中央省（现为康提省省会所在地），马哈韦利河支流案班河上游，距现首都科伦坡东北121公里，平均海拔488.6米，它曾经是斯里兰卡最后一个康提王朝的首都（1474AD—1815AD），现是斯里兰卡第二大城市（图2-8）。康提的全称是"Senkadagala Siriwardhana Maha Nuwara"，简称"Mahanuwara"（Senkadagalapura）。其中"Mahanuvara"即马哈努沃勒，意为"伟大的城市"。根据传说，这一名字有很多个版本的来源，其一是住在附近山洞中的婆罗门名为"Senkanda"；其二是国王维克拉玛巴忽三世的王后名为"Senkanda"；其三是在这里有一块彩色的宝石为"Senkadagala"。康提王国也有很多名称，其英文名"Kandy"来源于殖民时期，该词源于"Kanda Uḍa Pasraṭa,Kanda Uḍaraṭa"意为山地，"Udarata"意为高地，这一词也确切地描述出了康提的地形。后葡萄牙人入侵将其缩短成"Candea"。该城是由康提王国的国王维克拉玛巴忽三世建于公元14世纪，公元1592年毗摩罗达摩须利安一世（Vimaladaharmasriya Ⅰ,1592AD—1604AD）定都康提，康提从此成为王宫和佛牙寺的所在地。

相传，闻名遐迩的佛牙寺内供奉着当年释迦牟尼涅槃之后而得的一颗白齿舍利。也因此，佛牙寺成为全球佛教徒心之所向、一生需要朝拜的神圣殿堂。是著名的佛教朝圣圣地，故又被叫作圣城康提。佛牙寺不仅是信徒心中的圣物，还是权势和地位的象征。该城是由康提王国的君主维克拉玛巴胡建于14世纪，公元1952年斯里兰卡定都康提，康提从此成为王宫和佛牙寺的所在地。

地处斯里兰卡中部的康提为僧伽罗文化最好保存地，是斯里兰卡全国的文化中心，也是最后的王朝所在地。在三次殖民历程中康提仅被英国人殖民。在公元前6世纪至公元14世纪，斯里兰卡经历了前两个东部古城波隆那努瓦和西部阿努拉达普勒古城文化中心后，僧伽罗人将其政治文化中心转移至中部的康提。公元1592年至公元1815年，康提成为锡兰王朝和宗教中心。公元1815年康提被英国殖民者攻入，康提王朝灭亡，斯里兰卡沦为英国殖民地。

图2-10 同一视角下2011年的康提和2016年的康提（余媛媛 摄）

康提因符合世界文化遗产评选的（iv）可作为一种建筑类型，或建筑及艺术的组合，或景观上的卓越典范呈现人类历史上一个（或几个）重要阶段；（vi）其与具有突出的普遍价值的时间或者活的传统、理念、信仰、艺术及文学作品，有直接或者实质的联系，世界遗产委员会认为该标准应最好与其他标准共同使用。圣城康提于1988年被列为世界文化遗产。其评定内容如下：

> 康提古城是一个闻名遐迩的佛教圣地，这里曾是孕育了长达2500多年文化的辛哈拉王朝末期时的首府，1815年时，由于英国人的入侵，辛

哈拉王朝灭亡。康提古城的佛牙寺里收存着佛祖的圣牙，是著名的佛教朝圣圣地。

康提位于斯里兰卡中部山区，是公元16世纪的古都，也是斯里兰卡全国的文化中心。要确定一座城市必须要找到它的"组织核心"，确定它的边界。虽然城市将村庄、佛牙、街道、以及市场集合在一起成为一个整体，但其个性却随着不同地区和时代有所不同。"就像在活的细胞中一样，组织核心是领导整体的生长及有机分化的本质因素。"[①]康提的核心是第18区孔图贡德拉，即以佛牙寺为中心扩散开来。著名的建筑是佛牙寺建在一个长方形花岗岩基上，寺为三层，奶白色墙体，红瓦大檐顶，寺内梁柱上有精美的绘画和雕刻。佛牙寺内有国宝——供奉佛牙的金龛。在古都康提，僧伽罗文化遍布在艺术、建筑或宗教等各个领域，在这里不仅能追溯到它们的源，而且今日辉煌依旧。

在阿努拉达普勒古城、波隆那努瓦古城、西格利亚古城、丹布拉金寺和中部康提构成的文化三角地带中，前四者已经成为遗址或废墟，唯独只有康提还是一座活动且有生命的城市，人们日出而作，日落而息，用自己的虔诚供奉佛牙，维护城市的生长。有关佛牙寺的形态、遗产的仪式实践和日常实践，在本中的第三章和第四章会详细展开论述。

四 其他

（一）西格利亚古城

1. 国王与空中花园

根据斯里兰卡古代的文献《小史》记载，公元447年，阿努拉达普勒王朝的国王德达都舍那（Dhatusena）有两个儿子卡萨帕（Kassapa）和莫嘎拉纳（Mogallana）。王子卡萨帕（在位期间公元447AD—495AD）并非国王的正后所生，为了夺取父亲的王位，卡萨帕协同表兄发动政变弑父，成功篡夺王位，成为摩利耶王朝的君主。而真正合法的王位继承人，其同父异母的兄弟莫嘎拉纳则被迫逃亡至邻国印度。由于卡萨帕是通过武力得到王位，害怕合法王位继承人复仇，他将摩利耶王朝迁都至中部城市西格利亚，他认为巨石上的

[①] ［美］刘易斯·芒福德：《城发展史——起源、演变和前景》，宋俊岭等译，中国建筑工业出版社2004年版。

第二章 遗产的累叠

空中宫殿会更加安全，于是便着手搭建了一个位于两百多米高空的豪华宫殿。至今人们对其防御措施津津乐道，在狮子岩的左侧有一巨石，巨石底部仅有一些小石块支撑，相传是为了守城而建，如若有敌军来犯，撤掉小石块巨石便会滑落。在空中花园之外，有护城河，相传当时卡萨帕在河中饲养鳄鱼，以防城池受到外来攻击。公元395年，流亡印度的莫嘎拉纳回国复仇。相传他骑着战象，与卡萨帕的军队抵抗，可卡萨帕的象骑却不慎摔倒，部队误以为自己的君王战败，纷纷撤退，溃不成军。孤立无援的卡萨帕只能选择自刎结束自己费尽心机夺来的王朝，而耗费巨资于狮子岩顶端打造出的豪华大殿，在其去世后也未被继续使用。在那之后，狮子岩逐渐荒废，但因其地理位置和荒芜所造就的清净环境成为僧侣修行的好地方。作为僧侣修行地的西格利亚直到公元13—14世纪才再度被空出，至公元15世纪被逐渐废弃。此后的一、两个世纪里面，西格利亚狮子岩就成了一个谜团，找不到关于它用途的任何记载。直到公元16世纪的康提王朝，西格利亚作为康提古都的前哨再度被启用。被埋没在丛林中几个世纪之后，公元19世纪被英国猎人贝尔发现，引起考古界重视（图2-12）。

西格利亚古城再次被发现之后，惊艳世人，因满足（ii）在一定时期或世界某一文化区域内对建筑、技术、纪念性艺术、城镇规划、景观设计的发展有巨大影响，促进人类价值的交流；（iii）能为一种意境消逝的文明或者文化传统提供一种独特的至少是特殊的证明；（iv）可作为一种建筑类型，或建筑及艺术的组合，或景观上的卓越典范呈现人类历史上一个或几个重要阶段。1982年，西格利亚古城与同为世界自然和文化遗产的印度尼西亚婆罗浮屠、柬埔寨吴哥窟和印度阿旃陀石窟被列入《世界遗产目录》。评定内容如下：

> 西格利亚古城是弑亲的迦叶波一世（公元477—495年）时所建国都的遗址。西格利亚古城遗址位处陡峭的斜坡之上，位于高达180米的花岗岩山峰峰顶"狮子岩"上，这里人们可以从四面俯视整个丛林。用砖和灰泥修筑的长廊和台阶从巨狮口中延伸而出，通向西格利亚古城遗址。

西格利亚古城因其建筑外形特点又被称作狮子岩（N7°57′0″，E80°45′0″），它是一座构建在橘红色岩石上的空中宫殿，这块巨岩仿若澳洲埃尔斯岩一般，高约200米，依山傍水，被誉为世界第八大奇迹。西格利亚古城是斯里兰卡"文化金三角"的其中一个顶点。据史料记载，古王宫当年华丽壮观，其设计、施工和景观都十分出色，水利系统运用得淋漓尽致。而今只残存下王宫石基、石柱、国王龙床和让人叹为观止。

2. 西格利亚古城的艺术

在这一块独立突兀的岩石上，西格利亚古城仕女图鼎鼎有名，相传悬崖上有500多幅彩图，现今仅剩22幅，经岁月侵蚀和人为破坏，许多已无法呈现原貌。现残存的22幅仕女图是锡兰古艺术的珍品（图2-11）。这些古时的仕女，色彩以红、黄、绿为主色，且这些色彩多为植物中提取出来的颜色，至今栩栩如生，惟妙惟肖。据说，绘制壁画时工匠们先在绝壁上向内凿出一段凹槽，再用特殊的材料将凹槽填满抚平，之后再用斯里兰卡所出产的颜料描绘仕女图，以此保证颜色饱满，岩面光泽度佳。这些曾经作为宫廷壁画的仕女图是公元6世纪绘画作品的艺术殿堂，亦是当今世界上其他的城堡遗址所无法比拟的。壁画绘有迦叶波一世的嫔妃、天女等几十个女性像，部分壁画颜色已经斑驳。也有人说是因为这些袒露的壁画与僧侣的修行道义相悖，为了保持内心的清净，他们将这些壁画进行毁坏和涂抹。至于这些仕女图的来历和原型说法不一，坊间传说是国王妃子的画像，其中有一位肤色较深的仕女图相传是国王迎娶的外国王妃的写照。但据《大史》记载，王子卡萨帕弑父篡位后，卡萨帕为了安抚其父亲的亡魂，便命人在悬崖以父王钟爱的皇妃为模特，画了许多颜色艳丽、风情万种的仕女图，以慰父亲的在天之灵。故事的真假不得而知，但栩栩如生的仕女图，和她们精致的妆容珠宝，道出了一个时代的兴盛和繁荣。除此之外，西格利亚古城还有让人叹为观止的游泳池和三个巨大的花园以及阶梯式的蓄水池。蓄水池由人工雕凿而来，以储存雨水，这些雨水可以供应宫中一年所需。当水池水位过高时，溢流的水由山顶流向花园，在花园中设计大小不同的出水孔，形成高低不一的喷泉。若非亲眼所见也难以置信，至今这些喷泉在下雨之时仍会发挥其作用，这也是僧伽罗人将水利系统运用得惟妙惟肖的铁证之一。

3. 西格利亚古城的困境

该遗产地现面临两个困境。一是游客的大量进入使壁画空气中的二氧化碳含量飙升，二是相机闪光灯的刺激不利于壁画保存。2016年政府和联合国为了保护正在脱落的壁画，出台禁止拍照的条款，违者罚款1000卢比，没收手机，情节严重者，面临监禁处罚。除了壁画之外，此处世界遗产最为可贵之处还有其水利系统。因为西格利亚古城位于一望无际的原始森林之中，如果原始森林遭到破坏，狮子岩的历史文化价值将大幅缩水。好在斯里兰卡当局及相关单位意识到这点，采取保护森林的措施。凡是通往景区的道路，皆为沙石路面，道路两边浓密的热带雨林依然保持着原生状态，穿行在原始雨林中，不时还能看到羽毛艳丽的雉、伶俐活泼的猴子等野生动物在路上穿梭。

图 2-11　西格利亚古城的壁画（余媛媛 摄）[①]

图 2-12　西格利亚古城整体结构（狮子岩，余媛媛 摄）

---

① 2016 年政府和联合国为了保护正在脱落的壁画，出台禁止拍照的条款，违者罚款 1000 卢比，没收手机，情节严重者，面临监禁处罚，笔者的照片摄于 2015 年。

（二）丹布勒金寺

公元前 1 世纪，在与泰米尔人竞争王权的过程中，国王瓦塔伽玛尼·阿巴耶（Vatthagamani Abhaya）曾多年隐迹避难于丛林。所以僧伽罗民间传说认为岛上所有的洞穴寺庙皆由他所创造，当然传说的历史准确性还有待考证。瓦塔伽玛尼·阿巴耶被誉为修建石窟寺最多的国王。因此岛上最著名的石窟寺——丹布勒石窟寺（Dambulla Cave Temple）被归为他的杰作。除此之外，瓦塔伽玛尼·阿巴耶还在无畏山寺（Abhayagiri Monastery）修建了图书馆，该图书馆堪称是当时南亚最好的图书馆。无畏山塔（Abhayagiri Dagoba）也是由瓦塔伽玛尼·阿巴耶所建，是西古城乃至全世界最高的砖塔。瓦塔伽玛尼·阿巴耶在位期间，500 僧人曾聚集在马塔勒（Matale）的阿鲁寺（Aluvihara，也称佛光寺），将亲授口传的三藏经用巴利文刻写下来，此举用文字保存印度早已失传的佛教经典，也是僧伽罗民族对保护世界非物质文化遗产所做的巨大贡献。

丹布勒石窟寺是斯里兰卡佛教寺窟，位于文化三角之内。地处斯里兰卡外中部，距离科伦坡城东北 149 公里，位于古都康提北 60 公里处，建于公元前 1 世纪，是斯里兰卡的朝圣之地。丹布勒石窟的巨岩是由两块巨石自然融合而成，据说从公元前 1 世纪起，该洞穴已成为人们祈福之地。当时瓦拉甘巴忽（Valagambahu）国王被入侵的南印度人从阿努拉达普勒驱逐，逃亡至此。瓦拉甘巴忽把这个天然洞穴作为庇护之所，住达 14 年之久。瓦拉甘巴忽重新夺回王位后，便将这些洞穴的内部打造成壮观的岩石寺庙。后来的国王又不断加以修缮，包括尼桑卡·马拉（Nissanka Malla）国王。这位国王给岩洞的内部镀金，取名黄金岩石（Ran Giri）。

从山岩中凿寺，寺中有各种石刻佛雕像和其他雕刻，遍布壁画。这里珍藏着面积达 2100 平方米的壁画和 157 尊雕像，极为珍贵。佛窟包括五所圣堂，是斯里兰卡最大的、保存最完整的洞穴庙宇，极具宗教艺术价值，展示了佛教艺术的魅力。因其符合联合国世界遗产评定中的"代表人类创造性的天才杰作"；"与具有突出的普遍价值的时间或者活的传统、理念、信仰、艺术及文学作品"，有直接或者实质的联系，世界遗产委员会认为该标准应最好与其他标准共同使用。丹布勒石窟于 1991 年与同为世界自然和文化遗产的印度尼西亚婆罗浮屠、柬埔寨吴哥窟和印度阿旃陀石窟齐名，被列为世界文化遗产。

石窟寺由五个石窟组成，前三个石窟存有大量佛像，后两个石窟是由两位国王扩建而成。第一窟名叫天王石窟（Devaraja Viharaya），石窟内有一尊14米的卧佛，佛陀的弟子阿难尊者站立在佛陀的脚边。佛陀头顶有一尊毗湿奴像。相传，这些洞窟便是印度教中重要的天神以其法力变化而成的。第二窟名曰国王石窟（Maharaja Viharaya），是五个石窟中最大的一个石窟。窟内除了有16尊站立佛像和40尊佛陀坐像，还有两尊印度神（Vishnu 和 Saman）以及国王塑像。该石窟的壁画色彩绚丽，是皇室石窟的典范。第三窟大新寺石窟（Maha Alut Viharaya），窟内壁画和石洞顶上的绘画是斯里兰卡17世纪典型的绘画风格。窟内除了50尊佛像石刻外，还有17世纪振兴佛教的国王科尔提（Kītrī śrī Rājasiṃha，1747AD—1782AD）的塑像。第四窟因在第五石窟出现之前是位于最西面的石窟，故被称作是西方石窟（Pachima Viharaya）。该石窟面积较小，石窟内仅有一尊佛陀坐像。第五窟因为是晚期的寺庙所以又叫作第二新寺（Devana Alut Viharaya），主尊为一尊巨型卧佛，以及其他一些印度神。当时世界文化遗产评定如下：

> 丹布勒金寺是一个享有22个世纪历史的朝圣圣地。丹布勒金寺里有五大圣堂，是斯里兰卡最大、保存最完整的洞穴庙宇群。这里珍藏着面积达2100平方米的壁画和157尊雕像，极为珍贵。

第四节　本章小结

本章通过族群溯源讲述了斯里兰卡主体民族僧伽罗人的登岛历史，回顾了僧伽罗人与印度人的历史渊源。虽然两国相邻，早期文化也有相近之处，但斯里兰卡与印度文化核心相距万里。早期登岛的雅利安移民自成体系，随着社会环境和历史环境的隔离，经过千年独立发展，斯里兰卡文化与印度文化有了极大不同，斯里兰卡的文化具有其独特性，且这一独特性是围绕水和宗教展开。

从阿努拉达普勒到康提，纵观斯里兰卡的历史遗产与遗迹，都有许多的相似性，这些历史遗产、遗迹与水和宗教紧密相连。阿努拉达普勒的城、水、圣菩提、佛牙寺、月石这些看似毫不相连，实则是阿努拉达普勒时期的典型文化元素。波隆那努瓦的水库、佛牙寺、王宫遗址亦然，是波隆那努瓦时期重要的元素。这些典型文化遗产元素的存在是每一段历史时期的见证。它们是按照时间顺序、连续、多层次的堆积而成。早期雅利安人溯源中所包含文化元素的积淀是最底部的遗产岩层。在阿努拉达普勒时期被历史和社会选择遗留下来的建筑、水利、艺术构成了阿努拉达普勒时期的遗产岩层，后波隆那努瓦时期所遗留下来的文化遗产按照其文化语法继续堆积在阿努拉达普勒遗产岩层之上。一层层的推进，进而堆积成现如今康提遗产形态。然而，这个遗产的形态并非一成不变。作为世界遗产的康提它仍然在生长，新的文化元素正经历生成和发展变化的一系列过程。

遗产虽无法等同历史本身，但总是给人以真实的存在感。有形的宫殿、佛塔等无法转移，无形的仪式、节庆和人们所坚守的信念却是随着人的流动而移动着，昔日辉煌的皇城虽已不再，但城的精神核心却是移动和变换的，它受到人们的保护和传承，这个城市精神的核心便是佛牙。这些文化遗产都属于僧伽罗民族的集体表述与记忆，是历史选择的结果。它们在文化信仰、国家层面上扮演着集体记忆与认同的角色。文化遗产在特定的历史中传承和演变，这种传承和演变亦是遗产的生长。

第三章　累叠和生长的交界点：
遗产在仪式中的实践

　　阿努拉达普勒时期和波隆那努瓦时期的古城虽已成残垣断壁，但遗产累叠的进程并未停止，随着时间推移和社会文化变迁，遗产累叠随着地点变化，从一个地方移动到另一个地方。虽然僧伽罗王朝的历史时钟停在了康提，但遗产的累叠并未消亡，它在康提通过人们的仪式实践和日常实践继续得以传承、发展、沉淀。因此，康提成为斯里兰卡遗产累叠和生长的交界点。

　　在上一章节中，阿努拉达普勒古城、波隆那努瓦遗址、西格利亚古城等"静态"遗产与本章节中人们实践的"活态"遗产形成了鲜明对比，这就是遗产的累叠与生长。要保持遗产持久的"生命力"和"生长性"离不开人们的供养与实践。在康提，人们现在仍然用自己的实践来传承遗产。本章节主要是从遗产符号化过程、遗产的实践、遗产边界的生长三个角度对佛牙遗产化的过程，以及遗产的累叠和城市的生长实践进行阐释。

第一节　佛牙的背景

　　在遗产体系中"继承"包含着遗产传承的方法，这些遗产可以是祖辈给予的物质财富，亦可是祖辈传授的手工艺。如房屋或古迹这一概念从私法的角度而言，对象是房屋或古迹主权的村民们，他们"继承"祖辈留下来的建筑以及土地这些实体"财产"，享有这些实体财产带来的经济效益；从公法角度而言这些房屋的古迹教育价值、美学价值等是属于全人类的,这笔财产则上升到了"无形"的层面。作为斯里兰卡镇国之宝的佛牙是实在的物质,是有形的,但是其背后所包含的仪式和具有指喻性的价值只言片语未能尽其详。

佛牙是有形的物质遗产,而"物是一个显现社会意指的承载者——这些都体现在物的诸多细节之中:形式、质料、色彩、耐用性、空间的安置。简而言之,物构建了符码(Code)"。① 这些社会文化价值符码具有指喻意义,人们用自己的实践、认知方式和阶级语言来表达。因为斯里兰卡的建国和发展与宗教、政治紧密结合,对佛牙的拥有和占有象征着社会地位和身份。现如今虽然国王这一头衔已不复存在,但人们仍然通过佛牙的操持方式来建构整个社会环境,这种方式直接构造了人们行为的活动结构。建构过程中,佛牙这一圣物成了某种社会意指。在这政教合一的国度中,它已逐渐转化为社会存在中一种意会和不可动摇的符码。

一 圣之源起:佛牙与佛牙寺

上文已经对斯里兰卡佛教的历史有了片段式的梳理和介绍。系统而言,自从印度雅利安人到达斯里兰卡后,根据史料和铭文可以得知岛上三千多年的宗教发展。大致主线如第二章所述:公元前3世纪,佛教从印度传入斯里兰卡,从公元7世纪开始,印度教在印度逐渐取代佛教,公元8世纪婆罗门教彻底过渡到印度教,佛教在印度的传播大势已去,公元10世纪伊斯兰军队入侵印度,大量佛教徒被迫改信伊斯兰教,佛教寺庙被焚毁,公元12世纪佛教在印度灭亡,斯里兰卡成了南亚地区佛教的最后坚守地(图3-1)。至今斯里兰卡佛教在世界上仍有着举足轻重的地位。巴利语系佛教覆盖区域从斯里兰卡到缅甸、老挝、泰国、柬埔寨以及我国的西双版纳等诸多地方,这些地方的佛教教义与实践方式皆同源。正因如此斯里兰卡与我国云南片区的佛教交流活动也非常之多,特别是在云南的西双版纳、大理等地。

(一)溯源以及传播

毋庸置疑,佛教源于古印度,但是佛教并非毫无关联的独立而生,其最初的源起与早期古代雅利安人密不可分。《梨俱吠陀》中记录了有关古代印度雅利安人的宗教材料,它也是雅利安民族最早的一部文学著作。在这些诗歌

---

① [法]让·鲍德里亚:《符号政治经济学批判》,夏莹译,南京大学出版社2009年版。

第三章　累叠和生长的交界点：遗产在仪式中的实践

斯里兰卡佛教传播示意图

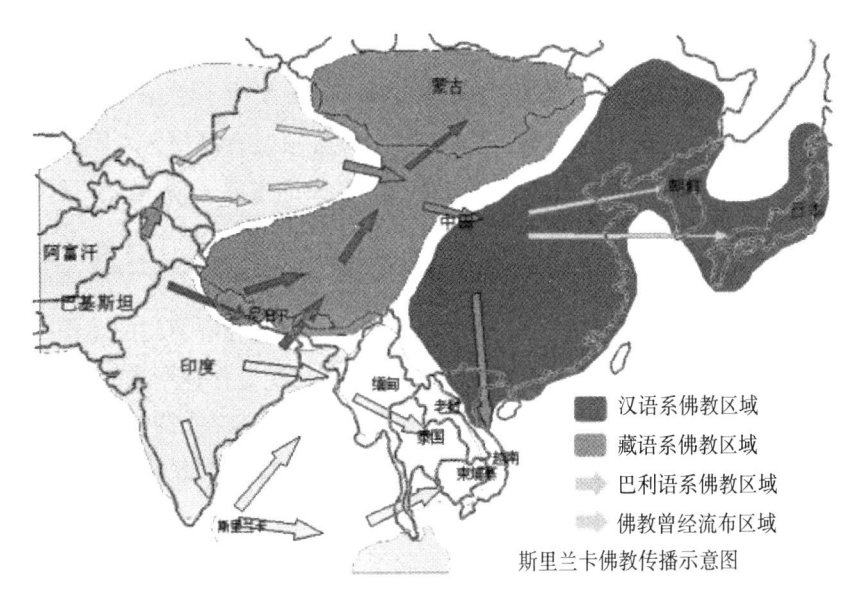

图3-1　佛教传播示意图

集中，他们赞颂了各种天神，从这些优美和华丽的语言中可以窥见古代印度雅利安人的宗教信仰和实践，以及他们的社会、政治和经济情况。这一著作体现了人们的自然崇拜和神灵崇拜，记录了人们对天神崇拜的仪式。祭神仪式的主持和赞颂诗歌的念诵，以及其起源和教条式的解说都是由祭师们完成，这些祭师也就是"婆罗门"。婆罗门在国王和权贵举办的祭祀典礼中收取高额费用，他们非常注重血统的纯洁性，不与外人通婚，过着严肃的修行生活，从事研究，因为其能掌握人心，国王也需要他们来维持自己的权力，因此这些祭师们变成了富裕且有权势的阶级。除了祭师，国王还需武力来巩固自身权力，所以祭师们和武士们就成了社会中较高的两个阶级，即"婆罗门"和"刹帝利"。从事农业、畜牧业和商业的大多数雅利安人，形成了人民之中的第三个阶层"吠舍"，在这三个范围之外的人民都是"首陀罗"阶级。这些就是印度社会的阶级制度。随着社会被分为四个阶级，前两个较高阶级的"婆罗门"和"刹帝利"又被细分为四个阶段。这四个阶段分别是寻求技艺和知识、家室生活、放弃家室生活到森林中苦修和与神交合。那些到森林中苦修的人，思考着人生，他们将寻求的真理记载在《森林书》中。该书意在说明有关祭祀规定之秘义。此外，结尾的部分叫作《奥义书》，其中所见象征性、哲学性之思辨内涵。《奥义书》重要的教义是：个人的灵魂（神我）和宇宙灵魂（梵是体性相同的，外在世界是虚幻的，个人的解脱在于使自身灵魂和世界的灵魂合二为一。轮回和业报的教义也是先发现于《奥义书》之中，在印度，这一教义指的是个人根据自己的行为在来世获得善报或者恶报，现生是漫长生死轮回的一部分，"刹帝利"阶级是宣传这一教义的主要人物。这一教至今影响着僧伽罗人的世界观。

在随后的几百年之中，天神崇拜从未消停，在《婆罗门书》时期出现了一个重要的天神财神"俱吠罗"。普通民众信奉的宗教在婆罗门的著作中提及较少。他们崇拜夜叉、那伽和树神等地方神，并且实行各种形式的精灵崇拜。关于夜叉、那伽的崇拜与斯里兰卡的信仰相吻合，至今在斯里兰卡的一些文化遗产中仍有诸多旁证。在丹布拉石窟中就有佛祖进入斯里兰卡受阻之时与夜叉和那伽相抗衡的壁画，至今保留较为完好。

后来，反对正统祭神的相关活动引起了各种宗教部派的形成。他们不承认吠陀经典的权威性。反对者们通过四处漫游，发现真理和接触世界上的痛苦，并将这些办法传授给民众。在此基础上，公元前60世纪产生了两个宗教，一个是耆那教；另一个是佛教。耆那教提倡苦行和严格的生活方式，承认人类的个人灵魂，且把这个概念拓展到鸟兽和树木上去。印度现虽只有约0.4%的人口信奉这一传统宗教，但耆那教在印度仍有势力。正如上文所言，佛教在印度大约经历1500年的发展之后，逐渐消亡，其南传上座部佛教的传播中心也转移到了斯里兰卡。在康提的佛牙寺内的21幅挂画中，至今仍有悉达多顿悟成佛，"初转法轮"等的印记。

释迦牟尼悟出四圣谛，即苦、集、灭、道四条人生真理，四谛告诉人们人生的本质是苦，以及之所以苦的原因、消除苦的方法和达到涅槃的最终目的。只有放弃了世俗牵挂，才能修行解脱之道，达到精神的圆满之道。这个过程可以分为四个阶段，其中三个阶段在家也可以修证，有些摆脱不了家庭和社会责任的人，是在家的信徒，被叫作一般信徒、普通信徒或者是说在家修行的信徒（Layman）。我的报道人和身边的诸多朋友更倾向于用在家中修行的信徒来解释自己。这些信徒每日会用鲜花和香油供奉家中佛像，且会虔诚的诵经，除了每日的这些必修课之外，定期和过年时会对特定需要帮助的人进行施舍，平日会送一些生活必需品，例如糖、食盐，或是做咖喱菜所需要的绿豆等必需品，在过年时会援助一些卢比（斯里兰卡货币）给需要帮助的人，钱的数量也随自己的心意和经济能力而定，寓意让他们也能够跟大家一样，过一个

第三章 累叠和生长的交界点：遗产在仪式中的实践

充裕的新年。他们所做的这些是为了让自己在来世筹得一些获利条件，这一现象在斯里兰卡比较普遍。而在我的斯里兰卡朋友中，也有人认为自己修行已经达到足够的条件，所有钱财在有需要时可以全部捐赠，人与自然融为一体，认为自己这一世结束可以达到圆寂的境界，即最高境界，不再轮回。第四个阶段则只有出家人才能达到。这时他们的名字也会发生变化。例如一位尚未出家来自巴杜勒（Badulle）的居家普通信徒（Layman）名字叫作"Palitha Wijesandara"，从他的名字中可以看出他的种姓，却看不出他的家乡，即他来自于哪里。但如果他出家之后，他作为僧人的名字（Monk name）则是"Badulle Dhammaloka"（Dhammaloka of Badulla），字面意思即这位僧人来自于"Badulle"一位名叫"Dhammaloka"的人，"Dhammaloka"是出家之后重新被给予的名字（Given Name）也是僧人常用的名字，而"Badulla"则是他的家乡（Native Village Name）。这些在家中修行之人有些不吃荤食，如若为了平衡营养有时食用鸡蛋。在衣着上无特别讲究，但如若去到寺庙，会身着白衣，以示身心的洁净，心怀对佛陀的敬畏之情。随着斯里兰卡现代社会的逐渐稳定，外来文化进入，在衣着上也呈现出多元化，新一代的年轻人未严格遵循老一辈的传统，有时会着浅色衣服进入寺庙，老一辈仍然着白衣进寺庙。那些舍弃财富和地位的人组织起来的教团被称之为"僧团"，其中的成员被称作"比丘"，即乞士。他们生活节俭，主要是打坐修行。这些比丘早期住在岩洞之中，至今在斯里兰卡有关僧侣的古迹遗址中，仍然可以看到他们当时的栖身之所。南传上座部佛教一直以来戒律严格，僧人过午不食，即过了中午十二点，不再进食固体食物，只能喝水。僧人不能与女性有接触。有一次，我需要走访的点比较多，且距离相隔较远，朋友帮我预约了一位僧人为我沿途做介绍。此时，为我安排行程的女性朋友犯难了，因为她和我都是女性，僧人地位较高，一般要被安排坐在前排。在斯里兰卡的公交车上亦然，在公交车的前方也有僧侣专用座位。因为僧人被安排坐在前排，作为女性的我们如果当司机，就必须与僧人同坐。安排僧人坐后排又不符合社会秩序和宗教逻辑。后来经多次调整和沟通，朋友邀请我的报道人帕利塔先生加入，作为我们此次行程的司机。从僧人至普通的信众，人们都在严格遵循着社会法则，无人逾越，这继承了南传佛教持戒精严的准则。相传，僧人们为了不使自己成为社会的负担，他们收集破烂的衣布，缝制成衣服，将其染成黄色，黄色的深浅不同。这一颜色仍保留至今，僧人们说黄色的深浅不同并不是因为不同的颜色有着不同的含义,而是因为旧时僧人们染布所用植物的差异造成。这些僧人舍弃了财富、地位和荣耀,过着简朴的日子顿悟佛法,传播教义,成为斯里兰卡各层阶级的精神支柱。人们赠送僧人或寺庙财产,寻求自己的功德。僧团可以接受园林、土地、对水的收税权等,这部分后面的水利系统中会详细讲解。

在佛陀涅槃一百年之后,摩揭陀国王迦罗阿伦迦王在位时期,僧团发生了裂变。东部僧人提倡戒律应该做适当调整,顺应发展,而西部僧人则坚守其教义,他们认为自己保留了其更"原真与纯洁"的教义。自此,僧团裂变成上座部和大众部。在斯里兰卡有关这一时期的历史故事,更是被广为传颂。阿育王稳定政权改信佛教后,他坚定"以法胜人"。这里不得不提,阿育王乃至整个孔雀王朝对于斯里兰卡影响较大。纵观斯里兰卡的历史,国王通过武力掌权之后,在其能力范围之内会实施仁政,而这些仁政的具体实施离不开佛教的复兴和具有教义性的布施。正如本书第二章文化三角阿努拉达普勒中提到的,在这一时期阿育王派其子摩哂陀和女儿僧家密多到斯里兰卡弘扬佛法。有关摩哂陀另一说是阿育王的弟弟(根据《大唐西域记》则记载,摩哂陀为阿育王之弟)。据记载,在斯里兰卡的天爱帝须王(Devānampiyatissa,247 BC—207 BC 在位)是太子之时就已经认识摩哂陀,且对其仰慕已久。其登上帝位以后,大兴佛教。且将摩诃弥伽皇家公园布施给僧团,后成为斯里兰卡佛教中心的大寺。后帝沙继续弘扬佛法,方便人民祭拜,修建了斯里兰卡历史上第一座历史性的佛塔,该塔供奉着舍利,即都波罗摩塔(Thuparama Dagoba)。该时期阿努拉达普勒与孔雀王朝往来密切,为了满足女性信徒的受戒,阿育王派其女儿僧家密多解决此问题,后比丘尼僧团在斯里兰卡也逐渐发展起来。毋庸置疑,佛教在印度发展,最后在斯里兰卡传播。血脉在印度和斯里兰卡的重要性不言而喻,释迦牟尼在印度成道的那颗菩提树枯死后,阿努拉达普勒的菩提树,也叫摩诃菩提树(Sri Maha Bodhi)便成了维系佛祖渊源的重要"血脉"。现如今在伽耶的那颗菩提树据推测是现阿努拉达普勒圣菩提树嫁接而来。虽然一些严谨的斯里兰卡朋友会说不一定是由原本的一棵树分流而去,但是他们认为斯里兰卡所有的菩提树皆是由该树发根而来。由此可以窥见在 2600 多年前斯里兰卡人工培育植物的先进性。大寺和圣菩提是阿努拉达普勒时期留下来的珍贵遗产。

许多佛教国的历史显示,佛教之所以会在该国没落,其中一个原因是比丘们变得怠惰、腐败以及忽略经典及戒律,这也使得人们失去对比丘的敬重。

然而，南传上座部佛教持戒精严的准则对于佛教在斯里兰卡的繁盛是功不可没的，虽然在某些历史时期也曾出现过僧团腐败的情况。但作为政教合一的国家，国王有时也会起到整顿和鞭策的作用，神权和王权在这个国家恰到好处的相互扶持，行之至今。

（二）斯里兰卡佛教主要流派

斯里兰卡佛教主要有三个流派。它们是暹罗派（Siam-Thai）、阿摩罗普罗派（Amarapura）和罗曼那派（Ramanna-Myanmar）。公元前15世纪雅利安人入侵印度恒河流域带来了新的文明，公元前10世纪印度婆罗门教成立，随后依据南传佛教的传说公元前623年佛陀出生。佛教与斯里兰卡的较大渊源要归功于印度孔雀王朝阿育王（268BC—232BC）。阿育王通过武力取得政权后，目犍连子帝须长老派遣传教士至各地弘扬佛法，其中摩哂陀前往斯里兰卡；须那和郁多罗二位长老派至金地。[①] 在此期间斯里兰卡天爱帝须王（247BC—207BC）建大寺，上座部教团确立。[②] 阿育王女儿僧伽密多比丘尼携菩提树分枝移植斯国，成立比丘尼僧团。之后斯里兰卡比丘尼僧团前往我国南京，亦帮助我国建立了比丘尼僧团，可谓是同枝相连。随着佛教的传播，天爱帝须王修建塔寺，斯里兰卡的佛塔文化也自此繁盛起来。公元前199年和公元前198年摩哂陀和僧伽密多先后在斯里兰卡圆寂。摩哂陀除了在斯里兰卡弘法之外，他还培养了斯里兰卡本土的比丘，使得佛教在斯里兰卡扎根。而僧伽密多比丘尼亦是协助了摩哂陀，并在比丘尼的创建上功不可没。二人在斯里兰卡佛教的里程碑上留下了名垂青史的一笔。后佛教在斯里兰卡地位逐渐稳定。公元前101年至公元前77年（101BC—77BC），斯里兰卡度他伽摩尼王护持佛教，建造大塔、弥利遮婆提塔、九层铜殿，提倡庆祝卫塞节。公元前43至公元前29年，斯里兰卡因战争发生大饥荒，在中部摩多利阿卢精舍的比丘们将三藏及三藏注释书写于贝叶上，使得这些宝贵的经文得以保留，这些亦是人类历史上宝贵的遗产。

[①] 金地，古地区名，为梵文 suvarna-dvīpa 或 Suvannabhūmi 的意译。古代希腊和罗马的地理学家称之为 Khrysē 或 Chrysē。所指地域，有时为缅甸南部，有时为马来半岛，有时为苏门答腊岛。一说为东南亚地区的泛称。惟托勒玫和其他古代西方地理学家所称的 Golden Khersonese，系指今马来半岛；《大唐西域求怯高僧传》卷下《贞固律师传》和《道宏传》所述的金洲，则指今苏门答腊岛。

[②] 在阿育王时期，佛教僧团分为18个部派，摩哂陀传入斯里兰卡的是原始上座。上座部的经典是把巴利语，但在后来讲解佛经和戒律时用的是古僧伽罗语。

公元前 29 年至公元前 17 年，斯里兰卡僧团发生第一次分裂，从大寺派中分出无畏山寺派（或达摩流志派）。从天爱帝须王建大寺，上座部教团确立以来一直到伐多摩尼·阿巴耶（Vadomoni Abaye）在位时，斯里兰卡的僧团较为统一。后有一部分人组织了新的教派，无畏山是该教派的所在地，而达摩流志是该派导师的名称。"据公元 14 世纪的一部僧诃罗文学作品记载，达摩流志属于犊子部，这是佛教在传入斯里兰卡以前分成的十八个部派之一。犊子部承认有'补特伽罗'，这是一种变相的神我，因此这个部派不同于早期佛教的一切其他部派，它赞成和佛教哲学的基础无我学说有矛盾的外道理论。但是没有其他证据来证明，无畏山信奉的是犊子部教义。"[1] 根据南传佛教的记事，公元 1 世纪，印度犊子部至斯国无畏山寺，成立法喜部（Dhammaruci）。在随后的 3 个世纪中，受文化交流和战争等因素影响，佛教在扶南王、金邻、金地国、三国（吴）、林邑等地，即现在的东南亚片区的柬埔寨、泰国西南部、中国、越南等地交流活动较为频繁。[2] 公元 269 年至公元 291 年，具有大乘思想的方广部到斯国无畏山寺弘扬教义。但在后面的几十年，方广部在斯里兰卡受抑制，僧人被驱逐返回印度。虽说如此，但是大乘思想输入并未断，相比斯里兰卡其他两个佛教教派，无畏山受到大乘的影响较为明显。无畏山派早期接受原始大乘的功德转让等思想，到了玄奘时期，又接受大乘瑜伽思想（可能也有中观思想），这里不再一一说明。

公元 309 至公元 322 年，斯里兰卡佛教第二次发生分裂，南山寺海部成立。该派由从无畏山退出的僧人组建而成，因为他们信奉沙伽利耶长老的教义，所以也被称作沙伽利耶派。这三个教派在斯里兰卡三足鼎立，直至公元 12 世纪为止。此后佛教的流动和传播在南亚、东南亚以及东亚活动频繁。例如中国：公元 411 年至公元 412 年，法显自印度回归，途经斯国住二年，求得弥沙塞律、长阿含、杂阿含、杂藏等归国；公元 426 年及其后，斯国两批比丘尼 18 人至中国南京，传授比丘尼戒法；公元 484 年，扶南（柬埔寨）王阇耶跋摩遣天竺僧人释那伽先至中国上表，献佛坐像、牙塔等；扶南国僧伽婆罗和曼陀罗携梵本往中国译经；公元 519 年遣使向中国献天竺旃檀佛像等；真谛三

---

[1] ［锡兰］尼古拉斯·帕拉纳维达纳：《锡兰简明史》，李荣熙译，商务印书馆 1964 年版。
[2] 金玲国，古国名。亦译金陈或金遴。故地或以为在今泰国西南部。名见《太平御览》第七百九十卷引《异物志》和《外国传》及《梁书·海南诸国列传》"扶南国"条和《新唐书·宦者列传》等处。隋唐时的金邻大湾，即因此国而得名。

第三章　累叠和生长的交界点：遗产在仪式中的实践

藏抵达扶南，公元548年携梵本至中国译经。当然在此期间，佛教也有没落之时，例如在公元400年前后，憍陈如赴扶南为王，改用天竺法，扶南印度化，信婆罗门教。而在6世纪末，泰境内湄南河流域的蒙族人，建立堕罗钵底国，信仰佛教，以佛统为中心。后公元611年至公元641年柬埔寨真腊伊奢那仙，定湿婆教为国教。佛教在此期间的风云变化，不一而足。

正如前文提到过，公元947年外族朱罗军侵入。随后这段内战纷争、外族统治时期国家贫困，寺庙倒塌，僧人年老而亡，没有新秀补充，佛教衰微。后斯里兰卡王毗舍耶婆诃一世（Vijayabahu）于公元1070破朱罗军，结束了77年的外族统治并恢复僧伽罗王朝。僧伽罗王朝的恢复必然也会伴随着佛教的复兴，但遭到破坏的佛教僧团极衰微，以致影响到受戒和其他宗教仪式的举行，国王遂派使者至缅甸，邀请缅甸长老僧人至斯里兰卡传戒及弘法。

虽说斯里兰卡经常处于战乱状态，但在历史记载上也有国王率领部队攻占其他国家领土的事迹。公元1153年至公元1186年波罗伽罗摩巴忽一世（Parakramabahu I）就是其中一位，他征服朱罗国并远攻缅甸，在国内调和佛教僧团三派团结一致，结束长期争论。公元1180年，缅甸国师郁多罗耆婆带领僧众多人到访斯里兰卡，留车波多受比丘戒，在斯里兰卡大寺受教育；公元1190年返回缅甸，带四位异国比丘同返，成立斯里兰卡宗派僧团。至公元1192年，缅甸僧团形成两派，即原有僧团称"缅甸宗派"；车波多的称"兰宗派"。不久兰宗派发生分裂，分三个支派。

历史总是惊人的相似，公元1215年南印度迦陵伽国摩伽王进攻斯里兰卡，统治二十一年，提倡婆罗门教，佛教再次遭到破坏。后僧伽罗国王舍耶婆诃三世在斯里兰卡南方达婆提尼建立新王朝，复兴佛教。公元1260年南印度波罗王朝覆灭，佛教在印度渐趋灭亡。公元1283年素可泰创立泰文；自泰南六坤迎斯里兰卡僧团至素可泰城弘扬佛法，建阿兰若寺。后缅甸、柬埔寨、泰国受政治、文化等影响，佛教的兴衰迭起这里就不再一一阐述，斯里兰卡在此期间也经历了葡萄牙、荷兰的殖民统治。公元1753年斯里兰卡佛教衰微，引入泰国佛教成立暹罗宗。公元1796年英国人逐出荷兰人的势力，代替统治斯里兰卡各沿海边区。公元1802年缅甸僧团传入斯里兰卡，后称缅族派。在近代，斯里兰卡的佛教发展亦是一片欣欣向荣之景。例如：设计佛教教旗、创立佛教星期日学校、成立斯里兰卡青年佛教会、在全岛推行设立星期日学校、斯里兰卡佛教调查委员会成立，智增佛学院升格为智增大学，智严佛学院升格为智严大学。除此之外，斯里兰卡与东南亚和中国之间的宗教学习、交流日益频繁。

虽说佛教在斯里兰卡经过了繁荣、衰微、复兴等一系列反复的过程，但其在斯里兰卡的地位却从未动摇过，佛教的教义融入社会，对社会的个体具有自我约束力，且成为衡量一个人社会道德的准则。每一位僧伽罗佛教徒都恪守五大戒律（Pancho Seela，或作 Pansri），分别是不能杀害生灵（Panathipatha），不能偷窃（Adinnadana），不能发生不恰当的性关系（Kamesu Michcha Charc），不能撒谎（Musawada），不能使用麻醉品烟酒等（Surameraya Majjapoame）。这五大戒律是斯里兰卡社会的道德标准，亦是衡量一个人品德好坏的标尺。

宗教在斯里兰卡对于社会的稳定性及和谐性起着重要作用。对于香烟这一外来物，人们同样深恶痛绝。在现代社会中，人们将它与酒视为同一禁忌，在一个如此虔诚，且追寻美好气味的国度，香烟确实很难被人们接受。人们在祭拜神时，想尽办法用美好的香氛来愉悦神，用特殊草药挂在寺庙屋顶上驱邪和除去不好的味道，且不说香烟的味道到底是否让人愉悦，但香烟确实会让人上瘾，这也打破了宗教教义中的平和。从英国殖民时期至今，听闻斯里兰卡只有一家英国人的香烟厂，且客户群体主要是外国人和少部分科伦坡的年轻人，这无疑也离不开宗教信仰渗透在社会中的力量所致。

在斯里兰卡人们供奉的神灵很多，康提主要有四座神庙，相传他们也是佛陀的守护神，在佛牙寺的四周也供奉着这四大守护神。分别是未来神纳达（Natha）、斯里兰卡守护神毗湿奴（Vishnu）、贞操之神帕蒂尼女神（Pattini）和战神卡达拉纲玛（Kataragama）。相传未来神那陀在佛牙进入斯里兰卡前就已经存在，因为是未来佛所以自然就与弥勒佛（Maithri）相关联，康提现如今的未来神纳达（Natha）神庙是公元 14 世纪由国王维克拉玛巴忽三世所建，也是康提最为古老的建筑之一。毗湿奴在斯里兰卡是佛陀的守护神。帕蒂尼女神亦是佛陀的守护神，在斯里兰卡人们寻求帕蒂尼女神的庇护，求得身体健康；孕妇祈求能得到女神的庇护，求得母子平安，相传女神还可庇护人们远离天花。在斯里兰卡帕蒂尼女神也被认为是那些忠于自己丈夫的女性的保护之神。卡达拉纲玛是根据"Kataragama"音译而来，印度神话中称其为鸠摩罗（Kumara），他在南印度广受崇拜，又称室建陀（Skanda），传入中国佛教后就是韦驮天。卡达拉纲玛在斯里兰卡也是一位十分受人喜爱的神，如果

第三章 累叠和生长的交界点：遗产在仪式中的实践

人们要想去完成一件事情，他们往往会去卡达拉纲玛祈福、许愿并与神达下协议。卡达拉纲玛在斯里兰卡民众心中与战争的胜利和权利的获得紧密相连。

（三）佛牙与佛牙寺

有关佛牙和佛牙寺，本书第二章已经梳理了文化三角中最为典型的佛牙寺概况和寺庙结构。佛牙寺因佛牙而神圣庄严。佛牙舍利，顾名思义是在佛陀入灭后荼毗所得佛之牙齿舍利。释迦牟尼圆寂之后，世人便得到了四颗佛牙舍利。其中，斯里兰卡佛牙寺这一颗得到了世界的认可，尤为珍贵。古老的语言记录着四颗佛牙的去向：一颗在天国（Thavathimsa Heaven），另一颗在那伽世界，第三颗在犍陀罗（Gandhāra），第四颗在斯里兰卡。其中前两颗佛牙不在现世，第三颗所在的犍陀罗国位于今印度西北的喀布尔河下游。犍陀罗国的领域经常变迁，公元前4世纪时，它的都城在布色羯逻伐底，约在今天巴基斯坦白沙瓦城东北之处，这也正呼应了我国文献中所记载的佛牙舍利流落在乌苌国（古代印度国名，地理位置相当于今日巴基斯坦西北边境省斯瓦特县）一带，这就是后来被法显从于阗请回的佛牙，现供于北京灵光寺。[①]第四颗佛牙就是现供奉在斯里兰卡佛牙寺的这一颗，亦是被世界广为认可的一颗佛牙（图3-2）。这颗佛牙的来历在本书第二章中已详细做过介绍，是由印度公主赫曼玛拉和丹达王子将佛牙舍利藏在发髻中成功转移到斯里兰卡（当时的狮子国），交于阿努拉达普勒国王，后一直被作为国宝供奉和珍藏至今。

Ekā Dāṭhā Thidasa pure,
Ekā Nagapure,ahū,
Ekā Gandhāra visaye,
Ekāsi Puna Seehale.[②]

佛牙到达斯里兰卡后，当时的阿努拉达普勒国王（Brahmadatta）修建金庙并用珍珠和宝石进行装饰，以供奉佛牙。正如弗朗西斯·福山（Francis Fukuyama）所言："王朝合法性的其他主要来源是宗教。基督教在欧洲、中东

[①] ［东晋］法显：《佛国记注译》，长春出版社1995年标点本。
[②] Meegahakumbura, *Heritage of the Sacred Tooth Relic and The Temple of the Sacred Tooth Relic*, Colombo: State Printing Corporation Publication, 2011.

和印度,有强大的宗教机构,既可将合法性赋予统治者,也可将之收回(如格里高利七世与神圣罗马教皇的较量)。通常,这些宗教机构在政治当局的掌控之下别无选择,只好确认。但在权利斗争时期,这些宗教权威又可以通过授予合法性的能力,而发挥举足轻重的作用。"① 自此,有关佛牙、国王和国家的一系列传说和仪式就围绕着王权和神权而展开。

图 3-2 1920 年 The Tooth of Buddha,Kandy②

早期斯里兰卡一般民众对于婆罗门教信仰十分虔诚,但同时也苦于它宣扬的种姓制度所带来的痛苦,而佛教的教义宣扬的是普度众生、人人平等,这似乎更容易被人民的内心所接受。这一点也正符合了雷维尔所言:"宗教,就是通过人类心灵与神秘心灵相连接的情感而带来的人类生活的决定作用,人类心灵既能够认识到神秘心灵对世界及其自身的支配,也能够在自身与神秘心灵息息相通时感到无比快乐。"③ 这一点不仅适用于佛教,同样适用于其他宗教。在斯里兰卡尼甘布生活的民众之所以延续天主教的信仰而非佛教,很

---

① [美]弗朗西斯·福山:《政治秩序的起源:从前人类时代到法国大革命》,广西师范大学出版社 2012 年版。
② 照片来源于 Lanka Pura。
③ [法]涂尔干:《宗教生活的基本形式》,渠东、汲喆译,上海人民出版社 1999 年版。

大程度上与他们从事的职业和低下的种姓有关，因为对鱼的杀戮而被人指责凶残、丑陋和邪恶；因为血腥和污秽的工作而被其他人所不齿，所以尼甘布地区的渔民内心需求上渴求得到宽恕和宽慰，殖民者所带入的天主教信仰使他们在灵魂上得以解脱。

虽说斯里兰卡是一个多民族、多宗教国家，但至今，僧伽罗人仍是斯里兰卡的主体民族，佛教仍然占有主导地位。佛教的教义引导僧伽罗人遵守社会秩序，追寻内心平和，以及获得成功的方法，而衍生出的神灵则满足了他们心里寄托以及渴望得到庇佑的需求。"在服从神意时，人们怀有一种最久远的安全感，这种感觉曾使许多不能为任何人所屈服的帝王屈服于宗教之下，一切服从的现象，根源都在于恐惧，不论我们所服从的领袖是人还是神。"① 在历史上，不断内斗和抗争外侵构成了斯里兰卡社会的主要的基调。政权的变动、人民所遭受的屈辱使得在这些危机到来时，大多数人的迫切愿望就是要找出一个权威人士而向他服从，这个人就是国王，他的权威就来自血统和宗教道义上的合法性。除此之外，宗教存在的目的也是缓和存于人们心中的恐惧。佛牙的珍贵之处除了是佛祖释迦牟尼的遗物之外，还承载着他生前所讲过的至理名言和对人们的教诲，这些比金子还珍贵的教义皆是通过这颗牙齿留给世人。斯里兰卡的主体宗教——佛教是围绕释迦牟尼及其佛牙舍利而展开的。

二 王权与神权的结合

在本书第二章中虽然提及佛牙与王权的关联性，但并未做详细阐释。佛教在公元前3世纪传入斯里兰卡以后，一直得到了保护性的发展。公元7世纪，与斯里兰卡北部毗邻的印度南部帕拉瓦国王摩哂陀罗跋摩一世（Mahendravarman I, 600AD—630AD）已经开始从耆那教徒转变成湿婆教徒，并且开始迫害其他宗教信徒。楞伽岛是佛法之岛（南传上座部佛教徒聚居的地方），上座部佛教徒等同于僧伽罗民族，所以楞伽岛就是僧伽罗民族的家园。② 正是因为面临同样的生存危机，古僧伽罗统治者与佛教需要把宗教与民族紧密地联系起来抵抗外患，使得传统权利和宗教或者说是准宗教的信念相结合。"民族、宗教和国家相统一"的概念继而被提出，即把僧伽罗人、

---

① ［英］伯特兰·罗素：《权利论》，吴友三译，商务印书馆2014年版。
② 王兰：《斯里兰卡的宗教与文化》，昆仑出版社2005年版。

佛教和斯里兰卡建构成"三位一体",民族、宗教和国家三者紧密相连,缺一不可。

僧伽罗统治者为了巩固自己的地位,极力保护佛教,此举推动了佛教事业的繁荣和发展,佛教的僧团也坚决支持统治者对外的抗争,把保卫僧伽罗民族和国家当作义不容辞的责任。佛教不仅是僧伽罗人的精神力量,甚至在战场上僧人们也会为了保卫王国而奉献生命。僧人们最初住在洞穴修行,过着隐居般的生活,依靠化缘和信徒的供奉为生,至今在斯里兰卡的诸多古迹之中仍然可以追寻当年僧人们在洞岩中修行的踪迹。政教合一后,每次僧伽罗人恢复王权,统治者都修建大量的豪华寺院赠予僧人,但僧人日常的生活和必需品还是需要人们供奉,他们并不生火做饭,这一习俗保留至今。供奉者是以国王为首的僧伽罗人和斯里兰卡其他民众,他们不仅向僧人供奉生活必需品,由时还会供奉他们最为珍贵之物,包括宝石、土地、村庄等。随着时间的累积,有些寺庙拥有大量的土地,并且有了征税的权利。

在波隆那努瓦时期,文学作品中承认了国王的神性,尼散迦摩罗的加尔波多铭文仿照《摩奴法典》的手法,宣称国王虽以人身出现于世,但实际是神,因此必须视其为神。"僧侣和君主在人类学家所知道的最原始社会里就已经存在了,当然当时他们仅处于原始的状态。有时候,两者的职能集中在一个人身上。这种情形不仅存在于野蛮人当中,而且高度文明的国家里也有。奥古斯都在罗马就兼任祭司长,在各行省是一个神。哈里发既是国家元首,也是伊斯兰教的领袖。现今,日本天皇在日本的神道教中也有类似地位。由于国王是不可侵犯的,因此,他们有丧失世俗的职能而发展成僧侣的有利趋势。"[1]斯里兰卡国王必须是佛教信徒,且必须是僧伽罗民族始祖英雄的后裔,这是不可变更的原则。例如:维阁耶巴忽三世平定马来人,取得佛牙,建立檀巴德尼亚王朝,其过世后,人们在他的骨灰上修建灵塔,认为国王具有神性。波罗迦罗摩巴忽六世逝世后被称为"菩萨化身"。[2]波罗迦罗摩巴胡一世在位期间,征服东南部卢哈纳就是为了夺取佛牙舍利,没有佛牙舍利他的继承王权就不完整,他的统治就缺乏合理性,王朝合法性的其他主要来源是宗

---

[1] [英]伯特兰·罗素:《权利论》,吴友三译,商务印书馆2014年版。
[2] [锡兰]尼古拉斯·帕拉纳维达纳:《锡兰简明史》,李荣熙译,商务印书馆1972年版。

第三章 累叠和生长的交界点：遗产在仪式中的实践

教，宗教的传统使得新王室合法化，宗教赋予的权利是新王朝权势的重要支柱。在权利斗争时期，这些宗教权威又可以通过授予合法性的能力，发挥举足轻重的作用。对于佛牙的热情和凸显都是通过与主体独特关联即信仰而获得。在被升华之后，佛牙舍利与国家政权关系密不可分，它已然成为国家权利的象征。

康提最早由科特王国的皇室成员维克拉玛巴忽三世（Wickramabhu Ⅲ）所建，是科特王国的附属国。维克拉玛巴忽三世的继承人辛纳·萨曼达·维克拉玛巴忽（Sena Sammatha Wickramabhu）于公元1480年将康提定为该附属国的首都。第二任至第五任国王分别是贾亚维拉·阿斯塔纳（Jayaweera Astana）、卡拉利亚德·班达拉（Karaliyadde Bandara）、女王多娜·凯瑟琳娜（Dona Catherina of Kandy）、拉贾辛哈一世（Rajasinha Ⅰ）。后柯纳普·班达拉（Konappu Bandara，俗称 Vimaladaharmasriya Ⅰ）取得王位，建立康提王朝。在斯里兰卡自古就有"得佛牙者，得天下"之说，为了使权利合法化，登上王位的毗摩罗达摩须利安一世（Vimaladaharmasriya Ⅰ）将佛教更进一步并入世俗权力，他把佛牙从德尔噶木瓦（Delgamuwa）请到康提，并在王宫旁建立了一个两层楼高的佛牙寺，后对佛牙和佛牙寺进行供奉，这些供奉的物品里有金子、宝石、衣物、饰品、村庄、土地、仆人和水牛等等。自此之后康提王朝的八位国王均对佛牙进行供奉，并在他们自己能力范围之内对佛牙寺进行修建和维护。第二任国王辛内瑞特（Senerat）在位期间，为了得到赞扬和取悦民众继续对佛牙和佛牙寺进行供奉，但因葡萄牙人的不断入侵而导致政局不稳，为了保护佛牙即保护其王权的合法性，佛牙曾一度被转移到较为安全的康提，所以在他执政期间对佛牙寺的修建并无记录。国王拉贾辛哈二世在得到政权之后，将其兄长全部罢黜并驱逐。在拉贾辛哈二世执政期间康提王朝政局稳定，他重建并修缮被葡萄牙人毁坏的佛牙寺。拉贾辛哈二世逝世后，他的儿子毗摩罗达摩须利安二世（Vimaladaharmasūriya Ⅱ）继承王位。加冕之后的毗摩罗达摩须利安二世对佛教的虔诚有增无减，他为佛牙建了一栋三层楼大宅，并将佛牙放入重金打造的佛龛之中，佛龛由两万五千个银币镀金炼成，九种不同的宝石镶嵌在其中。纳尔德拉辛哈（Narēndrasiṃha）在位期间，其父毗摩罗达摩须利安二世所建的寺庙腐朽（木质），于是他重建了两层楼的佛牙寺，并以银粉刷墙，以及有漂亮的屋顶，可谓金碧辉煌。他为佛牙打造了一个两英尺三英寸的佛龛，整个佛龛中镶嵌了七百颗宝石，佛牙不仅仅是宗教和王权意义上的珍宝，就其物质价值同样也是名副其实的宝物了。Śrī Vijayarājasiṃha）在位期间，佛牙寺无修缮记录。科尔提·拉贾辛哈（Kūrtī Śrī Rājasiṃha）在位期间，无记录，但斯里兰卡学者猜测期间佛牙寺有可能得到了维护。[①]拉贾德希·拉贾辛哈（Rājādhi Rajasiṃha）在位期间，无记录。维克拉曼·拉贾辛哈（Śrī Vikrama Rjasiṃha）在位期间，他在王宫旁建了一个八角亭,也是现如今佛牙寺的形貌。英国哲学家伯特兰·罗素（Bertrand Russell）认为"在人的各种无限欲望中，主要是权力欲和荣誉欲，获得权利往往是获得荣誉的便捷途径，就公共事业活动家而言，情况更是如此，荣誉所导致的行动与权利所导致的行动相同，因此他认为在最实际的意义上权力欲和荣誉欲可以看成是一个动机"[②]。国王的权利和供奉佛牙的荣誉合二为一。在斯里兰卡，国王取得权利，财富会从王权中生产出来，（王）权力从具体的财富中得以体现。佛牙寺的建立是为了让佛牙的形态、权力以及财富得到更大的彰显，以便以国王为首的统治者带领其信徒更好的祭拜，从而使民族、宗教和国家三者紧密联系。从古代国王的加冕到现代斯里兰卡总统的就职，都会到佛牙寺进行宣誓和祭拜。

表3-1　康提王朝国王修复佛牙寺情况表

序号	历任国王	执政时间	佛牙寺的建设与修复
1	Vimaladaharmasriya Ⅰ	1592AD—1604AD	在王宫旁，建立了一个两层楼高的佛牙寺
2	Senerat	1604AD—1635AD	无记录，执政期间政局不稳
3	Rājasiṃha Ⅱ	1635AD—1687AD	建了两层楼的寺庙，政局稳定
4	Vimaladaharmasūriya Ⅱ	1687AD—1707AD	建了一栋三层楼的大宅
5	Narēndrasiṃha	1707AD—1739AD	其父毗摩罗达摩须利安二世所建的寺庙腐朽，重建了两层楼的寺庙，并以银粉刷墙，以及有漂亮的屋顶。
6	Śrī Vijayarājasiṃha	1739AD—1747AD	无记录
7	Kūrtī Śrī Rājasiṃha	1747AD—1781AD	无记录，学者猜测可能有修复

---

① Seneviratna, *The Temple of the Sacred Tooth Relic*, Vihitha Yapa Publications, 2010.
② ［英］伯特兰·罗素：《权利论》，商务印书馆2014年版。

续表

序号	历任国王	执政时间	佛牙寺的建设与修复
8	Rājādhi Rājasiṃha	1781AD—1798AD	无记录
9	Śrī Vikrama Rājasiṃha	1798AD—1815AD	在王宫旁建了一个八角亭，现也是佛牙寺的一部分

三 逆境中的坚守

康提地属山区，易守难攻，加之民族、宗教和国家三位一体的传统文化积淀深厚，占据天时、地利、人和。英国人用了一系列的策略和计谋才得以攻下康提。康提最后一个国王维克拉曼·拉贾辛哈并非僧伽罗人，而是具有南印度血统的印度皇室成员，在斯里兰卡的历史中，一些无继承人的国王会从印度邀请有相关皇室血统的成员到斯里兰卡继承王位。维克拉曼·拉贾辛哈在统治期间并不顺利，部长想将其作为傀儡，从而对国家的权力进行掌控。国王郁郁寡欢而不得志，暴戾而不合群，并且在其执政期间做了一些不恰当的权利表征，逐渐失去民心。加之英国人用威士忌等酒精迷惑国王，在斯里兰卡佛教的五大戒律中，其中一项戒律就是饮酒（Surameraya Majjapoame）。在民众看来，国王违背了佛教教义的最根本原则且德行缺失，彻底失去民心。这样看来，入侵和殖民的历史总是那么的相似。在鸦片战争时期，入侵者对中国使用的是鸦片，在斯里兰卡用的则是酒精。权利的争夺和民心的丧失，使得部长、权贵们与国王彻底决裂，倒戈英国。再者，英国人承诺帮助康提人民发展和保护佛教而非殖民统治，最后得以攻入康提。英国人进入康提殖民后打破和重组了斯里兰卡的传统文化。在访谈中，一位国王守卫的种姓后裔丹努夏卡（Danushka）说道："他们建立教堂，对50岁以上的传统工艺人进行杀戮。这样一来习俗和传统工艺无法继续传承，新一代的人就是纯粹的新一代人，我们的历史和知识是从教科书上学来的。"

除此之外，斯里兰卡政教合一的体系也被打破。在康提王朝期间，国王任命两位执事长老（Malvatta 和 Asgiriya）负责全国的佛教寺院，和一位非僧人的俗家弟子（Diyawadena Nilame Basnayake）掌管所有寺庙的日常事务，只有高维种姓（Govigama）的人才能成为僧人。[1] 1815年英国人攻下最后一个王朝后，将国都从康提迁至科伦坡，下设康提局，放权于三位官员，他们是：税收专员、司法委员、英国部队指挥官。委任的英国执事人员对这些地区和村庄进行管理。英国殖民者执政期间曾一度停办部分重要佛教仪式和庆典。至今在佛牙寺内的21幅挂画中仍可以找到人们复办佛牙节的故事，其中第19、20、21幅画中讲述的就是在人们通过抗争使佛牙节得以延续事迹。公元1815年康提国王被捕，康提王朝沦陷，后国王被英国殖民者流放至印度，佛牙和王权之间的关联被生硬的切断，英国殖民者曾一度停办佛牙节。佛牙节停办后斯里兰卡遭遇大旱，直到英国殖民者在多方的劝说下恢复并参与了佛牙节的复办后，大雨才倾盆而下。历史也好，文学作品也罢，"在斯里兰卡的僧团历史上，过去和现在都没有统一的组织及宗教领袖。但这根本不与僧伽罗国家在历史上从来都具有某种神权的特点相矛盾。而且佛教在某种程度上是国中之国，这种自治特点保持至今"[2]。

在英国殖民期间，殖民者修建铁路和公路用技术消除康提山区的地形阻力，从而进行资源掠夺、加强殖民管理，并且通过一系列方法传播宗教、办学，使得斯里兰卡人接受西方的文化传统和价值观。佛教为了抵制基督教的思想渗入，在19世纪掀起了一场佛教复兴运动，把保卫佛教、复兴民族文化和抵制基督教联系在一起。这场佛教的复兴运动对于20世纪高涨的斯里兰卡民族主义运动起到了巨大的作用，它激发了僧伽罗人民族的觉悟。

斯里兰卡的历史由佛牙为主线贯穿起来，现代人生活中的任何一个生命节点都与宗教信仰有关，这个信仰的符号指喻就是佛牙，而佛牙的承载者是佛牙寺。佛牙寺承载着这个国家虔诚信徒的生老病死和人生旅途的喜怒哀乐，是整个斯里兰卡精神世界的中心之所在。从古至今，他们仍然传承着与佛牙有关的仪式和传统，这也是佛牙寺的力量所在（图3-3）。

在斯里兰卡历史上，人们将佛牙视为佛陀的真身、勇气的源泉和王权的符号。不难理解得此物者得天下之说，佛龛是为了更好地保护佛牙，那么佛牙寺则是佛牙作为符号引发的一种更高级的可视化符号，造成视觉上的可读

---

[1] 参见 Walpola, *History of Buddhism in Ceylon: The Anuradhapura Period 3rd Century BC-10th Century AC* (*Third Edition*), 1993. Colomo:The Buddist Cultral Centre and Dewaraja,*The Kandyan Kingdom*,Colombo:Lake House, 1998,Chapter Ⅸ.

[2] ［苏］瓦·伊·科奇涅夫：《斯里兰卡的民族历史文化》，王兰译，中国社会科学出版社1990年版。

性，以彰显其权利。这些意识形态有助于现存社会生产关系的再生产，这些生产关系在空间和空间的再生产中被传递与传承。

图 3-3　暮色中的佛牙寺（余媛媛 摄）

第二节　佛牙寺的遗产化过程

一　历史的累叠

在斯里兰卡两千多年的风雨进程中，前人们留下了诸多的历史遗迹，这些遗迹与现存的风俗习惯成为了斯里兰卡现代社会的遗产。根据亨利·梅因（Henry Main）爵士等人的观点："没有希腊遗产，罗马人、德国人或英国人的任何进步都是不可能的。西方学者声称希腊遗产不仅存在于思想领域，而且存在于工艺、采矿技术、工程纲要、金融和贸易程序、政治制度、由陪审团进行的审讯、公民自由、中学和大学、体育馆和露天运动场、游戏和运动、艺术和文学以及基督教神学和实践之中。"① 可见遗产存在于社会的每一个角落，且表现形式多样，可以是思想、工艺、制度等等。从另一个角度也可以进行多重分类，可视的与不可视的、抽象与具体、物质遗产与非物质文化遗

---

① ［印度］D.P. 辛加尔：《印度与世界文明》（上卷），庄万友等译，商务印书馆2015年版。

产等等。任何东西都可以成为遗产，每种遗产都带有特定民族的集体表述与记忆，即"过去"与"现在"到"将来"的连接纽带。[1]这根遗产纽带连接着斯里兰卡的过去、现在、将来。然而"历史并不完整，并非所有的遗产都会受到社会的重视，社会只是有选择地保存历史遗产。这种选择性也许是有意的或者说是有目的性的，社会通过某种价值体系来筛选遗产。毋庸置疑，这种价值体系会随着时空的变更而发生变化"。所以遗产会随着社会的价值体系而变化，有的遗产形貌还在，但其背后的文化价值已经消逝或者发生改变，斯里兰卡现如今保留和传承下来的遗产是每个不同社会阶段价值体系所筛选的结果。在历史进程中，虽然时间有着连续性、不可逆性、开放性等特点，但从某种角度而言，时间是以活动的形式存在着，但活动和时间是易逝的，当过程告一段落时，并没有化为乌有，而是转换了一种形式。人过去的生活并没有也不可能真正消失，总有一些事物或者记忆因其社会价值被保留在现有的空间里，所以生活在城中的人就像是生活在记忆场之中。正如德勒兹（Delayer）所言："空间和时间不是相等的，而是两种相反的趋势，所有事物都被叠放在持久的另一端。"[2]

遗产的形式多样，且散落在人类社会的各个角落。相比之下，遗产较为集中和多元化的体现则是在有历史底蕴的古城之中。阿尔多·罗西（Aldo Rossi）将城市看作人类集体记忆的场所，其中交织着历史和个人的记录，"当城市与记忆通过时间性扭结、空间性扭结与物质性扭结牢固结合在一起时，城市就成为人类集体记忆的一种综合载体"[3]。作为人类文明进化的产物，城市装载着人类社会的记忆，一砖一瓦都如实地记载着不同时代所留下的印迹，不同时期的记忆伴随着不同时期的印迹存在。佛牙的记忆在斯里兰卡建国之初就已经存在，佛牙寺中的点滴和禁忌连带着人们对康提王朝的记忆，康提中的英式建筑更是殖民时期抹不去的印迹。这些不同时期累叠起来的历史印迹同时存留在城市这一充满记忆的空间中。刘易斯·芒福德在《城市发展史》一书中描述道："城市从其起源时代开始便是一种特殊的构造，它专门用来贮存并流传人类文明成果。一个城市的级别和价值在很大程度上取决于这种功

---

[1] Leanen, Looking for the Future Through the Past, In Uzzell D.L（ed.）*Heritage Interpretation*, The Natural and Built Enviroment. London & New York: Belhaven Press, Vol.（1）, 1989, p.88-89.
[2] Massey, *For Space*, London: SAGE Publications Ltd, 2005.
[3] 袁逸情：《寻找城市的记忆》，《城市建筑》2011年第8期。

能发挥的程度,因为城市的其他功能无论有多重要,都只是预备性或附属性的。"[1] 从某种角度而言,城市储存了人类的文明,它通过我们现在所看到的不同表现形式的遗产,杂糅着当地社会的大量感情价值表现出来。遗产同时是人们怀旧的对象和符号。一方面,我们强调遗产属于特定人群、特定地方、特定历史时期创造出来的果实,从客观上来说它是历史的遗留;另一方面,今天人们之所以对遗产趋之若鹜,也受怀旧情结的影响。人们与日俱增的梦想通过对往事和陈旧器物的依恋,获得怀旧情结的转移和替代。在遗产政治学中,这种情形更为明确。为什么许多欧洲国家的游客喜欢到它们过去的殖民地国家去旅游、观光?原因之一就是他们想通过对那些曾经沦为自己国家殖民地遗产、遗址的参观、访问,重温往日的时光。斯里兰卡曾经被葡萄牙、荷兰和英国殖民过,其旅游数据表明,在2014年之前,印度、英国和其他欧美国家为斯里兰卡旅游客源的前三位。印度是因为人口基数和地缘的关系,而英国和其他欧美国家游客中有不少人是因为怀旧而诱发的殖民地旅游。

二 神圣空间的分层

空间是以自然地理形势或人为建构环境为基本要素的中介物,是人类不断活动的结果,空间是被有意识的建构起来的。例如进入寺庙必须脱鞋的习俗,从脱下鞋子进入寺庙那一刻便进入了神圣的空间。在佛牙寺这一特殊的空间其关系更为微妙,人们通过空间的秩序、方位、地势的高低,区位的隔离来划分神圣和更加神圣的区域以及世俗的区别。在佛牙寺这一神圣的空间中又分为不同等级的神圣。

当人们进入佛牙寺地界,通过正门第一道安检入口是第一道分层。由外界街道世俗世界进入一个较为庄严神圣的皇家园林和寺庙。佛牙寺门前之所以有安检,是因为这里曾经受过泰米尔猛虎组织的炸弹袭击,造成惨重的人员伤亡和建筑的毁坏。如果背包前往佛牙寺,安检人员一定会开包检查,确认包中是否有危险物品。检查时男女通道隔开,以便进一步的搜身检查。随着旅游的发展,这些安检人员除了要面对斯里兰卡民众外,还要面对潮水般的游客。他们会核查游客的裤子或者裙子是否过膝,穿着衣服不能露肩,如若是未达到要求,安检人员也不会放行。斯里兰卡的民众在着装上对自己有

---

[1] 何依:《城市空间的记忆现象》,《城市建筑》2011年第8期。

严格的把控，并不会穿着露肩或者未过膝的短裙或短裤。旅游的进入使佛牙寺安检的第一道门具有了双重意义。即便是未进入到佛牙寺主体建筑时，对于斯里兰卡人而言，走在这片曾经是皇家园林的院子里，也是一件庄严且惬意的事情。对于游客，由康提王朝的雕像引他们进入了自己的朝圣之旅，听着导游讲解那些古代康提王朝可歌可泣的故事。斯里兰卡人和游客进入同样的一道门却怀着不同的情感，也进入了不同的状态。但只要进入佛牙寺所属区域内，包括四个神庙、皇家园林等都属于圣地。

这里说的佛牙寺并非仅仅单指是佛牙寺主楼，佛牙寺的范围较广包含皇家园林、纳达（Natha）神庙、毗湿奴（Vishnu）神庙、帕蒂尼（Pathini）神庙、卡达拉纲玛（Kataragama）神庙、"象王"纪念馆、佛牙寺博物馆等。佛牙寺的主楼是存放佛牙舍利最为神圣之地，故下文中所提及的佛牙寺和佛牙寺主楼并不是相同概念。佛牙寺大体可以分为三个层次的神圣程度，在最后即最高一个神圣级别中又可继而详细分层。为了更详细的阐释，特附上佛牙寺主楼平面图（如下图）。佛牙寺主楼之外的Ⅰ区是游客和信徒皆可以自由走动和游览的地区。在许多南亚、东南亚地区，人们进入寺庙皆有脱鞋的习俗，斯里兰卡亦然。对于虔诚的僧伽罗人，他们不会穿着鞋子进入圣殿，因为神圣之地容不得不洁。进入佛牙寺主楼左侧后有一个外国游客售票处和鞋子保管中心，佛牙寺对外国游客收取门票费用，存放鞋子需要收取保管费，且价格不断攀升。斯里兰卡国内民众进入佛牙寺和存放鞋子免费。世界遗产的这个头衔吸引了游客们慕名而来，动机很明显，政府也将其作为一个吸引物从而获取经济利益。之前门票是1000卢比，2016年又涨了一次价，现在价格为1500卢比，外国人存放鞋子需交至少20卢比的保管费，多则100卢比。佛牙寺是信徒们的圣地，也是斯里兰卡政府收取外汇的聚宝盆。存完鞋后可以从入口进入佛牙寺，外国人售票中心往右走10米即为西门，佛牙寺周围有护寺河环绕。在脱了鞋踏上月石过桥那一刻，便进入了Ⅱ区。脱鞋、穿鞋的动作是通过外部秩序塑造统一神圣空间的观念。而后，人们赤脚踏上月石开始了神圣的"过渡仪式"，较Ⅰ区而言Ⅱ区更为神圣。游客也因这一系列"过渡仪式"而从身体和心理上体会到进入了一个更加神圣的空间。佛牙寺整个寺庙建在高约6米的台基上，分上下两层，厅堂套厅堂，结构较为复杂。过了护寺河之后，就会进到一个台阶的转角处，在台阶的转角处有用来拴住"象王"的铁钉，而台阶上方的拱顶则绘制了有关佛牙节一系列的图片，每一幅

第三章　累叠和生长的交界点：遗产在仪式中的实践

图片都与宗教信仰相关联，这时便进入了一个与佛教息息相关的空间。佛牙寺一楼主要有佛殿、鼓殿、诵经厅、内殿等等，这些空间仍然属于Ⅱ区，当地民众供奉或者祭拜，游客驻足观看，在有击鼓仪式的时候人们也会争相拍照。

在Ⅱ区和Ⅰ区的感受确有不同，在Ⅰ区的开放空间中即便是斯里兰卡人也会有说有笑，甚至会带有休闲和怀旧的成分来欣赏这边湖边的美好景色，但是进入了Ⅱ区，人们便不再放声谈话，转变成窃窃私语。游客因好奇而提高音量被认为不礼貌，有时甚至会被提醒或制止。佛牙寺的空间并不小，但朝圣者和游客基数大，在定点仪式阶段十分拥挤，寺内仍然是一个有秩序的空间。斯里兰卡人按照自己朝圣的路线从一楼走到二楼，此时游客也会跟随手捧鲜花的虔诚信徒进入二楼，对于游客而言是个非常真切和虔诚的体验。一楼是供奉仪式的举办地，二楼供奉佛牙，单边上下。从一楼通往二楼楼梯靠墙面的中央悬挂了印度公主和其夫婿一起将佛牙带到斯里兰卡的壁画雕塑，佛牙藏在公主的发髻里仍闪耀着不可遮掩的光芒，在壁画的左边是一座白塔，白塔的护栏上系满了人们许愿的结布（布条包着铜币然后系在护栏之上）。壁画右侧摆放的是佛牙节仪式所用道具。佛牙寺内的任何一幅图片，任何一个仪式的器具都与佛教故事相关，以其纯粹性彰显圣地的光芒。

佛牙寺的核心是二楼的内殿，供奉佛牙。暗室里有一座7层佛龛，一个套着一个。每层佛龛内藏着各国佛教徒供奉的珍宝，最后一个小金塔不到1米高，塔顶饰有一枚钻石，塔里有一朵金莲花，花芯有一玉环，长约5厘米的佛牙就安放在这玉环中间。每日早、中、晚3次的"Thevāva"奉佛仪式，由3位高僧，分别持3把不同的门匙开启内殿大门，进入内殿，举行敬拜仪式，仪式之后再开启内殿拱门，让信徒与游人从门外鱼贯瞻仰供奉佛牙的佛牙塔。二楼内殿这一部分则为Ⅲ区，是极度神圣之地，信徒需要预约才能进入一览佛牙光芒，大部分游客只能远观，不能进入内殿。

佛牙寺主楼二楼是最为神圣的地方，除了阶梯①、阶梯②和A区之外，其他二楼的所标注的地方皆为Ⅲ区，即最为神圣的地方（图3-4）。阶梯①是进入佛牙寺二楼的楼梯；阶梯②是外国游客进入参观的通道；阶梯③是斯里兰卡国民及其他国家佛教信徒的进入通道；阶梯④是二楼出口。A区的诵经阁（Piritmandapa），是信徒祭拜奉花和游客参观的开放空间；B区是檀木房（Handun Kudama），静修的神圣空间，只对僧侣或信徒开放；C区是佛牙及佛

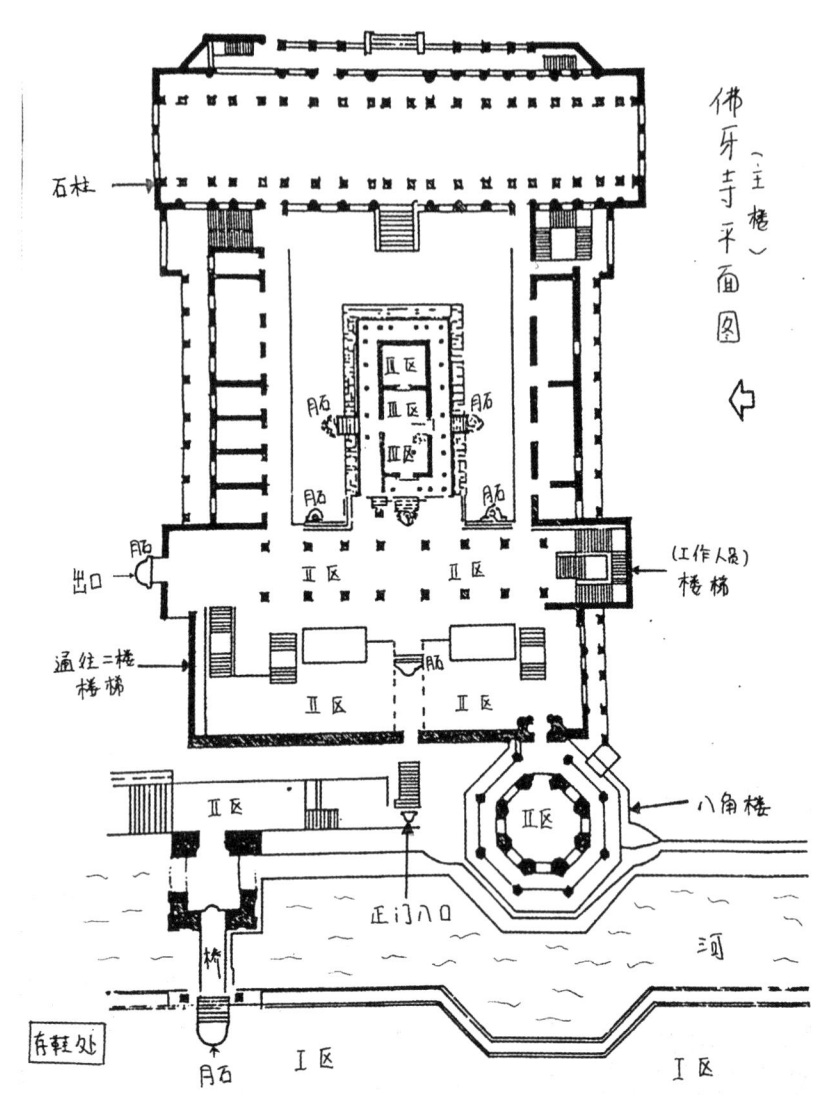

印度洋上的珍珠：斯里兰卡文化遗产研究

图 3-4　佛牙寺主楼平面图[①]

龛摆放的密室，只对信徒开放。在二楼最为神圣的Ⅲ区，空间开放程度不同，其神圣级别也有不同（图3-5）。这些神圣空间的分层是由一扇扇的门和一条条的通道分隔而成。a区为内室（Atulmaligawa），是外国游客前往瞻仰佛牙

---

① Seneviratna, A.2010.*Śrī Daḷada Māli gāwa: The Temple of The Sacred Tooth Relic*. Colombo: Vijitha Yapa Publications.

第三章　累叠和生长的交界点：遗产在仪式中的实践

的专用通道；b区是斯里兰卡国民以及其他国家佛教信徒前往朝拜的通道；c区是前往瞻仰佛牙荣光的游客和信徒神圣交融的通道。a，b，c三个通道所通行的人群不同，方式不同，意义也不同。走a通道的外国游客线路是由a到c，但外国游客在c区不能停留，走到c区时需要快速移到b区，完成整个佛牙的参观过程。通过这一系列的空间分隔，也明确了游客只能是作为游览的目的和意图前往佛牙寺，如要供奉可以带着鲜花等奉上以表心意。对于游客而言体会到了眼见为实的遗产瞻仰。而行走在b通道的信徒情况则完全不同，b通道是斯里兰卡国民及其他国家佛教信徒前往朝拜的通道，他们有的等待了长达一年，几年甚至更久才得到预约许可，他们每人胸前贴有进入许可证标识，静候b区等待召唤。他们需按照预约顺序，等待叫号，一般记录有预约代表的名字及人数。在到达c区准备进入，门开时，带着自己供奉的物品进入，可以是饰品、金钱、鲜花等，有时也有信徒捐献自己的土地。我因长期在佛牙寺驻扎调查，有机会在b区等待进入内室。每次在b区等待时，都会被信徒深深地感染，印象较深的一次是与一组泰国信徒在b区等待，前方一位少女手中拿着一颗宝石戒指，放在胸前，默默地念念有词。因为我与她们基本上是前胸贴后背的状态，当她与前面的朋友说话时我听到了她们的对话，大意是她要将这颗珍贵的宝石戒指供奉给佛陀，她朋友很吃惊，说准备好供奉的鲜花和现金，千里迢迢赶过来已经很虔诚，为何还要将你最喜爱之物供奉出去呢？我身前这位少女很坚定地告诉自己的朋友因为她要将最好的东西捧给佛陀，然后就非常害羞红着脸低下了头。人性的美好以及虔诚的场景以前在电视剧里经常有见，虽然是一个很简单细小的场景，但是每一个表情和每一个细节动作足以让人感受到一切。a区和b区其实只是两个在同一房间内狭长的平行通道，可两边人的状态却不一样，a区许多游客焦急而又期盼的等待着，因为在这一空间聚集的人实在太多，比较闷热。进入到c区后，游客多时约停留10秒就会被工作人员引导继续往前挪动，这与处在b区同一时空信徒的状态全然不同，仿佛两个不同的群体处在不同的空间。a区和b区被木质栏杆和若干阶梯分隔成了两个不同的空间，这个社会空间是被建构、被生产和被规划的。但在这些社会空间里的精神空间却是截然不同的，a区的外国游客和b区的信徒，他们所感知、想象和表现的也都不一样（图3-6）。

佛牙寺内部空间的区分主要是由地板和围栏构建而成，这些人为筑起的围栏是具体的边界，它们划分出了佛牙寺内部不同级别的神圣空间。"当人的活动与物质空间相互结合运作而建构出象征空间时，隐喻（Metaphor）或换喻（Metonymy）的意念机制便产生作用"[1]。这里的意念机制可以是观念、思考、象征或者想象。空间的物质基础为人类生活的能力提供了条件，它们亦是文化习俗、文化分类观念和个人的实践。

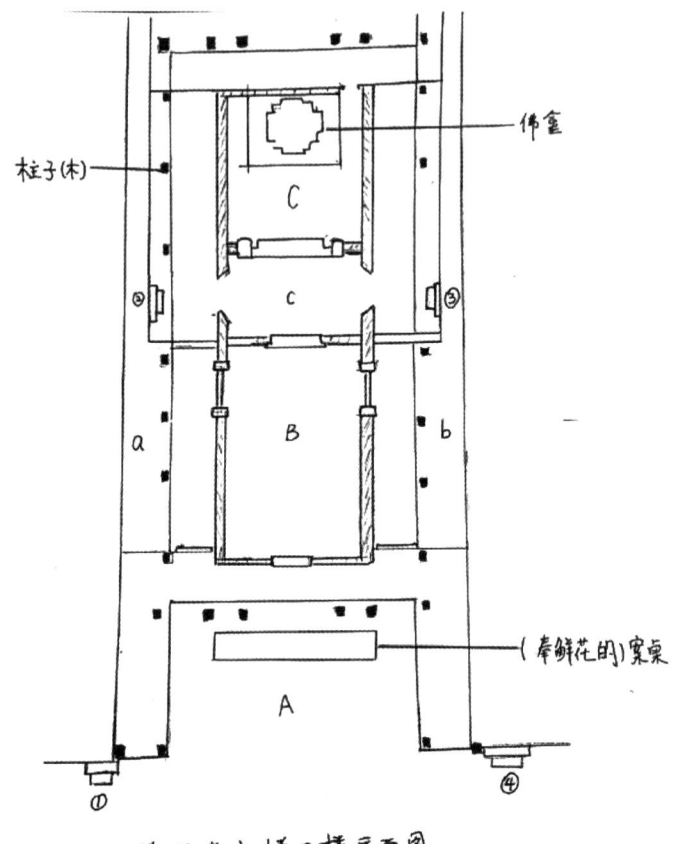

图 3-5　佛牙寺主楼二楼平面图[2]

康提的圣俗空间是相互关系的产物，而生产关系是社会形式，生产关系必须在物质实践中产生，因此空间总是处于被建构之中，从宏观上而言，国家

---

[1] 黄应贵主编：《空间、力与社会》，台北：中央研究院民族研究所1995年版。
[2] Seneviratna, A.2010.*Śrī Daḷada Māli gāwa: The Temple of The Sacred Tooth Relic*. Colombo: Vijitha Yapa Publications.

第三章 累叠和生长的交界点：遗产在仪式中的实践

穿过A、B、C区看到的佛龛 　　　　　　C区等待内殿开门的信徒

A区的信徒 　　　　　　A区的游客

图 3-6　佛牙寺主楼二楼现场图（余媛媛 摄）

的形成，城的形成亦是被建构而成的。从微观细节上而言，即便是在有限的空间内，人们也在不断地进行空间的建构与分层。如上文中佛牙寺二楼的空间分层，在同一个楼层中，目测不超过 200 平方米的空间里，由于门、台阶和隔离栏的安放和设计，将人们的身份、地位、目的等一一区分开来。在这一设计和建构的空间中，前人累积下的遗产与现在的物质实践是共时共存的。在这个空间的总体中，每一个"部件"都有其独特性。从某种程度上而言，都是建立在某一元素或多个元素之上累叠形成的。水，水与国王，国王与国家层层关联，而佛牙正是这些关联的黏合剂，围绕佛牙展开的仪式和社会生活实践是空间相互关系的产物。当然，空间是具有矛盾性的，这些矛盾来自于社会的、实践的、特别是在资本主义的社会当中。正如列斐伏尔提出在资

99

本主义社会空间中追求的是理性,然而在实践当中,空间被商品化和碎片化并且一部分被出售,它既具有整体性也具有零散性。列斐伏尔还认为不合理的被分割也是空间的逻辑。空间的建构是有目的有计划的,然而在实践当中,不仅仅是资本主义社会,在任何社会实践中,不合理的分割都应该会存在,所以空间的商品化和碎片化是必然存在的。然而,社会和历史是有选择的,那些被历史选择的遗产却是整齐地、有序地进行排列和累积。

三 朝圣旅游—观光旅游背景下的佛牙寺

在这一个被分层的社会空间中,游客和信徒之间,即旅游朝圣间有许多的二元论。瓦伦·史密斯(Valene L. Smith)将旅游归纳为三个基本要素,并且将之形成为一个等式:"T=L+I+M。即旅游(Tourism)＝休闲时间(Leisure Time)＋可供自己支配的收入(Discretionary Income)＋积极的地方认可(对旅游目的地的认可,Motivation)。"[1]而朝圣,顾名思义,指宗教信徒去圣地朝拜,是一种为了崇敬的目的,或者为了在某地求得神灵或超自然力量的佑助,或者为了例行或免除某些宗教义务,而走向某地的一次旅程。[2]朝圣与宗教息息相关,"从'宗教'一词的语源上来看,'宗'是尊崇、宗仰,向最高的、至上的存在靠近,'教'则是把至上者的体验感受传给世人,在传播中存在发展"[3]。美国心理学家詹姆士将宗教定义为:"个人在其孤单中觉得他与任何一种他认为是神圣的对象保持关联时所发生的感情、行为和经验。"[4]不难看出旅游和朝圣有很多共同的地方,即需要时间(Time),带有一定目(Purpose)的去到某地(Place),在这个过程中学者们竭尽全力试图区分二者之间的关系。

(一)世俗——神圣

佛牙寺的信徒也好游客也罢均来自世界各地,说着不同语言,穿着不同的服装,有着不同的神态,这些存在于世俗环境中的人们在他们拿着香烛以不同的姿势和手势进行朝拜的那一刻便进入了自己空间的神圣状态。涂尔干(Durkheim)关于仪式的"神圣"与"世俗"是旅游人类学仪式理论的源头。在涂尔干的二元论和范·盖内普(Van Genep)的"过渡礼仪"以及利奇的"时间

---

[1] 彭兆荣:《旅游人类学》,民族出版社 2004 年版。
[2] 郑晴云:《朝圣与旅游一种人类学透析》,《旅游学刊》2008 年第 11 期。
[3] 何小莲:《宗教与文化》,同济大学出版社 2002 年版。
[4] [美]威廉·詹姆士:《宗教经验之种种》(上),蔡怡佳译,商务印书馆 1947 年版。

第三章 累叠和生长的交界点：遗产在仪式中的实践

与错觉"的启发下，格雷本提出了"旅游仪式论"。"格雷本的旅游仪式论提出最好将旅游理解为一种仪式，一种与日常家居生活、工作行程强烈反差的，集休闲、旅行于一体的特殊仪式。"[①] 在该仪式理论中，他认为观光游览是现代社会中的一个"仪式"的过程，是一种"现代的仪式"，旅游既是"神圣的旅程"（Sacred Journey），也是"世俗的礼仪"（Secular Ritual），并提出了这样一个等式：旅游（Tourism）= 仪式（Ritual）+ 游览（Play）。[②] 同样一个宗教"圣物""圣像"或"圣字"前，有游客在照相，有游客或者信徒在朝拜，在同样一个叠加的空间中，这些人都进入了自己的角色。在这样一个空间中，对于有的人而言是神圣的，对于有的人而言则是世俗的，佛牙寺主楼的二楼空间中，到底是世俗还是神圣，完全取决于个人精神空间，即人们所感知、想象和表现的状态。在二楼 A 区正前方的左右两侧有着现代媒体的电视屏幕，循环播放着佛龛的特写和佛牙节的盛况，信徒们目不斜视地盯着屏幕，神圣而庄严，与在真正的佛像或佛龛面前并无二样。但对于无缘碰到密室开门瞬间（每日开门三次，可以在很短的时间内一睹金光闪闪的佛龛），或无法参加佛牙节盛况（每年一次）的游客，他们只能通过媒体了解到当时的场景，进行拍照，也许是好奇也许是无法亲眼看到佛牙的遗憾。旅游本是一场世俗的朝圣，在这个朝圣中又分为不同的场域，在这些场域中，世俗和神圣亦可并存在同一时空中（图 3-7）。

图 3-7 泰国进行朝圣之旅的信徒（余媛媛 摄）

---

① Granburn, *Secular Ritual: A General Theory of Tourism*, London: Cognizant Communications, 2001.
② 张晓萍、李伟：《旅游人类学》，南开大学出版社 2008 年版。

（二）我者——他者

"我者"与"他者"的概念源于西方，类似于派克（Pike）提出的"主体"和"客体"。纳什认为游客在旅游过程中是一个与"他者"对话的过程，而麦坎内尔在《旅游者：休闲阶层新论》的前言诗句中就指出旅游是跟自己灵魂对话的一个过程[①]。社会学家厄里（Urry）认为，"游客的凝视"（Tourist Gaze）是一种建构性的目光，它取决于那些与游客所熟悉的事项或者矛盾的形式，即"我者"的眼光看待"他者"。旅游和朝圣，是一个"我者"与"他者"和"我者"与"我者"的对话过程。在佛牙寺里，"我者"是东道主，即住在寺庙里的僧人或者与寺庙有渊源的志愿者等，"他者"可以是信徒或者香客等寺庙以外的人群。有时二楼会有僧人在祈福，一次恰逢一些海军新人入伍时节，殿内阶梯①的正前方有僧人行法事，僧人在这些即将入伍的准海军手腕上绑上白绳，寓意带来好运、保平安和祈福。有许多游客亦驻足、跪拜和祈祷，和善的僧人也会为之绑上白绳。无论是团队游客还是散客，在游览佛牙寺的过程中，游客是以"游客的凝视"之"他者"的眼光来欣赏和看待这一过程。达哥拉斯有关物质和形式的宇宙二元论中，阐释一方面是自然和元素的世界，另一方面则是精神的世界，两者以有机状态结合在一起，也隐约使人想起数论的二元论（Dvaita）哲学，数论承认两个终极实体："自然（Prakriti）和精神（Purusha）。"[②]正如美国心理学家詹姆士将宗教定义为"个人在其孤单中觉得他与任何一种他认为是神圣的对象保持关联时所发生的感情、行为和经验"[③]，当游客驻足祈祷或跪拜时，这一过程亦是游客在与"我者"或"神灵"对话的一个过程。

（三）旧我——新我

旅游和朝圣皆是人生中的一个通过历程，或者说是一个"通过仪式"。无论是范·盖内普的过渡礼仪三部曲中的"分离仪式""过渡仪式""结合仪式"，还是特纳（Turner）的阈限理论三部曲"阈限前""阈限""阈限后"，抑或是格雷本的旅游仪式论三部曲的"世俗""神圣（阈限）""世俗"，旅游者或者朝圣者在开始这段旅程前，他们处于一个"旧我"的世俗状态。当开始这一段旅程时，

---

① MacCannell, *The Tourist: A New Theory of the Leisure Class*, Berkeley, CA: University of California Press, 1999.
② D.P. 辛加尔：《印度与世界文明》（上卷），庄万友等译，商务印书出版社 2015 年版。
③ [美]威廉·詹姆士：《宗教经验之种种》（上），蔡怡佳译，商务印书馆 1947 年版。

他们便进入到一个阈限状态，阈限是一种神圣的，处于中间状态的时空。在这个阈限中，有波峰也有波谷，这个依据个人的经历和体验而变化，但这个过程是一个上升的过程，当旅途和朝圣结束后，人们又逐渐回到世俗，这是一个"新我"状态，对于那些旅游者或者朝圣者而言也正是这场旅程的意义之所在。

（四）开放——封闭

佛牙寺以前与皇家宫殿紧密相连，神圣而又庄严，而如今却成为旅游和休闲的空间，作为景点的佛牙寺，已无法远离喧嚣，是一个世俗和朝圣并存的空间。拉克劳（Laclau）认为空间是静态的封闭体、是相互关系的产物。福柯（Foucault）将空间视为"死的、固定不变"，但他也曾经将"异质空间"界定为"空间的异质现象"，即空间的各个地点彼此分离，绝对差异主宰了空间的格局；但空间又表现为一种自为的活动。[1] 多琳·梅西（Doreen Massey）认为空间是相互关系的产物，具有多样性。如果空间是相互关系的产物，那么它必定是基于多元化之上。多元性和空间是相互建构的，并且空间总是处于建构之中。空间是相互关系的产物，关系必须是在物质实践中产生，因此空间总是处于被建构之中，想象成故事的共时共存。[2] 在这样一个神圣与世俗相叠加的共时共存空间中游客此时也可以是信徒，他们的身份可以转换。我们必须承认，所有物质都具有空间的延续性，因此过程的发生必定具有空间维度，并且两个物体不可能同时占据同一（相对）位置，即空间是可以叠加的。[3] 空间的构架是一种包含时间的方式。霎时之间，你使整个世界不动，在这一刻就可以分析它的结构了。你使整个世界不动是为了在横截面上观察它。[4] 在这个截面中游客和朝圣者可以是处于空间中不同的平行截面。当然，空间是一种分离的多样性，但在这种分离的多样性中，各要素也充满着时间性。在这样的一个时空当中，从垂面角度而言，僧人做法事和居住的地方相对游客而言是封闭的空间，而其他则是开放的空间。

正如特纳所言"一名旅游者，有一半是朝圣者，或者说一名朝圣者有一半是旅行者"。朝圣本存在于世俗之中，旅游中也兼容着朝圣，二者你中有我，

---

[1] 孙九霞主编：《旅游人类学：理论与经验》，社会科学文献出版社2013年版。
[2] Massey, *For Space*, London: SAGE Publications Ltd., 2005.
[3] Derek, G. and Urry, *Social Relations and Spatial Structures*, Hong Kong: Palgrave Macmillan, 1985.
[4] Massey, *For Space*, London: SAGE Publications Ltd., 2005.

我中有你。即便是梳理了一些相关的二元论，当中的关系还是难以厘清，因为二者本来就是一个相互关联的概念。殊途同归，二者都是人类为了追寻精神家园的旅行。当然我国对于宗教旅游研究的深度和广度仍然不够，主要的研究内容集中在资源评价和市场开发上，研究方法也主要以定性为主兼有少量定量分析，理论上的成果大多来源于国外学者。总而言之，朝圣旅游的研究，不论是现在还是将来都会有更广阔的前景，在全球化背景下也会具有更大、更广阔的探索空间。

第三节　遗产的实践

符号彰显其意义并非岿然不动，从另一个空间维度来讲，符号需要不断地强化和实践才能得以保持其神圣性和庄严性。佛牙具有隐喻性："从原始存在中吸取了各种形式，其中包括神话、仪式、拥有某种力量的操持（Pratique），一种富有魔力高于一切的权利，一种神性（Mama）。"[①] 关于这些力量，人们在虔诚的仪式上展现得淋漓尽致，当这些力量转变为一些存在、一些物和载体的时候，它们是普遍而散漫的，但它们却能凝结在一些策略性的关节点上，以至于它们的流动能被某个群体或者个人根据自身的利益加以调节，或者改变方向。例如，人祭神，钉下的铜币纽扣，就像是跟神灵定下的契约，以求物质上的繁荣或身体上的健康。作为符号化圣物的佛牙有着它独特的一套养育机制，即人们的实践方式以及认同是传承的动力等。

一　康提佛牙寺的仪式概况

在全球化和人员流动增大的背景下，康提的佛牙寺不仅在斯里兰卡占有重要地位，在全球信徒中也是闻名遐迩。因此，康提佛牙寺成为全球佛教徒心之所向、一生总得朝拜一次的神圣殿堂。康提佛牙寺与阿努拉达普勒佛牙寺和波隆那努瓦佛牙寺的不同之处是后两者佛牙已经转移不在，居住的人也已转移，那些昔日的辉煌成为历史。昔日的辉煌只能从昔日的历史材料中略知一二，却无法得知更多的细节。所幸的是，在康提的佛牙寺这些盛况和仪

---

① ［法］列斐伏尔：《空间与政治》（第二版），李春译，上海人民出版社2015年版。

式每天都在上演，作为人类学者能够多次进入核心地区将其详细记录确实有幸。每天在佛牙寺里都举行着不同的仪式，如若将这些仪式按照每天、每周、每月、每年的时间归类，佛牙寺的仪式大体可以分为四类。

（一）每天的仪式

"Thevāva"源于泰米尔语的"Theveid"，"Thevāva"有服务和服役的意思，这里指的是对于佛执行服务和供奉。每天有三场固定的"Thevāva"供奉仪式，分别是早、中、晚。信徒们在这些时间段会前往佛牙寺朝拜或者供奉食物、花、灯、油、水等。

                  以前的时间   现在的时间
（1）早上（早餐）   5：30—7：00 6：15—6：30
（2）中午（午餐）   9：30—11：00 9：15—10：15
（3）晚上（茶点）   6：30—8：00 6：15—8：15

（二）每周的仪式

每周三，寓意沐浴佛牙（Nānumura Mangallē）在古僧伽罗王朝，这一仪式是由国王亲自参与，人们认为国王拥有特殊的能力，能够维持道德秩序，在适当的季节能够求雨，带来丰收。[1]两位佛牙寺的监护人蒂亚瓦达纳·里拉莫（Diyawaḍana Nilamē）辅助国王完成仪式，一位蒂亚瓦达纳·里拉莫为国王洗漱和沐浴所需要的水做准备；另外一位蒂亚瓦达纳·里拉莫则负责准备沐浴佛牙仪式相关的水和草药。该习俗仍保留至今，在1815年，英国殖民者入侵康提，康提国王贾迪纳贾辛拉被英国人所擒，自此康提王朝灭亡。从那以后佛牙寺的仪式由监护人蒂亚瓦达纳·里拉莫完成。佛牙寺现任蒂亚瓦达纳·里拉莫是普拉迪普·里朗嘎·戴拉（Pradeep Nilanga Dela）。

在周三的仪式中，卡威卡拉马杜瓦（Kavikāramaḍuva），即歌手，和奥拉迪亚麻瓦鲁（Ālattiammāvaru），即女性奉灯者在浴佛节和满月节都会到佛牙寺的二楼参与仪式。

---

[1] Paranavitana, R. H.C（Eds）, *History of Ceylon*, University of Ceylon Edition（UHC）, Vol.1,1959,p. 230.

（三）每月一次的节日仪式

每月至少有四次节日仪式，例如有满月之时的婆牙节（Purapasolosvaka），还有其他根据婆牙日来定时间，婆牙日是依据月亮的变化而定。具体目录如下：

新月（Amāvaka）
月圆前的第八天（Pura Atavaka）
满月（Pura Pasolosvaka）
月圆之后的第八天（Avaatavak）

（四）每年一次的节日仪式：

一月：米节（Alutsāl Mangallē）[①]
四月：新年（Avurudu Mangallē）
七月或八月：求雨（Āsala Mangallē）
十一月：敬神（Kārtika Mangallē）

（五）仪式相关的重要人物

1. 瓦度鲁勒拉（Vattorurāla）——该名字源于巴利语的"Vattakāraka"，在僧伽罗语中意为仪式助手。职责是帮助僧侣完成神圣的仪式，掌管寺庙钥匙，负责开门和锁门，以及负责圣殿的卫生清洁。

2. 盖帕勒拉（Geparāla）——该词是由僧伽罗语"Gē"，"Balana"，"Rāla"三个词语复合而成，"Gē"意为房屋，"Balana"看，"Rāla"是官方的一种荣誉称谓，盖帕勒拉（Geparāla）的字面意思为掌管（看管）房子事务，且值得尊敬的人。他的职责是守护二楼密室，负责佛牙的安全，以及在仪式中负责帮助比丘把水倒入容器中。

3. 卡地亚纳勒拉（Kattiyanarāla）——该词也是一复合词，由"Kada"和"Tiyana"组成，意为小丘和放置，即放置食物的人，职责是把供奉的食物从

---

① Mangall 意为特殊的仪式。

厨房抬到供奉佛牙的寺庙二楼。

4.汉克噶狄勒拉(Hakgadirla)——"Hakgaḍirāla"在僧伽罗语中意为海螺,该词意为吹海螺的人。每天仪式开始前,汉克噶狄勒拉负责在楼上吹响海螺,告知大家仪式的吉时即将到来。除此之外,汉克噶狄勒拉也负责协助其他人完成仪式,例如帮助他人将大钵从厨房抬到楼上,仪式结束后也负责打扫卫生。

二 佛牙寺Thevāva仪式记录

上文中已介绍"Thevāva"是每天对佛陀执行的服务和供奉。每天早、中、晚分别有三场固定的供奉仪式。[①] 信徒们在固定时段前往佛牙寺朝拜或者供奉,寺庙在仪式开始之前也会做好各种准备。早上5点15时,鼓手会打起拍子,这一行为被叫作"Aluyam Durē",即黎明击鼓仪式。听到鼓声后三位参与仪式的僧侣就会跟随瓦度鲁勒拉(Vaṭṭorurāla)从其住处下山。瓦度鲁勒拉(Vaṭṭorurāla)肩上扛着寺庙的钥匙,以示其神圣性和重要性。在瓦度鲁勒拉(Vaṭṭorurāla)前面,则是举火把的人,为后人照明。他们先是经由一楼的长房间进入到二楼,该房间门的钥匙由一名叫作"Hamudavale Dorakaḍa"的专人保管。僧侣进入密室(Gandhakuṭi),然后点燃衣物阁(Halumaṇḍapay)的灯,祭坛前放着仪式需要用到的一块布,四个金制容器,两大两小,一套金袍,一把金扇,一束牦牛尾巴,一个小铃铛。

在击鼓仪式之时,盖帕勒拉(Geparāla)会从厨房中端出水来,僧侣将水倒入容器中,然后将盛放水的容器放到祭坛对面。完成后,汉克噶狄勒拉(Hakgaḍirāla)会示意鼓手,鼓手开始奏起仪式的乐章。这一动作寓意用水清洁佛手、清洗洁面、供奉活佛用早餐,佛龛里的佛牙是活佛的象征。在仪式过程中,僧侣用巴利语诵经,这些巴利语是很古老的语言,斯里兰卡用巴利语诵经除了保持经文的节律之外,还寓意活佛与世人同在。与此同时供奉牙签,用布擦拭脸,准备长袍、座椅、牦牛尾巴、小铃铛、樟脑。虽然斯里兰卡的宗教观中,佛祖是一位已逝的圣人,佛祖如老师般教导着信众,人们遵循着他的教义,这一点在以下的经文中也得以证实。人们视佛牙如见佛祖其人,这些仪式一切都指向佛祖仍像一位在世的圣人一样,得到人们的供奉和效仿。之所以说是效仿,因为僧侣的用餐过程也与这些仪式相近。

---

① 也有学者将Thevva写作Tvva。

在仪式过程中执事方丈用巴利语诵经，后巴利语被翻译成英文，仪式的过程和所诵经文如下：

1. 在佛龛前倒水，寓意帮助活佛洗手：

O Lord may it cleanse your tender leaves of hands, which are fresh and soft, marked with network pattern and other auspicious marks, by its natural purity.[①]

2. 供奉牙签和水：

May the blessed one received these tooth—sticks and water, as if they were tooth—sticks made of betel vine, and water from Anotatta.

3. 沐浴：

Like the blessed Elder Ananada,I bathe the Noble one of the Sakyas with water pure and proper,for the benefit of the world.

4. 擦拭脸庞时：

Like autumn clounds running over and around the moon,I preform the wiping of your face,with a cloth extremely pure.

I perform the wiping off the bathing water on the body of the Noble Sage with a thin white cloth perfumed with cloth perfume.

5. 供奉长袍：

I clothe the Exalted Buddha with three robes of silk from Kasi which are dyed bright with saffron.

6. 将水从金钵倒入痰盂时，寓意给活佛净脚：

O Lord, I wash your feet worshipped by gods and Brahma and adorned with the mark of the wheel and variety of the noble signs.

7. 供奉座椅，执事方丈双手触碰花桌：

I give to the Teacher this beautiful, shining, precious, excellent seat, inlaid with gold and various gems.

8. 然后再拿起扇子，上下扇动三次，口中念道：

I offer a fan which brings soothing breeze to the Noble One of the Sakyas, recipient of offerings, honor, and service.

9. 当僧人拿起牦牛尾巴时口中念道：

[①] Seneviratne, *Rituals of the Kandyan State*, Cambridge: Cambridge University Press, 1978.

I offer the Blessed Buddha the crescent of the threefold world, the Omniscient, the Accomplished one, the Mine of Virtue, this grand yak tail.

10. 僧人拿起小铃铛，摇铃三次，口中颂道：

I offer a bell to the Teacher who preaches the doctrine sonorously like a bell's sweet resonance.

11. 紧接着，用樟脑燃灯：

I offer burning camphor and dark-dispelling lamps to the Perfectly Enlightened One, the dark-dispelling lamp of the three worlds.

12. 这些结束后，由主持僧人在鲜花上洒上少许檀香水：

I offer fragrant scent to the Exalted One who is fragrant in body and face, fragrant with limitless virtues.

13. 然后奉花：

I offer this tray of flowers, colorful and fragrant, at the Noble Lord's feet of the Lord of Sages.

奉花结束后，僧人的仪式部分完成。门外，即空间 a，b，c 中等待供奉的信徒才被允许进入朝拜佛牙。此时钟声响起三次，楼下鼓手的演奏也接近尾声。

在仪式的末尾，即早上 6 点的时候，盖帕勒拉（Geparāla）进入厨房，将容器再次加满水，前往佛龛处，卡地亚纳勒拉（Kattiyanarāla）和汉克噶狄勒拉（Hakgadirāla）抬着供奉的食物紧跟其后，当他们路过鼓亭的时候，鼓手开始奏起 āhāra pūjā hēvisi，这一旋律的响起意味着供奉食物的开始。此时，佛牙及佛龛摆放的密室（只对信徒开放）关闭，开始举行向佛牙供奉食物的仪式。先是呈上一个大碗和两个银制的小碗，小碗里装有米饭，一个碗里装有粥，一个罐里装有咖喱，另外还有四个小的银罐装着不同的咖喱，四个小罐里装有五种不同的甜点。而供奉的顺序是水、食物、咖喱、是甜品。在仪式中，一共有三十二碗熟米饭，三十二道咖喱，这些咖喱是由青菜做成，每一份青菜的重量是 750 克，最后再由厨房烹制成咖喱，最后再配上甜品（图 3-8）。

（分别是三十二道青菜、保温的仪器、仪式上用的钵和国王曾经抬供奉食物用的架子）

供奉完食物之后，僧侣会洗手，而供奉的食物则继续保留在祭坛上。在外存放的高脚杯此时会被递进来，僧侣往杯中三次倒水，后用巴利文的经文诵经，传达这些供奉者的功德。这些完成后，执事方丈会离开密室，将门再次锁住，寓意请佛祖享用食物。

在此阶段，鼓声响起，直至僧侣将密室的门打开，清理桌面，先奉上蒌叶，再奉上鲜花，最后门打开，有预约的信徒可以进入膜拜。整个仪式持续一个小时，至 6:30 结束。

中午的仪式叫作"Daval Āhāra Pūjāva"，这场仪式上午 9:15 开始，与早上的仪式有着许多相似之处，但在中午的仪式中无特别的击鼓仪式前奏，中午的击鼓始于僧侣和其他神职人员进入佛龛密室之后。早上的击鼓仪式前奏源于古僧伽罗时期朝廷官员要进行早朝的一个告知环节，现如今虽然没有早朝议政，但该仪式仍保留至今。中午供奉的餐是米饭、咖喱和甜点。这些食物被分装在一个大金碗、一个小金碗、三个银碗中，八道不同的咖喱和五份不同的甜品会同时供奉给活佛。仪式的过程与早上的类似，先是奉水，再奉食物，中午的仪式不洒檀香水。在中午的仪式中，新生儿的母亲一般会带着孩子来到佛牙寺进行祭拜，乞求庇护。很显然，在斯里兰卡的宗教体系中，祈求神灵的庇护并非是佛教的教义。相传，这一习俗是印度教寺庙（Dēvālē）的传统。

三十二菜系的准备以及仪式用具

图 3-8　康提佛牙寺厨房与供奉有关的设施（余媛媛 摄）

第三章　累叠和生长的交界点：遗产在仪式中的实践

　　晚上的仪式鼓手于 6:15 开始击鼓，与早上的仪式略有不同之处在于，晚上的击鼓节奏比早上慢一些（图 3-9）。为仪式的开始营造气氛，同时也告知大家可以前往瞻仰佛牙。6:30 的时候，佛牙寺主楼二楼的内殿区左右两边的门会打开，盖帕勒拉（Geparāla）会将厨房准备的水奉上，接着奉花。在门外等候有预约的供奉者就可进入膜拜佛牙。直至 7 点，门会再次关闭，这时会为活佛奉上茶点，仅仅是茶点，并非固体食物，所以晚上茶点的食谱中就没有白天正餐中的三十二道菜系。晚上茶点主要有三碗甜点、黄糖（Jaggery）、未发酵的椰蜜酒，三个高脚杯里盛着姜、酥油、蜂蜜，四个银制容器里装着仪式所需饮品。相传，在国王拉贾辛哈（Sri Rājasinghe）执政期间，有一次朝拜晚了，仪式的主持僧人不让其入场，国王就提出了一个新的规定，让朝拜晚到的人仍然有第二次机会可以瞻仰佛光，这一习俗延续至今。第二场供奉仪式在 7:15 开始，若是信徒较多，他们也会被安排进入第二场的祭拜中，直至 8:15 仪式结束。

卡地亚纳勒拉供奉完食物返回厨房

佛牙寺主楼一层的击鼓仪式

图 3-9　每日供奉仪式（余媛媛 摄）

在"Thevāva"的仪式过程中，任何一个仪式动作都具有"敬畏心和重要性"，"供奉佛牙的密室关闭，室内仪式正式开始"系列动作在增强了佛牙神秘感的同时也凸显了神圣性，"打开密室门，有预约的信徒有序进入朝拜"和"祭拜以祈求庇护"是人们对内化信仰的实践。从这些具有指喻意义的民族志材料中可窥见两点。第一，"圣"之源起。佛陀通过"嘴"（牙）传授佛法教义，借助佛法教义揭示真谛，信徒们得以重生继而被导向涅槃之境。在僧伽罗信徒心中，佛陀早已圆寂，但因每一句佛法教义均经过牙齿传达出来，有字字真金之效，故在所有舍利中佛牙是最为珍贵的显圣物。由此可见，佛牙寺的神圣空间是以佛牙为显圣物，通过门槛、密室等通道构建而成，离佛牙越近的空间越是神圣。米尔恰·伊利亚德（Mircea Iliad）提出"宇宙是从它的中心出生的，并从它的中心点或者说是肚脐处向外扩展。根据《梨俱吠陀》的说法，'宇宙通过这种方式，首先从一个核，一个中心点出生和发展的'"。米尔恰·伊利亚德的宇宙论建立了神圣空间的核心，在斯里兰卡乃至所有南传上座部佛教信徒心中佛牙寺是宇宙轴心，是"圣"之源起。第二，"圣"之形态。宗教性包含着一种情感的张力，这种张力是一种真诚和稳固的内在关系，它是基于人们无畏风险和执着追求、反抗、感官、屈从的直接性与精神的抽象性的独特混合，它是一种面向更高秩序并且内化的主体立场。如在"Thevāva"仪式中，佛龛（内置佛牙，佛陀的表征）前的倒水、换水和摆盘等仪式动作寓意给佛陀洗手、洁面、供奉早餐，这一系列过程展示了宗教的秩序性和神圣性。与此同时，人们前往佛牙寺这一神圣空间用自己的实践、认知方式和阶级语言来表达情感和祈求庇护。人们通过在佛牙寺的操持方式不仅构造了自身行为的活动结构而且还建构着整个社会环境，形成了圣之形态。在这种建构过程中，圣之形态已逐渐转化为一种社会不可动摇的内化秩序。

在田野期间，笔者有幸采访了康提佛牙寺佛教中心的首席米伽哈库姆布拉。米伽哈库姆布拉先生是一位十分谦和且友好的人。因为此次访谈是提前预约，首席米伽哈库姆布拉知道我要来进行访谈，所以特意准备好了所有的相关材料，仅他自己的口述就有两个来小时，收获实在不小。下文是整理出来的访谈内容：

时间：2015年9月4日

地点：康提，佛牙寺，佛教交流中心

（一进门，一同前往的僧伽罗朋友便行跪拜礼。在斯里兰卡晚辈给长辈或

信徒给僧侣施跪拜礼,跪下之后晚辈或信徒的头轻靠在脚旁或脚背上,双手合十后要摸一下受礼者的脚背,以示尊敬。)

米伽哈库姆布拉:欢迎你们的到来!

答:阿育博瓦,非常感谢您的会见。(僧伽罗语Ayubowan的音译,祝您长寿、平和之意)

米伽哈库姆布拉:阿育博瓦。请坐,你们有什么问题都可以问我。

答:好的,谢谢您。您能谈谈有关佛牙的传说吗?

米伽哈库姆布拉:在公元前因为战乱,印度羯陵伽国的公主将佛牙藏在发簪中,从印度带到斯里兰卡避难,此后一直珍藏在这里。在主楼,从一楼至二楼的楼梯上可以看到雕塑。

答:嗯,是的。还有佛牙寺主楼后的21幅壁画上也可以看到。

米伽哈库姆布拉:是的,这些都在讲述着佛牙的来源,佛牙是神圣的,也是我们的国宝。

问:佛牙的神圣性是因为它是佛陀的遗物吗,佛陀的遗物和遗留的印记有很多,为什么佛牙如此珍贵呢?

米伽哈库姆布拉:佛牙是佛陀的牙齿,源于佛陀身上的一部分。舍利对于我们佛教徒而言都是很重要的遗物。更重要的是因为我们所遵循的佛教教义都是从佛陀嘴巴里讲述出来的,这些字字金言的教义每一个词,每一句话都是经过这颗牙齿讲述出来的,我们看到这颗佛牙就如见到了这些教义,如见到了佛陀真身。所以佛牙才会显得如此重要。

问:既然在佛教教义中佛陀是一位已逝的智者而不是神,那人们为什么要把他当神一样的供奉呢?

米伽哈库姆布拉:你知道斯里兰卡有佛教和印度教相互融合的元素,对吗?

答:嗯,是的。斯里兰卡印度教和佛教融合最明显的案例就是佛牙寺了,比如在佛牙寺的旁边有马哈和纳达神庙就是最好的佐证。

米伽哈库姆布拉:嗯,非常好。佛陀虽然是一位已逝的智者,但人们对他充满敬意,人们的供奉和祭拜有时是为了感恩和表敬意。而且佛陀在印度教里也是一位天神,人们会祈求神的庇护。佛教和印度教相互融合,人们有时也会把他视为神。

问:为什么历代国王都要争夺和保护佛牙呢?

米伽哈库姆布拉：佛牙被印度公主带入斯里兰卡之后就被我们的国王供奉起来。人们认为佛牙与雨水和收成密切相关，国王是否遵循教义，爱戴民众等也会影响着降雨。

问：人们如何定位国王和佛牙？

米伽哈库姆布拉：佛牙与政治紧密相连，它代表着王权，所以每一任国王尽自己一切所能供奉佛牙，人们对待佛牙就像对待国王一样。

问：您每天在佛牙寺工作吗？

米伽哈库姆布拉：基本上是的，康提的佛牙寺是佛教界最为神圣的地方，佛教徒认为佛牙是佛陀再现的表征，见佛牙如视真佛。这颗佛牙有着考古、历史、文化、政治和社会功能价值。我每天的工作围绕着佛牙而展开，研究它的历史和处理合作交流等工作。

问：我看到佛牙寺后面的古王宫里有着佛教交流展馆，也是你们负责的吗？

米伽哈库姆布拉：是的，从去年开始这个展览馆就已经搭建好了，里面有很大一部分内容是中斯的佛教交流。

答：是的，我看到里面有我国西南傣族南传上座部佛教的介绍，他们与斯里兰卡的佛教是一体的。

米伽哈库姆布拉：是的，我也听说过。他们是在中国的哪个地区呢？

答：您说的是傣族吗？

米伽哈库姆布拉：是的，与斯里兰卡佛教一个体系的地方。

答：位于中国西南的云南省，西双版纳自治州。

米伽哈库姆布拉：谢谢，之前他们也有人来过我们这里。

答：也欢迎您有机会去到西双版纳。

米伽哈库姆布拉：谢谢你。我很想去，不过毕竟我的年纪大了，希望还有机会。

答：会有的。

米伽哈库姆布拉：非常感谢。

问：请问佛牙寺的运行制度是怎么样的，与种姓相关吗？

米伽哈库姆布拉：佛牙寺的值班管理制度是参照斯里兰卡种姓（CASTE）制度进行的。你知道的对吗？

答：嗯，但还是愿闻其详。

米伽哈库姆布拉：这一习俗来自印度，当中还有一些婆罗门的教义。根据历史材料显示，比丘尼僧伽密多带着圣菩提来到斯里兰卡的时候，其中就有 18 个种姓也一起被带入斯里兰卡，人们根据他们的出生来确定工作。

问：现如今的佛牙寺里还是遵循着这样的制度吗？

米伽哈库姆布拉：是的，我们尽可能的维护这一传统。在佛牙寺里，高种姓和低种姓的人都在这里工作，高种姓的人主要从事佛牙寺内部相关工作，而低种姓的人主要是从事佛牙寺外围的一些工作。

问：内部的工作有哪些，外部的工作涉及哪些，可以大概介绍一下吗？

米伽哈库姆布拉：内部的事物主要涉及佛牙寺的管理工作，外部的工作主要是日常的卫生、清洁、守卫等。

问：可以再具体一点吗，比如蒂亚瓦达纳·里拉莫（Diyawadana Nilame）的种姓地位很高，他们都是世家大族或社会名流，对吗？

米伽哈库姆布拉：是的。蒂亚瓦达纳·里拉莫地位很高，在佛牙寺的日常和佛牙节中他充当着古代国王的角色。还有两位僧王，他们分别住在马尔瓦特（Malwatte）和阿什基里耶（Asgiriya）。

问：佛牙寺和佛牙在佛教中的重要性有些什么呢，如何体现在日常生活中？

米伽哈库姆布拉：佛牙寺对于每一位佛教徒而言都是最重要的，它的重要性不仅仅体现在宗教上，也包括社会和政治。如果有人结婚，他们会来到佛牙寺祈福；如果有人怀孕他们也会来到佛牙寺祈福；如果有孩子降生，人们也会来到佛牙寺祈福；当人们收割获得第一次收获的时候，人们也会来到佛牙寺以表感谢；他们会游街祈雨并且欢庆；如果有人遇到困难，他们也会去到佛牙寺祈求可以排忧解难。我们的生活与佛牙寺息息相关，不可分割。

问：您如何看待"得佛牙者得天下"之说？

米伽哈库姆布拉：在历史上，佛牙代表着王权，即便是泰米尔国王在位期间，他们同样尽他们所能供奉和保护佛牙。没有佛牙则没有王权，也得不到人们的认可。如有谁拥有佛牙，他或她就可以成为斯里兰卡的国王或女皇，即便是泰米尔国王亦如此，我们历史上就有泰米尔国王。即便是现代社会，统治者们也如先人们一样敬重佛牙。现在的每一个风俗和传统都是从古代传下来的，所有的风俗、传统与古代的传统紧密相连。虽然不得不说，随着时间的流逝，有一些文化发生了改变，但这些改变并不是大的改变。

问：佛牙寺的功能是什么呢？

米伽哈库姆布拉：在古代斯里兰卡，国王和王后们尽可能地保护着佛牙，他们并不允许民众见到佛牙。在整个国度,只有级别较高的官员才能见到佛牙。但是在斯里兰卡被英国殖民之后,结构发生了变化,佛牙寺首席监护人蒂亚瓦达纳·里拉莫代表(替代)了国王成为佛牙寺的监护人。

问: 斯里兰卡的寺庙会获得捐赠,包括土地,佛牙寺如何管理这些土地呢?

米伽哈库姆布拉: 在佛牙寺,一切工作都是围绕种姓而开展的,我们一般分为两个群体,即高种姓的工作者和低种姓的工作者,高种姓的工作者处理佛牙寺的内部事务,而低种姓的工作者只能负责佛牙寺的外围事务。对于他们的回报,佛牙寺会给他们一些土地或者财产,而这些财产的所有者是佛牙寺。这些工作者是代代相传,并且也是领域中的佼佼者。

问: 您认为种姓等级制度(即人的高低贵贱之分)仍然存在于佛牙寺吗?(当问完这个问题后,我身边僧伽罗朋友的脸都绿了,他们认为这个问题实在是不礼貌且大不敬,局面有些尴尬。但是非常感谢米伽哈库姆布拉先生仍然大方慷慨的回答了我的这个问题)

米伽哈库姆布拉: 不能狭隘的看这个问题。在佛教里,我们认为众生平等,在佛牙寺里,在种姓问题上我们并没有歧视。工作之时,他们被分为两组,但是人们会自然而然地分成高种姓和低种姓,这个问题我们不在这里讨论。如果有人被指定任务,那么他们会干的更加负责和具有更高的工艺。这样也可以使传统保留的更为久远。在佛牙寺,我们也受益于这些服务。我们谴责,佛陀也谴责在种姓上的任何歧视。

问: 康提被列入了世界遗产名录,您是如何看待这个问题的?会不会觉得游客的进入带来许多的不便和困扰?

米伽哈库姆布拉: 任何事情都有两面性,在佛牙寺被列入世界遗产名录之后,我们确实也碰到了一些困难,但这些并不是大的困难。

问: 您说的困难有哪些呢,可以举个例子吗?

米伽哈库姆布拉: 例如佛牙寺的墙出现了破损,我们需要马上对墙进行修复,要不然会漏雨。可结果是,因为佛牙寺是世界遗产,对于世界遗产的修复是有严格要求的,我们往往需要经过冗长的手续去一些相关研究机构获得修复批文。

问: 是的。康提成为世界遗产后佛牙寺这些建筑物也被标记为保存性建筑,那在这里成为世界遗产后有没有值得欣慰的事情呢?

米伽哈库姆布拉: 有,而且我对于佛牙寺被列为世界遗产感到十分高兴。

以前这些建筑会因当权者的喜好而改变或者加盖房屋，但成为世界遗产后这里不会因为某一个人的决定而轻易地发生改变，因为这一份遗产是要保留给后人的。在这里，我们并不需要现代化，我们只想保持它的原貌。

问：自从康提成为世界遗产之后，佛牙寺的整个社会环境有什么显著的变化吗？

米伽哈库姆布拉：自从康提成为世界遗产之后，来这里的佛教信徒增多，来自世界各地的游客也增多了。佛牙寺和康提在佛教世界之外也变得越来越有名，也有许多包括你在内的学者来到这里进行研究。

问：谢谢您的支持和理解。除此之外，还有其他您想要补充的吗？

米伽哈库姆布拉：这里不是商业区，我们并不想对这里有任何商业意图的开发。我们需要保护这里就像保护我们的古代历史一样。这里不仅仅是斯里兰卡的佛教圣地，同样也是世界的佛教圣地。它与我们的社会、政治、文化和一切的一切相关联，我们为它感到自豪。

在与米伽哈库姆布拉先生访谈的这一段对话中不难看出，人们对于佛牙坚定不移的信念。佛牙的圣之源起、佛牙与收成、与王权的关联、佛教的传播、佛牙寺的运行、成为世界遗产后的佛牙寺和康提现状。这些内容讲述了佛牙从宗教文化发生期"圣物"的象征意义，以及其符号化和遗产化的过程，人们的仪式实践围绕佛牙而展开。神权和王权的结合使得这一凝聚力更为强大，犹如同心圆的中心，逐渐扩散开。正是因为佛牙寺汇集了这些向心力、核心地位以及内在秩序，所以信徒们从世界各地赶往佛牙寺，在这一神圣空间进行叙事与符号激活等实践活动，这个地点变成了一个视域，是一个具有视觉图像的景观，也就形成了斯里兰卡"寺—城—乡"中"寺"的图景。"寺"与"神圣"相对呼应，"神圣"的意识形态有助于当代社会生产关系的再生产，这些生产关系在空间和空间的再生产中被传递、传承与扩散。

三 佛牙节

由于受到多元化宗教的影响，斯里兰卡几乎每个月都有佛教、印度教、基督教和伊斯兰教等民族宗教文化的庆典活动。当然以佛教节日居多，在斯里兰卡的各种节日里，遍布全国的佛寺都要在喧闹的城镇街市举行供奉佛教圣物的各种宗教仪式。我在斯里兰卡田野的日子里参加了不少的节日，与僧伽罗朋友赶场参加节日的情景至今仍历历在目。这里做一下大概的总结，虽然该总结并不完整，但基本为亲身经历或与僧伽罗人有所关联的节日。

一月有度鲁图月圆节（Duruthu，通常在公历一月），纳瓦姆月圆节庆典（Navam Perahera，公历一月），泰蓬葛（Tai Pongal）祈收节。度鲁图月圆节为了纪念佛祖释迦牟尼而巡游凯拉尼亚。凯拉尼亚寺院在这一天都会组织规模盛大的庆祝活动；纳瓦姆月圆节庆典是始于公元1979年的新节日，但规模较为盛大，是为了纪念斯里兰卡第一位佛教僧侣诞生；泰蓬葛（Tai Pongal）祈收节是印度教徒的节日，祭太阳神，感谢太阳神（Surya）赐予丰收。

二月是斯里兰卡的独立日，顾名思义以纪念公元1948年2月4日斯里兰卡结束英国殖民统治而获得独立。

三月有印度教的湿婆神节。

四月是僧伽罗人和泰米尔人的新年，斯里兰卡的僧伽罗人和泰米尔人在这一刻共同欢庆新年。人们遵循传统的新年礼俗按照占星家占卜出来的吉日和吉时安排所有的活动。

五月有卫塞卡月圆节（Vesak，通常在公历5月），卫塞卡（Vesak）是斯里兰卡僧伽罗语，源于巴利文"Visakha"一词。在印度、孟加拉、尼泊尔，该节日称为"Visakah Puja"或"Buddha Purnima"；在泰国称"Visakha Bucha"；在印度尼西亚称"Waisak"；斯里兰卡和马来西亚称"Vesak"或"Wesak"；在老挝称"Vixakha Bouxa"；缅甸称"Ka-sone"。每年卫塞节的日期根据历法而定，是在五月的月圆之日。将这几天作为公众假期的包括斯里兰卡、马来西亚、缅甸、泰国、新加坡、越南等国。该节日是纪念佛祖释迦牟尼诞生、成道、涅槃的最盛大的节日。

六月有波松月圆节（Poson Full Moon Poya Day），该节日是为了公元前3世纪佛教传入斯里兰卡，纪念摩哂来斯里兰卡传教，有关这一点在本书第二章已经详细介绍过。

七月和八月是斯里兰卡最为热闹的日子，有康提的佛牙节（Äsla Perahära）和维尔节（Vel）。康提佛牙节通常在公历七八月，是佛陀初次说法的纪念日，也是亚洲一年一度最为壮观的节日之一，是我们本节的重点所在；维尔节是印度教的节日，印度神庙和邦波罗比蒂耶寺庙金光灿烂的凯旋牛车队也会给科伦坡带来难忘的壮丽场景。

十月有灯节（Deepavali），是为纪念战胜印度教三相神而举行的庆典，节日里信徒们家家明灯火人人穿新装，并尽情享用各式节日美食甜点。

第三章 累叠和生长的交界点：遗产在仪式中的实践

十一月是穆斯林的开斋节，与世界其他各地的穆斯林一样，其主要宗教活动包括清真寺祈祷、分发施舍物以及全家欢聚宴会等。

每年十一月斋期结束后，他们便开始过开斋节。十二月是圣足山或称亚当峰朝觐期（Pilgrimage to Adam's Peak）和圣诞节。亚当峰朝觐期直到第二年的四月，佛教、印度教、基督教和伊斯兰教虔诚信徒前往亚当峰登顶，在峰顶的一双巨大的脚印，这个印记被佛教徒视为佛祖留下的足迹，印度教徒则认为是湿婆神的足迹，穆斯林和基督教徒却相信是亚当留下的足迹；关于圣诞节这里不过多的介绍，在科伦坡较为开放的城市还是很热闹的，在传统的中部地区自然也就没有传统佛教节日那般精彩了。

斯里兰卡的节日很多，按"佛历"习俗，斯里兰卡每个月的月圆日（Full Moon day）叫婆牙（Poya），每年12个婆牙都与佛教典故有关。在佛教节日中，全国禁酒，不能杀生，所以在那些特殊的节日鸡、牛、羊等也不进行买卖。在斯里兰卡这些月圆日都是公共假日，举国放假。佛教徒一般都会去寺庙进香祈福，各地各村还会举行游行表演，虽然规模大小不一，但是形式却是相近的，最为盛大、完整和具有代表意义的要数康提的佛牙节。在阿努拉达普勒旧址和波隆那努瓦王宫遗址中无法看到和体会到佛牙节的盛况。依《佛牙史》记载，斯国每一位国王在即位之前，都要以争取佛牙保护为象征，因为它是国家的瑰宝，佛教的圣物。国王保有它，才能获得人民的拥护，所以也常因此发生政治上的纷争。据记载：佛牙未转移至斯里兰卡前，印度就曾有多位王子因夺取佛牙而发生战争。有关庆祝佛牙的记载，玄奘《西域记》卷十一"僧伽罗国"（Sinhala，即斯里兰卡）记载："王宫侧有佛牙精舍，高数百尺，莹以珠珍，饰之奇宝。精舍上建玉柱，置钵昙摩罗加大宝，宝光赫奕，联晖照耀，昼夜远望，烂若明星。王以佛牙日，三灌洗香水香末，或灌或焚，务极珍奇，或修供养。"从古代著作中，可得知古代斯国对佛牙的重视。西方殖民者入侵斯里兰卡后，中部康提仍顽强抵抗，佛牙随着权利中心转移至了康提，在如今的佛牙寺供奉。在每年的艾萨拉月，即约在公历7月至8月之间的月圆之夜（故每年的具体日期都会有一定的变动）会举行佛牙节。现佛牙节全称"The Kandy Äsla Perahära"。有关佛牙节其中有四点需要说明和阐释：

第一，为了庆祝天神们（Suras）打败魔鬼（Asuras）。"Suras"即天神，"Sura"字根源于"Su"有美好快乐之意。"Asuras"是阿修罗、魔鬼之意，"Asura"一词由"A"与"Sura"构成"A"即表示反叛敌对，所以"Asura"

即是反叛天神的军，阿修罗，梵名"Asura"。第二，这个节日是为了纪念国王伽阇巴忽（Gajabahu），是维阇耶巴忽一世和羯陵迦的帝罗迦孙陀利的孙子、帝沙的儿子。相传，在其父统治时期斯里兰卡遭到朱罗人侵犯，一些僧伽罗人被朱罗人俘获，伽阇巴忽震怒，英勇地将自己同胞救回，并且还带回了朱罗人的战俘。有关这一传说斯里兰卡公元13世纪的作品《供养史》，和后期的《王朝史》中都有类似记载，只是关于英雄事迹的渲染程度不同罢了。这也是斯里兰卡表述自己国王的惯用手法。但是在这些故事中有说道帕蒂尼女神的信仰是由伽阇巴忽传到斯里兰卡，而帕蒂尼女神是佛陀即佛牙的四大守护神之一，另外三位是纳达、毗湿奴、卡达拉纲玛。第三，佛牙节选择艾萨拉月（Äsla，公历7月或8月）是为了纪念毗湿奴。第四，佛牙节是为了抚慰神灵或者取悦神灵，祈求充足的雨水，在一个农业大国，雨水与丰收紧密相连，人们十分坚信虔诚的祈祷与降雨有着某种紧密相连的力量，这一点毋庸置疑也是佛牙节重中之重。对于从事农耕的人民而言，水就是他们的财富（Jala Sampata）。在斯里兰卡，自古以来，水利的兴建和国家的繁盛与国王的功绩、德行紧密相连，所以在一年当中最盛大的求雨节日自然由国王来主导。在英国殖民者进入康提后，佛牙节一度被停办，结果斯里兰卡大地遭到天灾，后在各方舆论压力下，英国殖民者同意复办佛牙节。可是此时的斯里兰卡已并非君主制，国王已不复存在。后期"国王"角色的缺失并未导致仪式的中断，因为"仪式的时间行为和活动具有'再生产'和'再塑造'的特性。众所周知，仪式是属于社会化的、群体认可的重复行为和活动"[①]。

现如今的佛牙节与玄奘《西域记》中所记录的佛牙节盛况有许多相似之处。佛牙节仪式不仅仅只在佛牙寺中举办，佛牙寺旁的4个寺庙（Devales）也会举办一系列相关联的仪式。"Devales"指的是侍奉印度教和斯里兰卡教诸神的寺庙。佛牙寺旁4个寺庙的名字分别是上文所提到的四大守护：纳达（Natha）、毗湿奴（Vishnu）、帕蒂尼（Pathini）和卡达拉纲玛（Kataragama）。佛牙寺主寺庙会举办11天，毗湿奴寺庙会举办32天，纳达、帕蒂尼和卡达拉迦玛（寺庙）都是举办16天。然而五个寺庙都会参与到11天的游街（Perahra）中。如果说之前提到六月的波松月圆节（Poson Full Moon Poya Day）是为了愉悦和感谢神灵给他们带来雨水，那么佛牙

[①] 彭兆荣：《人类学仪式的理论与实践》，民族出版社2007年版。

第三章 累叠和生长的交界点：遗产在仪式中的实践

节是为了祈求神灵将雨水带来，可谓求雨仪式的一个延伸。斯里兰卡一些学者认为该仪式是雅利安人进入斯里兰卡时带进来的，这也是为何在佛牙节期间印度寺庙会与佛教寺庙一同欢庆。以前的佛牙节会把佛牙舍利塔放在大象背上，巡游全城，让民众分享佛牙荣光的活动，以及彰显国王的权力。佛牙节现如今已经成为亚洲最大的节日之一，有众多游客慕名而去。以2016年的佛牙节为例，一共可以分为五个阶段：

第一阶段卡普斯图威玛（Kapsituvima）"Kapa"是菠萝蜜的意思，"Kapsituvima"即种下菠萝蜜，8月3日或5日的一天。这里指的是，在这一天砍下菠萝蜜幼树，并将树枝分别栽种到供奉纳达（Natha）、毗湿奴（Vishnu）、帕蒂尼（Pathini）和卡达拉纲玛（Kataragama）神庙前，目的在于为世人祈福。第二阶段内部四大神庙游（Internal Perahera of Four Devales），即为之前提到的4大守护神内部供奉仪式，时间为8月3-5日到8月7日。第三阶段库姆巴尔游行（Kumbal Perahara），时间在8月8—12日，库姆巴尔游行主要是围绕佛牙寺周边街区游行，有特定线路，库姆巴游行规模小于接下来的兰多利游行。佛牙游行是每天晚上开始的，但是具体的开始时间都不一样，需根据占星师算出的吉时定出发的时间。第四阶段是兰多利游行（Randoli Perahera），时间在8月13—17日（图3-10）。兰多利是整个佛牙节节庆中最为绚丽精彩的时刻，由大象队伍、康提舞者、杂技演员等上千人组成的游行队伍在佛牙寺集结后，绕整个孔图贡德拉游行，兰多利游行的最后一天，即17号最为盛大，观看的人数也达到了最高峰，在佛牙寺旁的皇后酒店往往连房间的阳台上都要收费才可以进入，游行线路上也是挤满了成千上万的人。一般游行的队伍分成五队，即圣佛牙队、保护神像队（Nathadevalaya）、毗湿奴神像队（Visnu Devalaya）、战争神像队（Katragamadevalaya）、女神像队（Patani—Devalaya，大梵天王之妻）。正如前文所介绍，佛牙队是主队，四大神像队是护法卫护。

正式游行之日，先将四大神像从各自的寺庙迎至佛牙寺前，与佛牙队会合。佛牙队在前，"象王"穿着华丽，背驮华丽的佛龛。象王的挑选也十分严格，不容有瑕疵，且象牙需是最长的。其后有执鞭队、灯队、旗队等。鞭队耍鞭时犹如放鞭炮一般，灯队则是放在支架上的油灯由人快速旋转，旗队则是举着祈福的旗帜。队伍中也有具有象征意义的"古代国王"，他骑在象背上，还有康提舞者队、鼓队、象群等。继而是四大神像队，各队亦有象群，鼓乐歌舞队随后，在佛牙节鼎盛时期，大象数量多达上百头，现在每年佛牙节参与的大象数量是 60—90 头不等。

第五阶段是劈水仪式（Water Cutting Ceremony），时间在 8 月 18 日。当天早上有四支游行队伍从四个守护神的方向汇集到康提的母亲河马哈利河附近，然后寺庙住持将会走到河中心。住持首领手持黄金刀在河中划一个圆圈，然后住持会把去年在这里舀上来的一罐水倒回河里，再从同一个位置重新舀一罐新的水，这就是劈水仪式。最后的两个仪式：一为战争神至马哈伟利河（Mahawäli Gaňga）的迦多鞭码头（Katambi）洗剑；二是至一印度教伽那提婆拘婆罗（Ganadevikovila）神庙，为世界人类祈求和平。然后，迎请佛牙回到佛牙寺，四大神像及人群围绕佛牙寺三匝，最后将神像迎回原处供奉，至此庆祝盛会的仪式完成。它将为整个佛牙节游行活动画上圆满句号。

图 3-10　2016 年佛牙节上的游行队伍[①]

佛牙节仪式与斯里兰卡的社会状态紧密相连。这些具有公共性的仪式，与斯里兰卡的宗教信仰和神话密不可分，将它们比喻成文化创造的、民族志作者可以系统阅读的读本最合适不过。信仰与仪式都与神圣相关联，二者最后结合成一个共同的道德体，构成斯里兰卡独特的社会体系。这一系列仪式当中，亦可窥见其宗教体系、族群记忆、国家制度、政治生态等。"至于对仪式的研究，最重要的方向是致力于分析符号的作用，它使我们相信符号主义的目的是将政治化的自然主义和意识形态价值与社会文化整体连接在一起。"[②] 任何宗教形式都是有形的，"无形"的意识形态通过"有形"的宗教仪式表现。在这一"有形"的宗教仪式表现中，它与物之间紧密相连，且有着特殊的意

---

① 2016 年康提佛牙节官方海报。
② Catherine, *Ritual, Theory, Ritual Practice*, Oxford: Oxford University Press, 1992.

义。仪式中的佛牙是仪式符号的代表，它有一种内在的表述能力，有着作为符号的两个基本的指示，即"能指"和"所指"。前者指符号的物质构造，即佛牙这个物质本身；后者指它的概念，即佛牙是"权力的化身"和"神圣的符号"。正如国王们举办佛牙节除了祈雨和祈求五谷丰登、国家繁荣昌盛之外，还有一个很明显的特征就是彰显其权利，接受人们的膜拜和加强权利的稳固性。仪式的"权利"和"能量"除了借助社会和文化系统所赋予和规定的意义、价值外，形式本身就起到重要作用。毋庸置疑，仪式具有凝聚力，它是一个族群英雄史的溯源，是整个族群的记忆的纽带，连接了"过去"和"未来"，宗教仪式通过实践代代相传，社会通过仪式的话语重申道德秩序的合理性和合法性。而仪式当中亦具有社会能量，从宗教和道德的层面上约束着社会每一个成员，从仪式中重要参与者——国王的有至无，至仪式的延续。仪式展现了社会的变迁，亦是先人们遗留给后人的活态遗产。

第四节　寺—城—村的供养与共生

一　寺—城—村的图景

斯里兰卡自古有"得佛牙者得天下"之说，佛牙由历代僧伽罗国王供奉，受信徒瞻仰。大多数国王将佛牙寺修建在自己的皇宫里或宫殿旁，康提王朝时期亦如此。在康提王朝时期，康提的核心是王宫，有关康提可查阅的早期历史材料并不多。英国殖民者进入康提后，才绘制少量地图材料（图3-11）。在僧伽罗历史典籍以及西方殖民者的画笔下不难发现康提王朝时期的核心是孔图贡德拉区，孔图贡德拉的核心是王宫。国王的日常围绕佛牙和佛牙寺展开（如本章仪式部分所介绍，国王每天需亲力亲为的供奉佛牙）。要确定一座城市必须要找到它的"组织核心"，确定它的边界。虽然城市将村庄、佛牙、街道以及市场集合在一起成为一个整体，但其个性却随着不同地区和时代有所不同。"就像在活的细胞中一样，组织核心是领导整体的生长及有机分化的本质因素。"[①]

---

① ［美］刘易斯·芒福德：《城发展史——起源、演变和前景》，宋俊岭等译，中国建筑工业出版社2004年版。

不言而喻，康提的核心组织就是佛牙寺（僧伽罗王宫所在地），佛牙寺位于康提23个区中的第18区孔图贡德拉区（见本书第一章的康提地图，图1-2）。孔图贡德拉是古城区，集中了较多的历史建筑和遗迹，也是康提王朝时期国王的主要寝宫所在，其中还有著名的人工湖泊康提湖。这里对应标题要做一下限定，本节中的"寺"指佛牙寺，"城"主要指具有诸多历史遗迹的孔图贡德拉区，而"村"指的是距离康提湖五公里处的第14区安皮提亚的维瓦泰纳。

一直以来斯里兰卡的政治、经济、文化、宗教核心是佛牙寺和王宫所在地，从名字上来看乡村寺庙和佛牙寺"二者的相似性确实留有诸多想象空间"，从社会功能上而言乡村寺庙跟佛牙寺一样"不仅传授知识和信仰，还承载着村民的生命仪式"。这些暗含逻辑性的民族志材料具有一定指喻意义，可窥见两点。第一，"凡"之基理是对"圣"之起源与秩序的模仿而建立起来的世界。无论参照宇宙的哪个层面，每一个结构都有一种宇宙起源作为它的范式，世界的创造模式已经成为每个人创造性行为的范式。佛牙寺是康提乃至所有信徒精神世界的轴心，皇宫、部长等世俗世界的住宅和生活地围绕在旁侧，形成了"皇宫＋佛牙寺"的模式。信徒总是尽可能地靠近他们的（神圣）中心，这是神圣的秩序，并且在一个微观的宇宙规模上能产生出新的宇宙，这个新宇宙是以中心宇宙为范式而建立。所以在斯里兰卡，特别是僧伽罗人居住区人们遵循着这个神圣的秩序，以"皇宫＋佛牙寺"的范式建立了一个新的圣俗相融的宇宙空间，即每一个村庄都有一个主要的核心寺庙，形成了"村庄＋寺庙"的模式，甚至连寺庙的名字都具有相似性。第二，"凡"之内涵。"凡"有人世间之意，处于圣俗中间的形态。在基于"圣"之范式"皇宫＋佛牙寺"而建立的"村庄＋寺庙"模式中，皇宫与佛牙、每一个村庄与寺庙并非独立而生。佛牙寺与这些村落的寺庙内部结构紧密相连，寺庙与寺庙之间有着一套连接和管理体系，形成了一个以佛牙寺为中心相互传递信息、相互补给的世俗社会网络。在康提王朝时期，人们通过寺庙传达信仰和信息，这些信仰和信息借助"神圣"的力量将社会价值内化为社会群体的认同归属和群体意识，从而建构起有助于统一王权和增强凝聚力的群体价值观。寺庙具有神权的特点，位于康提皇宫内的佛牙寺集神权与王权为一体。圣俗关系在整个社会整合中扮演着基础性作用，而神圣是社会整合和社会秩序建构的重要路径，神权和凡世的王权融合并传到社会生活领域，影响着康提乃至整个斯里兰卡的社会关系和社会秩序。佛牙寺、皇宫、墙和边界、乡村寺庙在景观中扮演着重要角色，它们在康提王朝时期明确了秩序、安全，赋予市民和村民一种可见的地位。现如今总统制共和制取代君主制，王权被其他的社会主体力量（政党）所取代，但王权的表征却未消失过。随着社会发展，以皇宫、佛牙为表征的王权和神权等抽象概念和形象符号被具化形成了包含思想、情感和认同的古训、仪式和秩序，它们通过日常实践被加强，融入世俗的城市机构、社区和制度。这些可视的景观在时间和空间中仍然具有延续性，提醒着市民与村民的权利与义务。

图 3-11　1765 年西方学者笔下的康提（寺与城的图景）

孔图贡德拉因拥有较多的古建筑遗迹被称为康提古城区。其他的 22 个区：佩拉德尼亚、慕尔甘博拉、卡图科勒、巴西塔瓦康达、努瓦拉·都丹威拉、阿斯吉利亚、马巴纳瓦图拉、卡图嘎斯托塔、马威尔玛达、卡哈拉、瓦塔普鲁瓦、勒维拉、布维利卡达、安皮提亚、塔尔瓦塔、德延讷威拉、亚提努瓦拉、威维尔皮提亚、马海亚瓦、苏度忽姆波拉、西雅姆巴拉皮提亚和博瓦拉大多以自然村庄的形态存在。文中的另一个田野点在康提湖东南方属于传统文化保护区的维瓦泰纳（安皮提亚区），维瓦泰纳是传统僧伽罗人的聚集地，以自然村庄形态存在，在文中以村作其称谓（图 3-12）。无论是孔图贡德拉还是维瓦泰纳都属于康提。

康提城市发展规划大致可以分为四个类型（图 3-13）。第一是核心区和森林保护区，即第 18 区孔图贡德拉、第 19 区威维尔皮提亚、第 15 区塔尔瓦塔。这三个区里有较为集中的古建筑或特殊植被，且经济发展较为成熟，有更多的商店集中在孔图贡德拉。第二是经济（广告投放）发展限制区，以第 14 区安皮提亚和第 13 区布维利卡达等为代表，为了保护人们更为传统的生活方式，这些区限制广告等外来因素的刺激，人们在的这里生活相比孔图贡德拉而言受外来文化刺激较小，无外来游客进入，具有传统僧伽罗村庄特征。

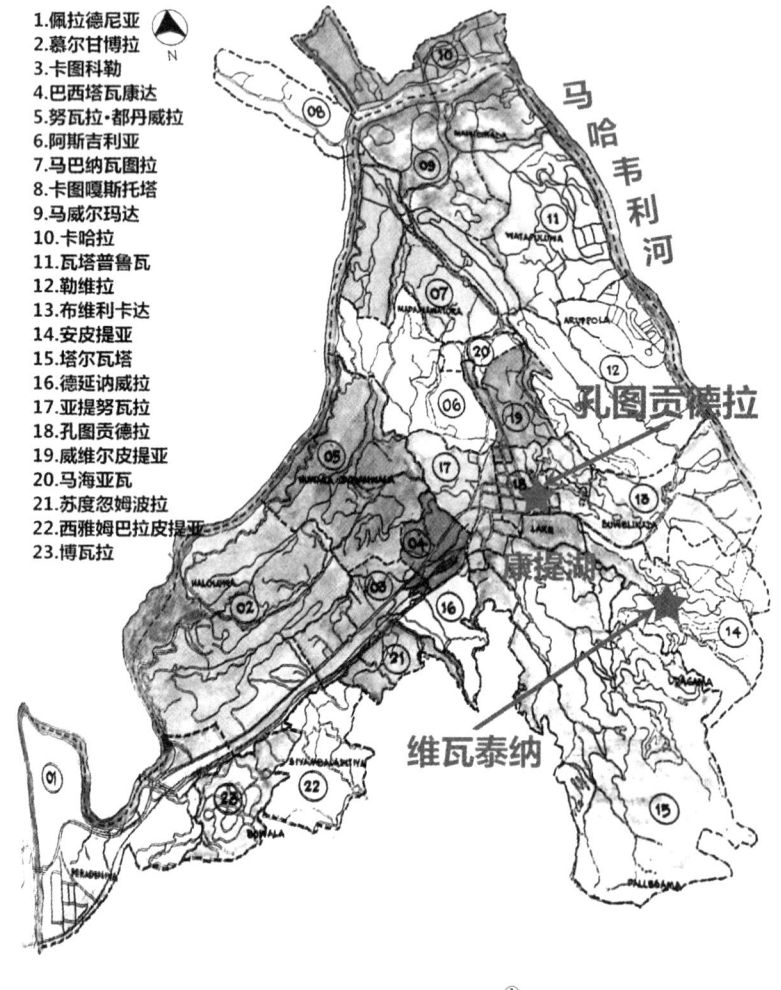

图 3-12　康提示地图[①]

① 图 3-12 是在斯里兰卡 CFF 资料室查阅的扫描件基础上绘制而成。

第三章 累叠和生长的交界点：遗产在仪式中的实践

边界在人类学中并不陌生，这些边界大多是建立在国与国之间的行政边界。曾有学者将边界的功能进行了汇总，归纳出五种基本功能：第一，具有法律效应的土地范围。这一点在国家政局动荡的时候法律的强制性和边界的稳定性会受到影响。在稳定期间，政府可以较好规划该地区的发展以及缴纳税收。第二，边界的确定对于商品的调控和关税的调节有着重要作用。可以对外国商品的进入进行把关，当然对于海岛斯里兰卡而言，这一点并不是很明显，进入斯里兰卡海域到港靠岸就是一个显著的边界。但是城市的边界与关税线时有脱离。在法国波尔多，直至法国大革命前，中世纪的城墙（边界）一直在扮演官方关税线的角色。在古罗马奥古斯都统治期间，因为疆土的急速扩大，人们大量汇集于关税边界线，随着罗马帝国的衰落，城市范围不断缩小，关税线又回到了城墙（边界）之内，城市与实际情况又一次相符合。第三，监管人流。有的国家或地区甚至建造巨型障碍物来控制人员流动。第四，防止人员流动，确保消息不外传，例如冷战期间的一些举措。第五，军事防线。斯里兰卡是海岛国家，海洋就是它的城墙和壕沟。边界的功能和定义并不局限在国与国之间，同样也适用于城与城之间、城与村之间或村与村之间，在文中更多所指的行政边界（Division）。

图 3-13 环境景观和城市发展图（城与村的图景）[①]

---

① 补充注释：图 3-13 是在斯里兰卡 CFF 资料室查阅的扫描件基础上绘制而成。

二 边界的扩展：旅游背景下城的生长

边界与土地紧密相连，土地本身是被动的，生活在这片土地上人的行为和信仰给这片土地赋予了意义。人的社会和经济生活影响着土地和土地的边界。自从有了边界以来，就有了跨越边界之说。国与国之间如此，地区与地区之间亦如此，而旅游和边界与文化遗产之间有着微妙的关系。行政边界的划分意味着不同区域归属不同地方或不同行政区域管辖，行政地域的政局稳定性对于旅游有着巨大的影响。例如斯里兰卡北部的贾夫纳地区，至今鲜有旅游团队前往，自由行因不受约束所以会有零星的散客前往。大众旅游之所以会避开贾夫纳其中一个很重要的原因就是安全，猛虎组织长居的地方谁也不能确保是否会有激进分子突袭和地雷等致命性武器的残存，由于猛虎组织长居此地，因此任何一家旅行社都不会冒着风险将游客送往贾夫纳。加之北部条件艰苦，不适合开展休闲旅游。

边界具有多重性，当城与边界联系在一起时，多数人会将那些修有塔楼或有着复杂城门的壁垒联系在一起。然而康提并不是高大城楼围起来的封闭形态，康提的行政区域地界通常以河流或者公共道路进行划分。许多公路是由个人所捐赠，所以地界也就是在公共道路的某一处立一块小石碑作为说明和区分（图3-14）。在此情况下城市的界线更多是由人们的生活和活动空间所界定。例如，不断溢出的人口会逐渐在公共道路的附近建成连片的居民点，边界的视觉效果也因此而被削弱。当聚集的民众积累到一定量，政府也就会考虑重新划分和修改更合理的行政区域边界。下文讲述了三种情况的文化遗产，旅游和边界的关系。

图 3-14 石碑与地界（余媛媛 摄）

第一，当文化遗产在某一行政区域内时，随着社会的发展，旅游的开

第三章 累叠和生长的交界点：遗产在仪式中的实践

发，其遗产旅游的边界是向外辐射、扩张的，周边的村庄也会随之受影响。过去以传统农业为主要生计方式的村民面对日益增多且具有更高酬劳的服务业工作时逐渐改变生计方式。人们以佛牙寺所在的孔图贡拉区为中心逐渐靠拢和聚集。从地理位置上来划分，康提是以佛牙寺、皇宫、纳达寺（Natha Devale）、毗湿奴寺（Vishnu Devalaya）、帕蒂尼女神神庙（Patti Devale）、卡达拉纲玛（Kataragama Devale）、马尔瓦图神庙（Malwatu Maha Vihrarya）、那伽神庙（Naga Vimanaya）、阿斯吉利（Asgiri Maha Viharaya）、阿达哈纳（Adahana Maluwa）、岗嘎拉雅（Gangaraya）、胡都胡波拉（Huduhumpola Viharaya）、尼塔维拉（Nittawela）、普乐雅尔·科威尔（Pulleyar Kovil）和马哈·玛鲁瓦（Maha Maluwa）为中心的十四处历史建筑群。除这些建筑群外，康提中还有联合国标记的保留遗产性建筑（Conserved Buildings），这些联合国所标记的建筑一直融入当地人生活中，被用作餐厅、超市、酒店等。例如：马达斯商贸代理（Madras Trading Agency）、阿纳达小铺（Anada Pasgorasa），这些机构和小商店的所在地是1897年以前康提王朝和英国时期的领主庄园建筑，现在被用作商店和储物间。康提市政府议会（Kandy Municipal Council）是殖民时期所建，融合了欧式、英式和康提式建筑风格的单层建筑，现被用作办公室。皇后酒店（Queen's Hotel）是英国殖民时期所建的有着孟莎式屋顶的典型英式建筑。仅联合国登名造册的建筑一共有四百八十八处，其他未入册的更是数不胜数。这些丰富的旅游资源吸引着游客，也为孔图贡德拉提供了以第三服务产业为主的工作岗位。

从佛牙到佛牙寺，从佛牙寺到孔图贡德拉，从孔图贡德拉到茶山或茶厂等等。大众旅游也好，宗教旅游也罢，这些旅途中的朝圣者因为佛牙这一圣物前往瞻仰，看佛牙自然要游览佛牙寺，佛牙寺除佛牙之外还有建筑博物馆等，佛牙寺也积淀了康提王朝时期的诸多文化瑰宝。游客游览佛牙寺后，一般会对整个康提进行"打量"，无论是对佛牙寺门口的教堂，国王所建造的康提湖，抑或具有殖民色彩的街道和建筑。旅游促进了康提的经济发展，康提遗产旅游的边界是向外辐射和扩张的，周边的村庄随之受影响，从空间维度上而言这座城是不断的生长的。空间上边界的生长即意味着有更多的个体进入了更大的集体，具有了一个更大的构成性中心，这也意味着建立或者重建了一种时间和空间的统一性。"这种统一性或许可以有一个意识形态的名字：'主体'（个体的和集体的）。这个主体存在于一种外部形态中，而这种外部形态能够确立自己的内在性——完善（自我与'存在'的完善）——生活——安全与幸福这两者，已经被亚里士多德定义为'城邦'的目的和意义。"①

第二，如果文化遗产离边界较远，则对其遗产旅游的边界影响不大。以现在居住在东南部低洼地带，巴杜勒地区的维达人为例。维达人的祖先早在斯里兰卡岛尚未与南亚次大陆分离之前，就已生活在从印度中部直到斯里兰卡的土地上，在维杰耶登岛之前就已生活在这一片土地之上，可谓是这座岛上的"土著"。维达人在20世纪仍钻木取火，进行无语言贸易，实行一夫一妻制，婚后从妻居，交表亲也普遍。禁忌堂表亲和姨表亲，多有妻姊妹婚和夫兄弟婚现象存在。人死后会被存放在其生前所居山洞，其他人迁走。在体质上他们和印度南部达罗毗荼丛林民族及东南亚的早期居民类似，现在大部分已被僧伽罗居民同化。据说1911年维达人人数约为5300人，而到1964年政府估计这个数字已经降至800人，到1970年他们实际上已不成一个共同体。虽然斯里兰卡政府划出森林保护区让这些仍然渴望坚守传统的维达人得以继续维持现有的生活方式。但近期一些研究维达人的斯里兰卡学者甚至认为现在已经没有"纯粹"的维达人，他们早已融入周围的社区。在丹巴纳（Dambana）的维达首领乌鲁·瓦力葛·万尼亚（Uru Warige Wanniya）说："全球化给我们的村庄和群落带来了不好的影响。人们的行为现在很复杂。他们在狩猎和采集蜂蜜上已经没有了先人们的技术。媒体同样对他们也产生了巨大的影响，在无意识中改变了人们的生活方式和认知方式。"第一个维达大学生古纳瓦尔德纳（Gunawardena），现如今已经是学校老师，他直言不讳地说人们（维达人）的生活方式发生了巨大的改变，这些改变也直接影响到了下一代以及他们的生活方式。

第三，如文化遗产离两个区域边界较近，那么遗产旅游的边界向实体边界扩散，且扩散力度较大。如文化遗产位于两个区域的交界之处，遗产旅游的边界向两旁扩散，例如两国交界处的边境一日游、一寨两国游等。

文化的不同在有些边界中体现得非常透彻，但是对于中部地区的康提来说则好得多。以前都属于康提王朝的中部地区，以种姓集合的村庄都是服务于国王的工种集合体。其文化背景和历史积淀都是一样，即便是现在的行政划分，他们之间的文化差异也不会很大。

---

① ［法］列斐伏尔：《空间与政治》，李春译，上海人民出版社2015年版。

三 单向维度至联动共生的衍化

在当今的大众旅游中遗产旅游已然成为一种特色性的旅游活动，而且呈现兴盛的态势。遗产被分为自然遗产、物质遗产、非物质文化遗产，在圣城康提这一特殊的时间和空间中，这三种遗产同时并存。除了佛牙寺的艺术文化和孔图贡德拉以及附近的建筑外。佛牙寺每天、每月、每年在特定的时间还会举行不同仪式。当地人会前往祭拜，而游客在缴纳门票之后也可以进入佛牙寺参观。这些仪式是康提典型的非物质文化遗产呈现。佛牙寺每天三场固定的"Thevāva"供奉仪式；每周三的浴佛节（Nānumura Mangallē）；每月也有特定的仪式，例如有满月之时的婆牙节（Purapasolosvaka），还有其他根据婆牙日来定时间，婆牙日是依据月亮的变化而定，例如：新月（Amāvaka），月圆前的第八天（Pura aṭavaka），满月（Pura pasolosvaka），月圆之后的第八天（Avaaṭavak）。每年的仪式依次是：一月的米节（Alutsāl Mangallē），四月的新年（Avurudu Mangallē），七月或八月的佛牙节，佛牙节的举办意在求雨（Äsaḷa Mangallē），十一月的敬神（Kārtika Mangallē）。[①] 这些亦是斯里兰卡的非物质文化遗产，通过人们的实践与传承保留至今。

康提有着诸多的历史遗迹、欧式和英式的精美多元文化建筑，还有每天鲜活的仪式展演，以及高地山城的自然景观。因此被斯里兰卡当局作为旅游的重要资源，这些特殊的资源又与后现代社会的怀旧相契合，人们视这些遗产为怀旧的对象和符号。旅游资源的所有现代式比喻中，"怀旧"是旅游情感中最具召唤力的一种，而遗产形象和文化宣传的"制造"是对这种怀旧情绪的回应。1948年斯里兰卡宣布独立，但受英国殖民统治时期的影响，僧伽罗人与泰米尔人之间民族矛盾不断加剧，并于1983年进入内战。直至2009年"泰米尔猛虎组织"的领导人普拉巴卡兰被击毙，内战才得以结束。此时的斯里兰卡百废待兴，中国政府助其重建。内战后，斯里兰卡大力发展旅游经济。随着国内和斯里兰卡的联系增多，外出的务工人员增多，旅游出境的人员增多，斯里兰卡政府也将拓展中国市场作为重中之重。从2015年开始中国游客数量超过英国客源量，位居第二客源国。到2016年在旅游客源国的排行榜中，中国以2815人次的差距超越印度，一月至二月游客总数，排名第一。排名三到

---

① Mangallē 意为特殊的仪式。

十位的分别是：英国、德国、法国、俄罗斯、马尔代夫、澳大利亚、美国和乌克兰。这些数据意味着在斯里兰卡每四位游客中，就有一位中国游客。

在得到大量现金和外币的流入的实惠后，斯里兰卡政府将他们先辈遗留的古迹材料羼入了他们的民族自豪感，将其设计成宣传材料来吸引游客。而遗产的价值原本是当代人结合现有的遗留符号、文学和民族志等材料对遗产进行的解读，然后再被现代人根据这些材料设计和创造出来的产物。经过当代人的设计和创造使得这些的遗产"读起来"就像现实一样。除了斯里兰卡东道主的因素外，游客选择出游很大程度上是要去追寻一种异文化的体验，或者是去追求远离城市喧嚣的那份疏离感，就要求这个地方与其他地方不同，要么有异国情调，要么有民族特色，或者可以亲近自然，甚至更原始。康提因具有诸多历史古迹，殖民色彩浓厚，民族特色鲜明，再加上是斯里兰卡的国宝佛牙所在地，自然成了游客们到斯里兰卡的首选和必经之地。随着游客的不断增加，深度游的力度增强，游客并未满足于康提核心区孔图贡德拉的建筑欣赏和佛牙寺的仪式观看，一部分游客前往康提附近有特色的景点。例如离孔图贡德拉4公里左右的茶叶博物馆，该博物馆里至今陈列着英国殖者带来的大量维多利亚时期的产茶设备，馆内还展出斯里兰卡茶叶之父詹姆斯·泰勒（James Taylor）和立顿红茶始祖托马斯·立顿（Thomas Lipton）的资料。除此之外，孔图贡德拉旁边的一些隶属于康提地区的村庄供给关系也发生了变化，例如，村庄安派克（Ambakke），在以前康提王朝时期该村庄的种姓是木工，后因历史原因雕刻工艺衰落。斯里兰卡的村落是以社会分工的种姓而形成，以前该村庄的工匠服务于国王，现在安派克村人们已经开始重新拿起工具进行木雕的雕刻，并且将这些木雕作为旅游纪念品出售给游客。虽说这些旅游纪念品的工艺不如鼎盛时期精湛，但传统工艺却有着复兴的趋势。由此可见，在现代语境下康提的文化边界在扩散，在文化旅游中，其遗产价值也得到提升。

在当今的大众旅游中遗产旅游已然成为一种特色性的旅游活动，而且呈现兴盛的态势。康提有着诸多的历史遗迹、精美多元的文化建筑，鲜活的仪式展演，以及高地山城等景观。因此被斯里兰卡当局作为旅游的重要资源。功能主义的马凌诺夫斯基认为文化是一个整体，任何文化现象都应该置于文化整体中去考察，一根木棍既可以当手杖，亦可当锄头甚至武器，它在不同的用处中进入了不同的文化布局。即在一个总体中，每一个部件都有其独特

第三章　累叠和生长的交界点：遗产在仪式中的实践

性。从某角度而言，都是建立在某一个方面或者某一种因素之上。例如以前服务于国王的安派克村庄，在时间和空间整体的层面上已经是不可返回点（Le point de non-retour）和不可追索点（Le point de non-recours）。变形（Mtamorphose）与自我破坏或者毁灭（Auto-destruction）两者时间是不相互排斥的。现存的再生产关系停止，国王已不复存在，社会结构发生变形，产业链也被毁坏。安派克村庄的村民、工匠们与国王之间的再生产关系已经被毁灭。在这一空间和不可逆转的时间中，这些社会关系和遗留下来的产品已经成为一个特殊层。衰变（Dgradation）与解体（Dissolution）占了上风，新型的关系被生产出来，排斥并取代旧的关系。之前空间的物质是存在的，这些物质空间和社会空间相互渗透、相互重叠。

虽说这些旅游纪念品的工艺不如鼎盛时期精湛，但传统工艺却有着复兴的趋势。由此可见，在现代语境下康提不仅是空间上的生长，更是文化边界在扩散。在文化旅游中，其遗产价值也在不断恢复和生长，而遗产生长的主体则是遗产承载者的文化自觉。

第五节　本章小结

"古代城市开始于一些神圣地点，散在的人群定期地回到这些地点进行祭祀仪典，因为古代城市首先是一些永久性的聚会地点。"[①] 人们对符号化、遗产化的佛牙进行供奉，形成了以佛牙为中心的神圣地点。佛牙随着政权的变动而转移到了康提，康提变成了稳定的神圣地点。不同种族世系、语言的人们定期汇集佛牙寺进行祭拜和参与佛牙节。[②] 这些是古代康提社会的历史积淀。以传统种姓为集合服务于国王的村落随着康提王朝的衰落和沦陷社会结构不再稳定。在面临城市生活方便和经济收入高等诸多诱惑下那些在边远地区的

[①] ［美］刘易斯·芒福德：《城发展史——起源、演变和前景》，宋俊岭等译，中国建筑工业出版社2004年版。
[②] 印度教认为乔达摩·悉达多（释迦牟尼）是毗湿奴的第九个化身。除此之外，佛牙寺中亦有印度寺庙，供奉印度寺庙的神。例如：印度教的保护神毗湿奴，在吠陀时代原是太阳神之一，印度教时代升格为维持宇宙秩序的主神，成为印度三大神之一。印在佛牙寺佛教与印度教的混合迹象明显，是僧伽罗人和泰米尔人共同的圣地。

人们汇入了城市的大河流域。如果说城市是人类文明的容器，那么康提是一座磁性容器，它所吸纳的不仅有不断增加的人口，还有不断累积的文化。随着抽象概念和形象符号的发展，人们将先人遗留下来的古训和仪式保持至今变成传递思想、情感、认同的工具。这些思想、情感、认同的表达通过人们日常仪式的实践而加强，并融入了城市社区、机构和制度，康提作为容器保存和留传的文化比任何大脑、书籍所记录的数量都要多。这种在时间和空间维度上扩大社区边界，对于文化具有浓缩和储存的作用。

虽然经历了时间的流逝和社会的变迁，那些根深蒂固的种姓制度仍旧存在，一部分人仍然以他们特有的工种为生，只是服务的对象发生了改变。特别是那些因斯里兰卡种姓而传承下来的工艺得到了保留，现又因第三产业（特别是旅游产业）的刺激已有复兴之势，但其服务的主体对象已由旧时的国王转向了现如今的游客或者说是更多的大众群体。这是历史和社会体系的选择与保留，这些被保留的事物就像一片片岩层带着不同时期的历史印迹沉淀了下来。从斯里兰卡的迁都历程、圣之源起、历史中康提王权与神权的结合、逆境中的坚守到现代语境中遗产的生长都是斯里兰卡不同形式遗产的沉淀和积累，且都有不同的印迹和表现形式。

圣城成为文化遗产也就变成了具有多重吸引的遗产旅游资源，村庄随之也成为旅游目的地。本书第四章将以距离康提湖5公里处的维瓦泰纳村为例，阐释寺—城—村由朝圣与供养的单向维度衍化为联动与共生的互动维度，记录康提的日常社会生活。从某种角度而言，城是人类文明的容器，但这一容器并非一成不变，而是会随着社会的价值体系发生改变，圣城康提正是从时间和空间的角度见证了这一改变的过程，空间的不朽性是通过人们对于宗教虔诚的实践而完成的。建筑通过与这一实践的结合而具有了不朽性，在现代语境中它作为斯里兰卡人的遗产继续累叠和生长着。

第四章 累叠和生长的交界点：
遗产在生活中的实践

除了仪式的实践，人们日常生活的实践也见证了遗产在康提的累叠和生长。正是人们日常生活的不断实践，遗产才得以更好的传承。由于斯里兰卡的历史发展，康提成了遗产累叠与生长的交界点，也成了传统僧伽罗文化的坚守地，遗产累叠和生长的形态在这里得以体现。维瓦泰纳是康提所辖的一个传统村落，生活在这里的人是典型的康提僧伽罗人，他们保留着较为纯粹的斯里兰卡传统文化，并在生活中不断继承和发展这些文化。本章呈现的正是这样一个传统村落的民族志，记录了遗产在人们日常生活中的实践。

第一节 维瓦泰纳（Wewatenna）概况

收集材料并非总是一帆风顺，特别是去村政府等机构。报道人帕利塔先生在村里人缘较广，与他较为熟悉的工作人员近期已调离岗位。2015年新政府上台后，政府官员人事变动较明显，这一现象在科伦坡的政要部门更为突出，新上任高层的政府官员大多具有西方或印度的教育背景和工作经历。村里新来的工作人员是一位年轻的女士，言语之间感觉她并不是很友好，戒备心理很强。在问询了我的相关信息并看了我的介绍信后，她拒绝给我们村庄基础信息材料。虽然我多次用坦诚和渴望的眼神看着她座椅背后那些丰富的材料，可还是被拒绝了。后来我直接问她："您背后那些材料看起来挺多的，不知道是否有我需要的相关数据和材料，能否借阅一看？"女士答道："那些材料与你所需要的材料没有任何关系，我这里没有你需要的材料。"最后在报道人和我的百般请求下，她推脱自己的职责只是负责政府选举和投票等工作，今天村庄材料没有带在身上，让我们去找村庄负责登记出生和死亡的负责人寻找所需要的材料，最终我们像皮球一样被踢开。在离开之际，我看到墙上有一张地区的数据图，本想拍下来，却遭极力阻止。这位女士表情严肃，当即要求对我的相机进行检查并要求删除照片，在此期间她不停地打电话询问和上报情况。这位女士的警觉让帕利塔先生也觉得匪夷所思，我们只好转移阵地。出乎意外的是负责登记出生和死亡的女士很友好，并且记录了我所需要的信息，告知我以后会请她女儿帮我收集这些信息。但这并不乐观，因为我知道在斯里兰卡事情没办成，比如材料没拿到之前都会有变数。这种情况在斯里兰卡的社会里很常见，一顿饭的工夫或一觉醒来也许原本谈好的事情对方就改变了主意，所以在斯里兰卡最有效的办事方法就是盯着办理一件事情，直到办成功为止，否则办理这件事情的时间可能会无期限的延长下去，最后可能就成为嘴边的一个故事。

为了尽可能多和广的收集材料，田野的日子里经常早出晚归。傍晚外出调研回到住处经常会碰到停电或间歇性停电的状态，所谓间歇性来电就是指来电十几分钟然后继续停电，有时下午到晚上前后只来一个小时的电。有关何时可以来电的问题，即便是打电话问电力局，他们也不知道，电力局每一次的答复都是"请等待"。晚上，帕利塔先生的电话一般比较多，接电话之余是操办他儿子婚姻大事——画着久远时代留下来，用于占星的九宫图。到晚上，我的电脑经常只有不足一半的电力，我飞快地在键盘上敲打着，希望可以多写一些田野日记，及时记录每天的所见、所闻和所思。斯里兰卡停电是常态，国家发展迅速，但电力系统却跟不上节奏。加上政局不稳，不久前得到反对党可能会采取措施抵抗现任政府的一些消息，心中颇有不安。一些了解斯里兰卡政局的朋友让我静观局势，随时做好撤退回国的准备。现在回想起来，在这一年的田野中，此番情景也遭遇好几次。我的顾虑是因为以历史为鉴，像几千年来古僧伽罗王朝一样，只要有合理的证据（理由）和适当的武力，政权的颠覆并不一定艰难，这也是现任政府为何热衷于口水战，且极力想把控新闻界的咽喉。政府竭力取信于民，这样可以使他们的政权更加稳固，人心更为稳定。

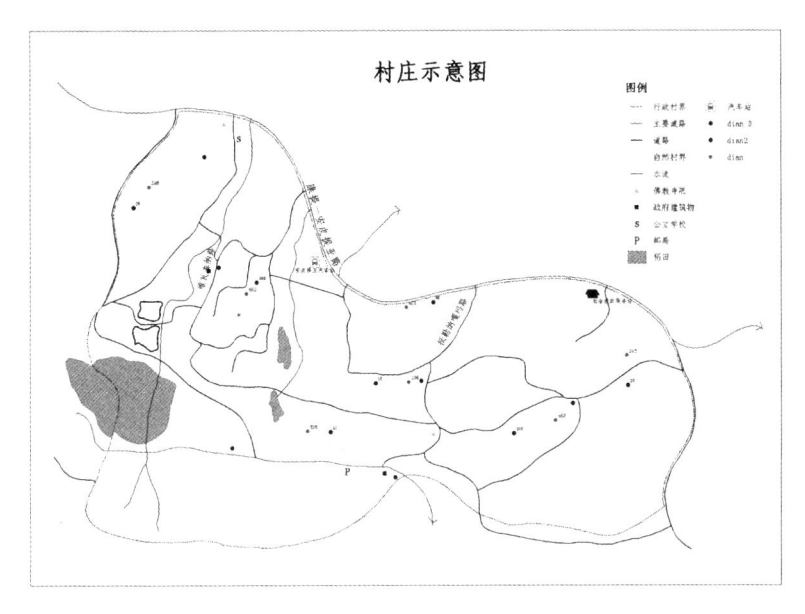

第四章 累叠和生长的交界点：遗产在生活中的实践

图 4-1 维瓦泰纳的地理位置

一 人口信息

所属省份：中央省

所属地区：康提

所属行政区域：纲嘎瓦塔·克拉勒（Gangawata Korale）

区域：维瓦泰纳（Wewatenna，274）

人口总数：2876

男性：1391

女性：1485

家庭数量：776

房屋数量：753

种族：僧伽罗人：2653

泰米尔人：148

穆斯林：58

其他（伯格人等）：17

二 受教育程度

斯里兰卡教育体制几经改革，现如今可以大体分为基础教育 O/L（Ordinary Level Examination）和提升教育 A/L（Advance Level）。在 O/L 中，有 11 个级别，在这些级别中有 10 门课程，例如宗教、语言、历史、数学、社会学等，如果想进入下一个阶段（A/L 级）进行深造，需要通过 6 门课程，进入 A/L 级，进入更深层次的学习。如果没有通过 6 门课程，还想继续学习，只能进入私立学校，现如今，在斯里兰卡也有一些收费较高的私立学校或者国际学校，有些学校的教学质量很好。在 A/L 级课程中，会出现类似于我国的分科，即文理科。例如在生物科学（Bioscience）选 4 门课程，生物（Biology）、化学（Chemistry）、物理（Physics）、数学（Mathematic）；而学习语言的学生需选择：经济（Economics）、英语语言文学（English Langue）、希腊罗马文明（Greek and Roman Civilization）。教师根据 A、B、C 考试评判标准给学生评定成绩。学生根据这些成绩和教师的评价申请国立或者公立大学（State University）以获得继续深造的机会。申请到公立大学的竞争比较大，访谈调查的数据显示：每年能够成功进入较好公立大学的人数只有 25000—30000 人。例如，在 2008 年至 2009 年期间有 456898 人参加基础教育（O/L 级别）考试，同年只有 155,000 人能够进入 A/L 级别进行深造。通过考试并不意味着可以进入学生倾心的学校，因为学校还需考虑申请者的综合成绩。2002 年符合进入大学深造的学生有 92226 人，2003 年 93293 人，2004 年 108357 人。除去 O/L 和 A/L 教育体系，还有部分学生进入职业学院接受职业技能教育（Technical Education）。受西方殖民的影响，斯里兰卡的英语具有较高的普及性和深入性，这使得在斯高校学生在申请国外西方学校时具有一定的便利性，例如英国、德国、澳大利亚等。在政局不稳的动荡时期，斯里兰卡的富裕阶层大量迁移到澳大利亚等地。坊间流传，在澳大利亚有大量斯里兰卡人。这些移居澳大利亚的部分权贵在斯里兰卡仍然留有祖宅，守着他们祖辈那份象征身份和地位的遗产。例如，科伦坡七区的住宅，虽说只是科伦坡十五个区中的一个区，这里聚集了斯里兰卡有权势且富裕的人，是斯里兰卡一个社会阶层的缩影。另外，因印度与斯里兰卡在地缘关系上距离较近，也受到留学市场的青睐，高校之间有很多长期合作的短期交流机会。近年，随着斯里兰卡前总统拉贾帕克上台，中斯之间的友好往来明显增多，这些为斯里兰卡学生和年轻学者们开辟了另一个接受高等教育的天地，且逐年递增，例如：武汉大学、山东大学、华中师范大学等等。这些学生回国之后进入社会各种行业，如政府部门和经商等。在斯里兰卡孔子学院学习汉语的学生增长趋势明显。目前大部分学生的目标是学习汉语，能够从事旅游和珠宝销售等工作。

总体而言，斯里兰卡的教育体系受英式教育模式影响较深。这些体系是西方殖民时期所遗留，至今对整个斯里兰卡社会的教育体系、语言和宗教等产生了不可忽视的影响，这些教育体系和模式也是斯里兰卡社会遗产的一部分。下图为维瓦泰纳受教育情况。

表 4-1 村庄基本信息表

Level	中文	数量	备注
Upto O/L	基础教育	576	Ordinary level examination，11 个级别。10 门课程，宗教，语言，历史，数学，社会学，需要过 6 门课，才能进入更高阶（Advance Leve）
Upto A/L	高等教育	637	Advance level：生物科学（Bioscience）选 3 门课程，生物（Biology）、化学（Chemistry）、物理（Physics）、数学（Mathematic）；语言学习者需选修：经济（Economics）、英语语言文学（English langue）、希腊罗马文明（Greek and roman civilization）。教师会根据 A、B、C 考试评判标准给学生评定成绩，学生根据这些成绩和评价申请国立或公立大学（State university）。
Technical education	技校（职业教育）	12	
Graduates		156	
Postgraduates		18	
		1447	

三 职业分布

在康提甚至整个斯里兰卡，作为一个初到斯里兰卡的外国游客可能会经常听到当地导游说："我家有十几口人，只有我一个人挣钱养家……"，人们往往会以为他们在博取同情以获得更多收入（小费）。这是斯里兰卡普通家庭的真实写照，即斯里兰卡的家庭多数一家只有一至两个人主力养家。下图是近十年康提平均从业人员职业柱状分布图和待业人员柱状分布图（图4-2）。由图可见，在康提的23个区中第18区孔图贡德拉的人口密集度最大，服务人员从业者（Service Workers）最多，已超过该区总人口的半数，管理者（Managerials）从业人数排在该区从业总人数的第二位，办事人员（Clerical）从业人数排在该区从业总人数的第三位，最后是专业人员（Profssionals）和销售人员（Sales Workers）。第14区在安皮提亚专业人员所占比例最大，所谓专业人员指有特殊工种的人员，与种姓制度类似。服务从业人员和管理人员所占比例较少，管理者和办事员所占人数居中。表4-2显示，孔图贡德拉在23个区中总人口数量最大，待业人员数量最少（表4-2.2），安皮提亚待业人数处于中间水平。

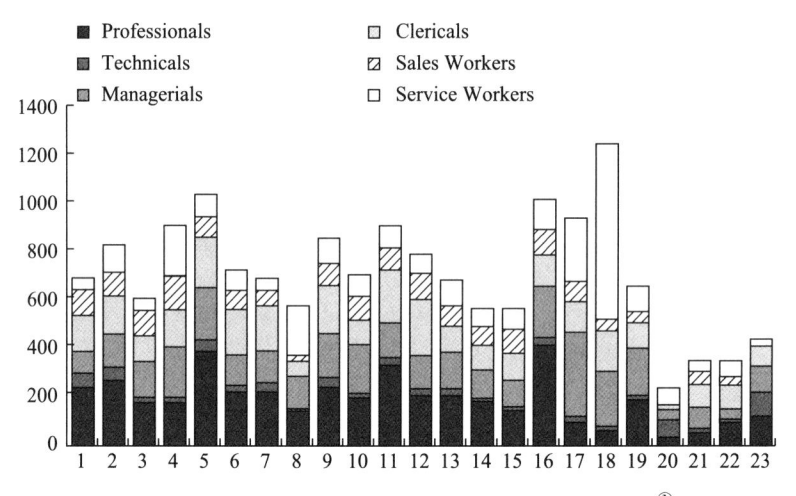

表 4-2.1　近十年康提平均从业人员职业柱状分布图[①]

以维瓦泰纳为例，一个斯里兰卡普通家庭有父母、儿子、儿媳，一般还有两到三个孙子，一家七口人是较为完整的家庭。有的家庭祖辈过世得早，家里有爸爸、妈妈，三个孩子一家五口人的情况也较为常见。在维瓦泰纳登记在册有固定职业者有454人，而该地总人口数为2876人，平均一家有六、七口人（表4-3）。如果加上退休人员208人，退休人员收入较少，有固定收

---

① 表格4-2.2是在斯里兰卡CCF资料室查阅的扫描件。

入的 662 人，平均一家有五口人。如此反推，在维瓦泰纳，平均一家有一至两人为主力在外工作养家。其他家庭成员则以家庭为中心，一般妻子照顾孩子，老人打理庭院。斯里兰卡的庭院是他们生活的至宝，生活中很多食材皆来自庭院。较为传统的斯里兰卡女性（母亲）更多的愿意在婚后留守家中照顾家人和孩子，不外出工作。部分年岁不高的祖辈老人会外出接一些零活，帮人种田、盖房等以获取钱财补贴家用。50 年前，大部分斯里兰卡妇女留在家中照看孩子，现如今一些较为开放的妇女会在家附近找一些售货员等工作。这也是至今在斯里兰卡的导游界看不见女性工作者的原因，一连离家数日的带团工作与她们照顾家庭和孩子这一传统理念背离甚远。

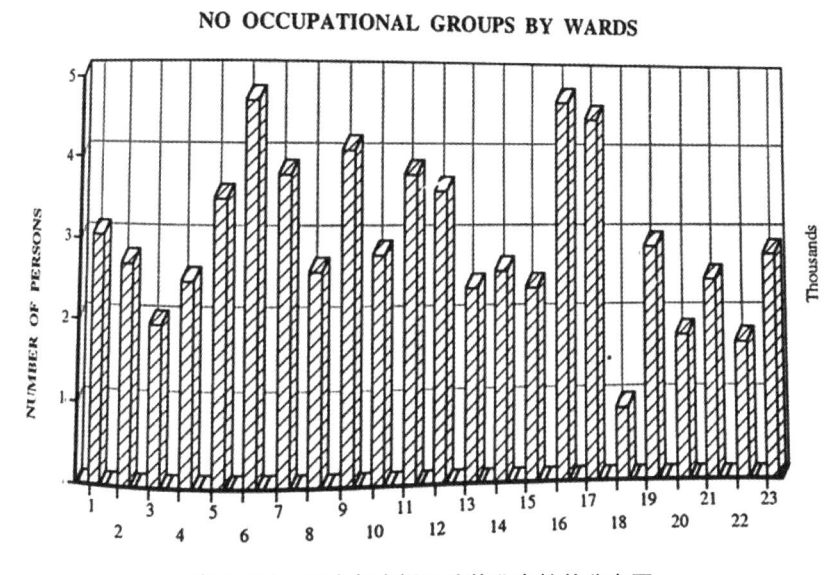

表 4-2.2　近十年康提平均待业者柱状分布图

表 4-3　康提维瓦泰纳村村民职业信息

职业	人数	比例	备注
农民	7	1.06%	以种田为生的人
工程师	4	0.60%	
测量员	1	0.15%	
会计	4	0.60%	

续表

职业	人数	比例	备注
律师	6	0.91%	
医生	15	2.27	西医
传统医生	2	0.30%	用草药等传统方法治疗病人的医生
政府官员（高官）	11	1.66%	
教师	29	4.38%	
媒体从业人员	1	0.15%	
政府职员	41	6.19%	
艺术家	1	0.15%	
私企高管	40	6.04%	
木匠	3	0.45%	
裁缝	28	4.23%	
技术员	22	3.32%	
商人	46	6.95%	
护士	6	0.91%	
种植工人	2	0.30%	
劳工	40	6.04%	
领退休金者	208	31.42%	
司机	24	3.63%	
军人	13	1.96%	士兵，海军，空军等
警察	4	0.60%	
药剂师	2	0.30%	
泥瓦匠	16	2.42%	
其他	86	12.99%	

第二节 亲属称谓和社区结构

一 亲属称谓

我国古城遗产保护研究家张松教授曾言城市是仅次于语言的人类文明第二大创造。语言文化是记录历史变迁的活化石，是人类继承的宝贵遗产。从古至今，每一时期的社会变迁都会在语言文化上打下深深的烙印，语言文化中最贴近民众生活的便是称谓。正如上文所讲，一个传统的斯里兰卡家庭中，一般有四代人，第一代（First Generation）爷爷奶奶，第二代（Second Generation）爸爸妈妈，第四代（Fourth Generation）儿子女儿。[①]斯里兰卡有低地和高地之分，低地一般指的沿海地势较低的地方，高地主要指的是以康提为中心的山区，在亲属称谓上也有差别。例如：父亲——阿巴吉（Appachchi, Appacci）在高地较为常用，在低地多用塔塔（Thaththa），下图中以康提僧伽罗语为主，因为图表已经详细注明，这里不再一一赘述（表4-4）。

表4-4 斯里兰卡亲属称谓表

	中文	称谓	备注
First Generation	爷爷 外公	Muththa	
	奶奶 外婆	Aththa or achchi	
Second Generation	舅舅 岳父 姑父	Mama	
	姑姑 岳母 舅母	Nenda	

[①] 在斯里兰卡的谱系研究中，学者们将表姐妹和堂姐妹归为第三代人（The Third Generation）。

续表

	中文	称谓	备注
Second Generation	父亲	Appochchi Or Appachchi Or	以前 Appa 较为常用，Thaththa 在低地（Low Country）地区较为常用。 以前 Loku Appa 较为常用。 以前 Kudappa 较为常用，现在 Bappa 较为常用。 现在口头上较为常用 Ammi。 以前 Kudamma 较为常用，现在多用 Punchiamma；在低地（Low Country）仅用 Balamma。
		Appa Thaththa	
	伯伯 伯伯 （大）姨夫	Loku Appochchi（Loku appacci）Or Mahappa	
	表叔 表叔 （小）姨夫	Kudappa（Kudappacci）Or Bappa	
	妈妈	Amma Or Ammi	
	（大）姨妈 堂嫂	Lokuamma	
	（小）姨 堂婶 继母	Kudamma（Kudamma）Or Punchiamma	
Third Generation	表姐（妹） 堂姐（妹） 姨	Nena	现在用 Akka 和 Nangi 的较多。Akka 用来称呼比自己大人，Nangi 用来称呼比自己年纪小的人。 Massina 现在已不常用；现如今较常用的是 Aiya 和 Malli，Aiya 指的是年纪比自己大的人，Malli 指的是年纪比自己小的人。
	表哥 表哥 （大、小）舅子	Massina	
	哥哥 堂哥或表哥	Aiya	
	弟弟 堂弟或表弟	Malli Or Malaya	
	弟弟 堂弟或表弟	Malli Or Malaya	
	妹妹 堂妹或表妹	Nangi Or Naga（二声调）	

续表

	中文	称谓	备注
Fourth Generation	侄子 女婿	Bena	现在在家人或者请朋好友之间 Bena 也被直接叫作 Putha，只是称呼，并非表关系。在高地地区（Up Country）处于感情上的因素，也会把自己的女儿叫作 Putha，现在也会把 Lel 或 Yeli 称作 Duwa。
	女儿 侄女	Duwa	
	儿子	Putha	
	儿媳妇	Leli Or Yeli	
Fifth Generation	外孙 孙子	Munubura	Munubura 表示的是称谓关系，但是在家人之间也会直接称作 Putha，所以外人在儿孙都在场的情况下，需根据年龄等来判断儿子和孙子。
	外孙女 孙女	Minibiri	同上，Minibiri 表示称谓关系，在家人之间同样也会用 Muwa 来称呼 Minnibiri。

除了亲属称谓上康提方言与一般僧伽罗语有所不同之外。在语法上，康提方言与一般僧伽罗语也有一定的区别。例如：

在康提方言中，祈使句后经常会有后缀 /ŋta/：

ætta kiyanna ætta kiyanta.
讲真话！
ara balanna ara balanṭa.
看那里！

在过去时中，康提方言动词中的元音变化不大：

词语　原形　通用僧伽罗语　康提方言
looked bala　　bæluva: *balavva*

| 印度洋上的珍珠：斯里兰卡文化遗产研究 |

thought   hita   hituva: *hitavva*

在动词的过去式中，还有一些不规则动词：

词语　原形　　通用僧伽罗语　康提方言
drank bo　　bi:va:　　*bunna:*
was　tiye　　tivva　　*tibba:*

例句：Mata Colombo ta Yanna Oni.

I Colombo go want.
我 科伦坡 去 要。

僧伽罗语最早的文字是婆罗米字母，属印欧语系印度伊朗语族印度雅利安语支。僧伽罗语形成于公元前8世纪，最初她同古印度俗语Prakrit语相近，公元4世纪才脱离Prakrit语独立发展。已发现的最早文字是公元前3世纪的石刻铭文，现如今斯里兰卡也有许多珍贵的贝叶经（图4-2）。纯僧伽罗字母共36个，加上18个表示梵语语音的字母，共计54个。僧伽罗语在发展过程中，受梵语、巴利语影响较深。近代以来，僧伽罗语又从葡萄牙语、荷兰语，尤其是英语中吸取了大量的借词。现如今，一些斯里兰卡年轻人不会书写僧伽罗语，取而代之的是英语。一些教育程度不高的年轻人能够用英语进行简单交流，可是在拼写时却又会错误百出，每次收集完材料需要用两倍的时间进行核对。弃母语用英语这一现象在科伦坡尤为明显，一些"现代化"的年轻人甚至耻于讲僧伽罗语，这些"现代化"的年轻人用"科伦坡式英语"进行交流，"科伦坡式英语"并非纯正英式英语，而是具有僧伽罗语语音和语调的英语。这一现象在相对传统的康提要好很多，因为僧伽罗语口语与书面语差异较大，僧伽罗语的书面语在现代斯里兰卡社会中逐渐褪色。

在斯里兰卡的田野中我已习惯了斯里兰卡人的语音语调，熟悉了僧伽罗语的语音和语调之后，再去摸索他们的发音规律，然后进行模仿也是一件趣事。比如他们会将 /r/ 的音发成舌边音 /l/，这一点倒是与日本人的发音习惯很相像，爆破音极其容易混淆例如 /t/ 发成 /d/，/k/ 发成 /g/，/p/ 发成 /b/ 这些规律与印度人很相像，当然我个人认为印度人在发音上比斯里兰卡人口音要更为严重。例如，一些突突车司机的文化水平不高，口音较重。大多数人不称自己为"突突车司机"（TUTU Driver），而是自豪的称为"三轮出租车"（Three Wheel Taxi）。有一次乘车，一突突车司机用"Taxi"来称呼自己，让我迷茫了很久。因为在斯里兰卡"Taxi"一般指的是类似于我国奇瑞QQ一样的四轮小汽车。四轮"Taxi"基本只常见于科伦坡，能乘坐四轮"Taxi"的人一般是社会上层人士。加之该突突车司机"Three"发出的音是"Dree"，"Wheel"的发音基本无法识别，只能听到重重的弹舌，"Taxi"发音是"Darkci"，这些例子数不胜数。归根到底斯里兰卡式英语具有语速快、轻音重音不分、清音浊音不分，且语音语调是根据僧伽罗语的发音特点来决定升调和降调等特点。

图4-2 正在被考古学者整理的贝叶经（余媛媛 摄）

除了发音之外，在语言方便还有一个特色是部分特点词汇从古沿用至今。例如："Rajia"在僧伽罗语里面是国王的意思，但是人们仍然用它来称呼现政府。这一点与中文有一定的区分，在中文里以前统治国家的王称为皇帝，现中国我们会把管理国家的机构统一称为政府。也许在僧伽罗人心中从某种角度或者情感而言政府延续着国王的职能。在人类学的田野中，如果要听懂且尽可能准确了解到研究对象的言语，一定要对地形、他们的生活习惯、思维方式和语言习惯有足够的了解。

147

二 社区结构

维瓦泰纳即便是康提的一个小村庄，也是一个较为完整的小型社区，几个村庄共用一个板球场和图书馆。板球起源于英国，但在斯里兰卡相当活跃，人们对于板球的热爱似乎超越了其他运动，这也是殖民遗产的体现。这里的板球场没有漂亮的草坪，只是很普通的一块黄土地（空场地），打板球的孩子们也没有舒适的鞋子，更多时候他们赤脚进行体育活动。板球场简易的看台后是一个两层楼小型图书馆，年轻人、孩子、老年人都会去阅读书籍、翻看报纸，图书馆里的图书大多是捐赠的书籍。图书馆中斯里兰卡本土书籍较多，也有部分印度和英国的书籍，但是有关中国的书籍几乎没有，这与村庄里的人们对我这个中国人的那份好奇心相互呼应。有关中国，他们知道的只是那些流传已久，若有若无的传说。

在斯里兰卡社区中，居民大体有两种称谓，一种是村民（Village People），另一种是定居者（Settle Down People）。前者指早期居住在村庄的原住民，他们生活条件一般较差。后者指迁居到村庄的人，他们盖的房子较新，定居者因为工作或者教育资源等原因从其他地方迁徙而来。

现如今的斯里兰卡村庄已经逐渐打破了单一以姓氏或者血缘为基础的村庄模式，在康提王朝人们一直恪守种姓制度（Caste System），种姓是以社会分工为基础的划分，且人民向国王纳税和提供免费的劳力。现如今这些村庄有自己的社会圈子和运行模式。在维瓦泰纳，这样的圈子被称为萨米提亚"Samithiya"，萨米提亚在僧伽罗语里有社会和财富之意（Society，Welfare），指的是一个社会圈子也可以是财富分配的圈子，在下文的葬礼中也会具体谈及该组织的运转模式。

第三节 遗产传承者（主体）的实践

一 当代水的系统

这些年，每次飞机飞到斯里兰卡上空时不禁让人感慨：十几年前这片岛上灯光微弱，星星点点，近三年从上空俯瞰下去，相比之下这片土地要璀璨

第四章 累叠和生长的交界点：遗产在生活中的实践

得多。这证明斯里兰卡已从内战中逐渐发展起来，电力需求增大，而康提地区的电力得益于维多利亚水电站。虽然经常遭遇限电，但我仍心存感激，若不是斯里兰卡最大的水电站供电，我每晚可能会在茫茫黑夜中度过。得益于这个水电站，至少有一半以上的田野夜晚有灯可以照明。

维多利亚水电站位于斯里兰卡康提中部山区的马哈维利河中游（图4-3）。水电站的名字述说着遗产的来历，由其名便可得知主要是英国政府修建。该水电站1980年开工，四年完工，是以发电为主，结合灌溉的综合利用工程。最大坝高120米，水库总库容7.28亿立方米，水电站初期装机容量21万千瓦，多年平均发电量8亿千瓦，最终装机容量42万千瓦，可灌溉面积4.5万公顷。

图4-3　远眺马哈韦利河（余媛媛 摄）

斯里兰卡近期发展的水利水电项目大多由中国公司参与建设，例如，斯里兰卡卡鲁河（Kalu Gaṅga）项目是莫拉嘎哈坎达（Moragahakanda）水电开发项目的一部分，地理位置为东经80°50′32″，北纬7°32′24″。斯里兰卡马哈威利当局规划将卡鲁河的水调到莫拉嘎哈坎达水库，其年调水量确定为9700万立方米；另外抽取3900万立方米的水用于受莫拉嘎哈坎达项目施工影响，安置在卡鲁河附近新居民区的家庭灌溉需求。卡鲁河开发项目包括一座堆石主坝及在主坝上游大约4千米的一座副坝的施工。主坝建筑物有：黏土心墙堆石坝（MDAM）、溢洪道（SPW）、导流洞（DT）、围堰（Coffer DAM）、引水洞（TCO）、左岸灌溉洞（LBO）、左岸引水渠。副坝建筑物有：

黏土心墙堆石坝（SDAM）、右岸灌溉洞（RBO）。该主坝具有 76 米高的中心黏土心墙、坝顶长 524 米，副坝坝高 40 米、坝顶长 670 米，坝顶高 213 米，水库正常蓄水位 210 米，水库回水长度约 4 千米。主坝左坝肩具有一座（弧形）闸门溢洪道。靠近主坝的取水结构物将作为左岸的引水渠和灌溉渠，引水渠能自行将水排到莫拉嘎哈坎达水库上游的输水渠道，副坝右岸的另一取水结构可作为右岸的灌溉渠。

斯里兰卡卡鲁河首部水库工程，业主方为斯里兰卡灌溉及水资源管理部，前期设计方为德国拉玛雅公司，于 2011 年 5 月完成可行性研究报告，同年 8 月完成补充可行性研究报告。中国水利水电集团（简称"中水"）中标该项目，委托其集团公司下第十四工程局（简称"十四局"）执行，成立了中水十四局 K 坝项目部，在十四局与中国电建集团中南勘测设计研究院（简称"中南院"）良好合作关系的背景下，经中南院国际部与十四局斯里兰卡项目经理部和海外事业部洽谈沟通，在双方高层推动下，在斯里兰卡建立了全面合作的战略伙伴关系，于 2014 年 7 月签订了该项目分包合同。中国水利水电集团中标本项目的施工合同，并委托其集团公司下第十四工程局执行。

另一项目，斯里兰卡莫拉嘎哈坎达首部水库项目（Moragahakanda）位于斯里兰卡中部的中央省，距科伦坡约 190 公里的安邦河（Amban Gaňga）河畔，主要由跨越安邦河 63.5m 高的黏土心墙土石主坝、高 56.5m 的碾压混凝土 1 号副坝、已建成的 2 号土石副坝构成。M 坝工程的正常蓄水位为 185.0 米，共装机 4 台，总装机容量为 25 兆瓦，厂房下游为高低灌渠。工程于 2012 年正式开工建设。2014 年 7 月，中国电建集团中南勘测设计研究院有限公司与中国水利水电第十四工程局有限公司斯里兰卡莫拉嘎哈坎达首部水库工程项目经理部签署《斯里兰卡 Moragahakanda 首部水库工程详细设计服务合同》。合同设计服务自 2014 年 7 月 1 日开始，自主合同规定的项目完工时间为 2016 年 7 月。2015 年 3 月 9 日 Amban 主河道截流，2016 年 12 月 1 日蓄水，2017 年 5 月 31 日，第 1 台机组发电。（该项目是集灌溉、给水和发电于一体，从南到北贯穿整个斯里兰卡岛国。利用较大库容贮存雨水到旱季使用，把中部的水源调节到北部使用，类似中国的"南水北调"工程。）

因为斯里兰卡的发展与电力系统的硬件设施无法匹配，这些项目近年才逐渐发展，故该国采取阶梯电价，以限制用电。大致情况为用电量在 29 度以下约合人民币 4 角，用电量在 0—29 度之间有些地方约为人民币 6 角，用电

第四章 累叠和生长的交界点：遗产在生活中的实践

量在 50—100 度区间平均每度电一般为人民币 9 角，100 度以上平均每度电约为人民币 2 元。因为科伦坡较为炎热，人们的生活水平相对较高，一般家庭有少量的电器，富裕的家庭有空调（集中在科伦坡），平均一度电在 1 元 6 角钱至 1 元 8 角钱之间。康提地处山区，气候较为凉爽，加上房屋设计通风合理，所以用电量相比科伦坡少，电费较低。家庭用水电一般是经由政府相关部门审批，然后每家将电线牵引至家中，电线和电线杆等费用由户主自己承担。如已有电线正好经过该户，架电成本则会减少许多。于是也就不难理解，为何我在洗澡时会遭遇电闸被拉的情况，并非帕利塔太太有意，实属为了省电。在此，我表示十分理解。斯里兰卡大部分人习惯洗冷水澡，但中国人更喜欢"热水"，所以生理期时洗澡确实是一件让我非常头疼的事情。

由此可见，斯里兰卡的水利系统和电力系统紧密相连。正如第二章所述，因为地形和海洋季风气候的特点，斯里兰卡全岛大致可分为三个气候区域。斯里兰卡一些主要城市，如阿努拉达普勒、波隆那努瓦、亭可马里、汉班托塔等都属于干旱地区，约占全岛 70% 以上面积。在如此缺乏水源的国度，水无疑成了影响他们生活的重要因素，任何文明都离不开水源，河床是孕育文明的温床。最初，人们在容易获得水的地方建立村庄，后古僧伽罗人利用地形高的差别，结合降水特点，在两山之间用泥土、牛粪等材料建筑蓄水池（Tank），并在河流地势较高处建蓄水池，将水导入人工水渠。在东北季风无雨期也不至于因断水而不能生活。公元 1 世纪时僧伽罗人就已经有了使用器械测量等高线和平行地形等记录。公元 3 世纪，僧伽罗人的建坝水平有了更高的提升，其中较为著名的有摩尼喜罗水库。这些水库、蓄水池、水渠等水资源一般都为王室、领主或王室贵族们赠予的僧团或者寺庙所拥有。在阿努拉德哈·森内维拉塔纳教授的《僧伽罗文明之春》中有人们将水捐赠给僧团的详细记录。

> *If people, bent on helping the Sangha, construct an irrigation on the land belonging to the Sangha, and thenceforth provide "allowed articles",（utensils allowed to be used by the monks）from the proceeds of the crops raised with water from reservoir, it is permissible to accept them. And when it is requested, appoint a Kppiyakaraka（a person whose duty was to procure the necessities of the Sanha and offer them）for us, it is in order to appoint one. And if these people, being oppressed by the tax demands of the king, were*

to give up the land and go away,and if others who occupy their land do not give anything to the monks,it is permissible to stop the supply of water;but this should be done in the ploughing season and not in the crop season. And if people raised crops with water from this reservoir,then they should be told "They helped the Sangha in such and such manner,and the provided the Sangha with such and such articles".And if they say"We,too shall to do so,"it is permissible to accpect what the offer.[①]

(一)点(村)

古代斯里兰卡僧伽罗王国的形成得益于僧伽罗古老先辈们对于灌溉系统的探究,相比以狩猎为生的"土著"维达人,僧伽罗人因灌溉体系得以定居,在一片相对固定的土地上繁衍后代,逐渐形成了乡村、城镇等。斯里兰卡学者认为这些种植和灌溉的技术源于印度北部或者东北部的先祖们,当然这些先祖们最先抵达气候干燥的北部。后经过一段时间的适应和对雨水的观察才摸索出一套更适合斯里兰卡本土耕作的方式方法。斯里兰卡的水系统是最为古老的遗产之一,亦可分为"有形的水"和"无形的水"。"有形的水"指斯里兰卡将于灌溉和民生的水利系统;"无形的水"指在僧伽罗人的宗教世界中水是佛陀流下的信念的象征,是平衡世间奇迹的不朽之物。僧伽罗人引以为豪的是经历了两千多年的内战和殖民的蹂躏后,这一独特的水文明未被破坏,至今保留完好。

据相关文献记载,公元前1世纪到公元2世纪,用于灌溉的蓄水池(Väva)属于私人财产,它们直接归属于瓦为哈密卡(Vavihamika),瓦为哈密卡是湖主(Lord of Lake)的意思。后为贵族阶层帕鲁马卡斯(Parumakas)所有,再后来帕鲁马卡斯(Parumakas)将他们的收入和用于灌溉的河道捐赠给僧团。公元1世纪的时候,一些在干燥地区定居下来的人开始追随佛陀(释迦牟尼)。这些人开始使用工具耕田,以获得食物维持生计,且通过两种办法获取水源。其一是根据雨季来清理森林和对自己的耕种田地进行修缮。其二依据现有的灌溉体系有规律的种植农作物。毫无疑问,蓄水池这一举措在干燥地区获得的成就非凡。公元前1世纪时斯里兰卡就已经有了水利灌溉文明。公元1世纪前后,干

---

① Seneviratna, *The Springs of Sinhala Civilization: An Illustrated Survey of the Ancient Irrigation System of Sri Lanka*(*Second Edition*),Wellampitiya: Godage International Publishers(Pvt)Ltd., 2002.

燥地区的灌溉体系又得到进一步完善。据斯里兰卡考古学家推测，当时人们用石头将小溪截留建立阿木那（Amuna），即土石坝。灌溉原理主要分为两种方式。其一，先用石块对小溪流进行阻拦，然后用木材、黏土放在相应的位置，使水流改变方向倒入水渠，引至灌溉的区域；其二，将土石坝下村庄蓄水池的水直接用于灌溉（图4-4）。这些早期国王所建的水利设施，以及灌溉原理和方法至今还在使用，在村民的日常农作和生活中起到了非常重要的作用。

图4-4　河渠、高地耕种和村庄示意图

（二）线（河流）

世界上古老的文明城市大多依水而建，康提也是如此。斯里兰卡最长的河流是马哈韦利河（Mahawäli Gaṅga），可谓是斯里兰卡的母亲河。该河全长335公里，呈"几"字形，最后在亭可马里科迪亚尔湾流入印度洋。而康提正像孩童般依偎在马哈韦利母亲河的臂弯里，这条河孕育了康提的文明。康提中心的康提湖是一个人工湖，散布在马哈韦利河和康提湖中间的是一些渠道和少部分溪流，它们是普希尔河、卡姆马尔丹尼亚水渠、拼嘎河、艾尼嘎拉维拉水渠、哈利水渠、皮塔水渠、赫盆坎达拉水渠、杜姆马达拉水渠、哈尔河、迈达库姆布拉溪流、埃尔瓦拉水渠、迪昂戈水渠、西雅姆巴兰格库姆布拉水渠、乌拉瓦拉水渠、麦达水渠，一共16条河渠（图4-5）。其中除了赫盆坎达拉水渠是从康提湖引水之外，其他的河渠均是从马哈韦利河引水。这足以可见母亲河对于康提人民的重要性。

（三）网（大型的水利系统）

从古代的土石坝、蓄水池、渠道、水库到近代和现代的大型水利设施，斯里兰卡水利系统由点连成线再到网，已然编制成一个水利系统网。虽说斯里兰卡的湖泊屈指可数，但河流众多，全国主要河流有16条，大部分发源于中部山区，河流短小且流势湍急，流量季节变化大，为放射状水系（图4-6）。东部平原地区有着星罗棋布的湖泊，其中以巴提卡洛湖最大，面积为120平方公里。

除了马哈韦利河，延河（Yan Oya）自古以来是斯里兰卡的一条重要河流，马哈韦利河和延河在中文里都翻译成"河"，但是两条河流的大小和所指却又不同。在僧伽罗语中，马哈韦利是"Gaṅga"与延河的"Oya"是两个不同的词，"Oya"指的是溪流、小河，而"Gaṅga"所指的是大河。随着区域经济社会的发展，农业、工业用水以及人口的增加，现有的水资源量难以满足用水要求，水资源供应不足已经成斯里兰卡诸多地方的发展瓶颈。为切实解决延河水资源短缺问题，斯里兰卡灌溉与水资源管理部决定实施延河灌溉工程。在延河上建一拦河引水坝，适当抬高延河水位，同时在项目区内建设灌溉系统，使项目区大部分耕地实现自流灌溉。工程建成后，对斯里兰卡当地农业、林业、渔业、畜牧业以及就业等都将起到积极作用。该灌溉工程位于斯里兰卡中北部阿努拉达普勒和亭可马里地区，坝址距首都科伦坡300千米。项目内容为新建 5 座总长度为 5.9 千米的土坝、溢洪道、输水系统及道路等。

康提水体分布地

1. 普希尔河
2. 卡姆马尔丹尼亚水渠
3. 拼嘎河
4. 艾尼嘎拉维拉水渠
5. 哈利水渠
6. 皮塔水渠
7. 赫盆坎达拉水渠
8. 杜姆马达拉水渠
9. 哈尔河
10. 迈达库姆布拉溪流
11. 埃尔瓦拉水渠
12. 迪帛戈水渠
13. 西雅姆巴兰格库姆布拉水渠
14. 乌拉瓦拉水渠
15. 麦达水渠

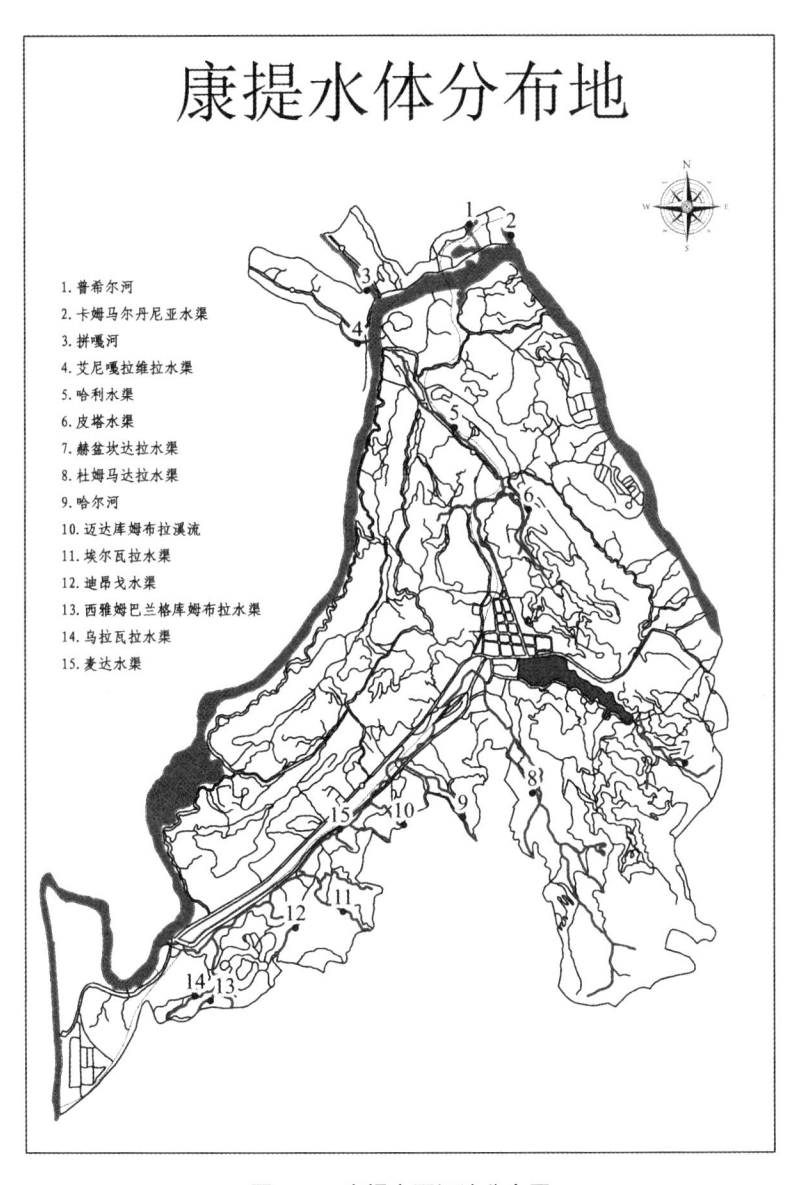

图 4-5　康提主要河流分布图

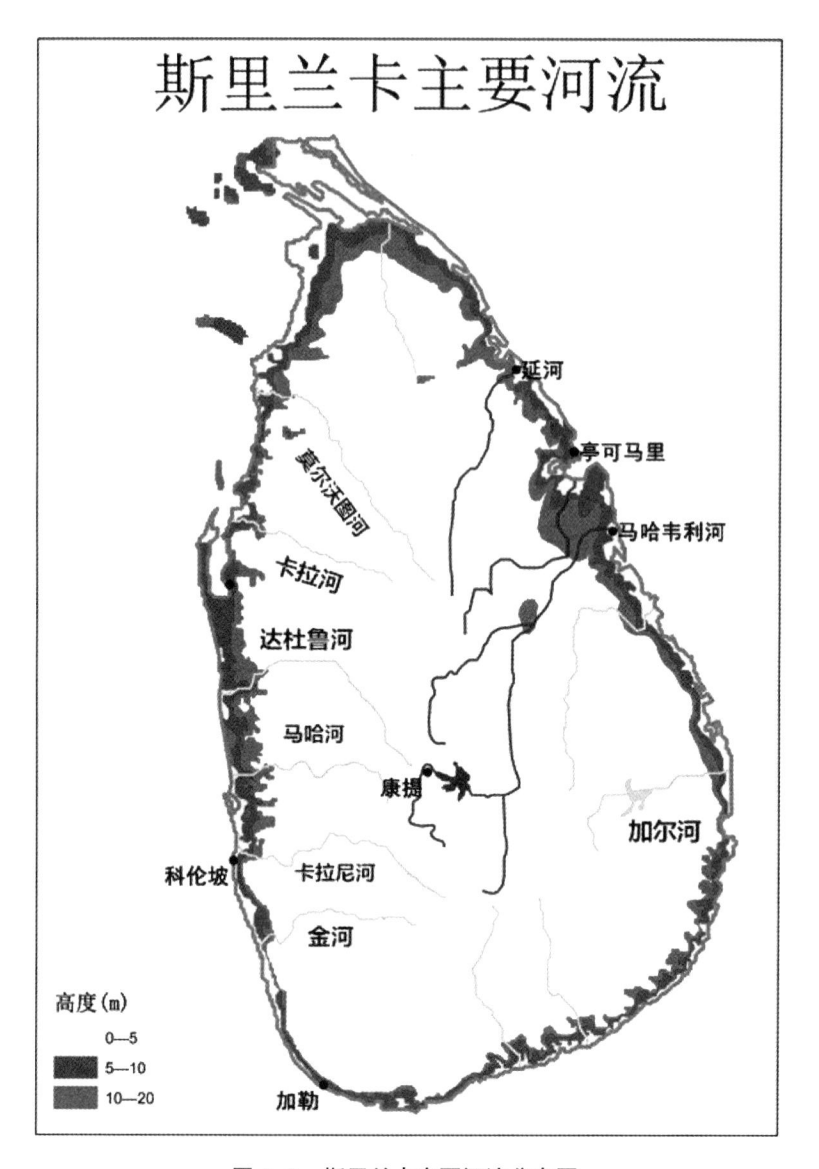

图 4-6 斯里兰卡主要河流分布图

（四）水与经济（水—渔—税）

作为岛国的斯里兰卡在沿海地区经常有鱼市，例如尼甘布，那里售卖的大部分是新鲜的海鱼。居住在中部山区的人一样喜好食用鱼，与沿海城市不同的是他们更偏爱吃淡水鱼，这些淡水鱼是在瓦洼（Väva）中养大，瓦洼其实就是类似于蓄水池的水源。但并非所有人都有资格养鱼，他们需要拥有用

第四章　累叠和生长的交界点：遗产在生活中的实践

水的权利、即获得相应许可，缴纳税款后方可养鱼或者捕鱼。对于水的使用所需缴纳的税收我们姑且称为水税。公元9世纪到10世纪，水税专有名称为迪亚白杜马（Diyabeduma），波隆那努瓦时期被称为迪亚大达（Diyadada）。这些水税是针对使用水渠或者河渠进行灌溉种植的农户。而那些拥有蓄水池使用权的叫人被作马基毕卡（Maji bika），由梵文"Matsya Bhāga"衍生而来，即鱼的分享之意。养鱼或捕鱼税收不同，此外僧伽罗王朝还征收土地税，这些构成了僧伽罗王朝的三大税收体系。公元5世纪的一项评论中记载，如果这些使用水的农户未按时交税，名为萨曼塔帕萨迪卡（Samantapāsādikā）的人或者机构则有权收回他们的权利。由此可见，大的水利工程是由国王所建，小的水渠和蓄水池等是由私人所建，但是这些拥有者必须向上级或者国王缴纳税款。如此看来，在斯里兰卡水的拥有者分别是国家、私人拥有者（Vapihamika）、僧团三类，且这些水资源的拥有者与土地拥有者一样大多为女性。而萨曼塔帕萨迪卡（Samantapāsādikā）中记载，这些人除了负责监管水源的使用，是否有人存在偷偷使用水养鱼外，还要进行堤坝的监管和维护。

在人类文明中，水是重要的资源，人类的生活依赖水，水资源与权力紧密结合,成了治理国家的利器（图4-7）。例如，夏威夷的耕地大部分是水浇地，需要灌溉。在被殖民前，小首领控制土地和水，这也意味着他们控制了平民的集体劳动。高级首领向高级贵族征税，高级贵族向低级贵族征税，以此类推直至平民。这些税收一部分被用来修建水利灌溉工程。

在当代的斯里兰卡社会，水和电结为一体，很宝贵。我很喜欢我的报道人帕利塔先生和帕利塔太太，住在他们家心里很踏实也很安全。水电费对于斯里兰卡普通民众并不便宜。虽然帕利塔太太很喜欢我，但他们生活非常节俭，整个斯里兰卡社会皆如此。帕利塔太太一直心疼电费,其实这些完全可以理解，在报道人家，我洗澡比较快，一般十分钟之内可以解决，但还是会经常出现我澡还未洗完，水却已冷，对于生理期的女性而言这确实是一个极大的挑战。经过我的仔细研究确认不是设备损坏后，我与帕利塔太太进行了一次非常诚心的沟通和交流，自此之后我的洗澡时间改成了下午三点以前，帕利塔太太的理由是下午三点以后洗澡对人的身体极其不好，而且容易感冒。对于我而言白天的气温好过晚上，三点以前阳光温暖，水温适宜。毕竟是在山区，晚上洗澡确实会更冷一些。

图 4-7 斯里兰卡不同时期的蓄水池（余媛媛 摄）

（五）水与仪式

斯里兰卡著名作家马丁·威克拉玛辛哈曾说过，人们经常去寻找古代那些已经被毁坏的佛像、佛教雕塑、石柱和纪念物等去试图了解僧伽罗人。这些毁坏的遗产只是人类文明的一个部分，有时我们忽略了无形或者活态的一些遗产，即仪式。

早期僧伽罗人所在的北部，因为条件艰苦，人们要依赖水才得以生存。雨水是干旱地带最主要的水源，人们将希望寄托在神灵之上，虔诚举办求雨仪式取悦神灵。这些仪式有的是由早期进入斯里兰卡的雅利安人带入，有的则是在公元前 3 世纪时就有了记载，其中有一位吠陀，即雅利安人的神巴尔

第四章 累叠和生长的交界点：遗产在生活中的实践

加鲁耶（Parjanya）与雨水有关联。[①] 每年一月的月圆之日，人们会在山顶举办一个叫"Jeṭṭhamūla"的节日，即现斯里兰卡波松月圆节（Poson Full Moon Poya Day）。僧伽罗语的"Poson"来源于巴尔加鲁耶神，古时该节日被国王和民众们视为水节庆祝。正如前文所言，国王的德行一直以来被认为与雨水相关联。"社会的系统和整个宇宙的稳定与国王的德行（The Conduct of King）是紧密相连的"且国王有义务完成跟祈雨相关的活动。[②] 在人民饱受旱灾之苦时，国王可以通过苦修（Satyakriyā）来强迫掌管天气的神灵下雨。不仅在僧伽罗人的宗教世界中有如此的信仰，即便是在泰米尔人中，国王与雨之间的关联也是被肯定的。一部编年史中曾记载：一位年长的妇女在干季晒米，但是却遇到下雨天气，使得她的米全部受潮，她带着受潮的米觐见国王，并且向国王抱怨。国王听闻雨在不适宜的时节降下之后，认为自己应该执掌正义，雨水应在适当的时节下降。这时守护神灵的护卫感受到了国王炽烈的心，即国王苦修的成果。将降雨之事告诉了四大天王（The Four Great Kings），他们将国王带到"Sakka"面前，"Sakka"即为巴尔加鲁耶，并且将雨水调整到适当的时候下降（即停止了下雨）。

水是斯里兰卡人最重要的事物之一，水与他们的信仰紧密结合。除了这些仪式和记录的材料之外，斯里兰卡重要的两样国宝亦与水息息相关。一个是圣菩提，另一个则是佛牙。自公元前3世纪圣菩提被种下那一刻，人们坚信圣菩提可以带来雨水滋润大地，以便更好地耕种粮食。至今在干旱之时，人们仍会从帝沙河水库中取水，举行古老的浴圣树仪式（Pänperahära），每天四位少女被委以重任给圣菩提浇水。当将自然规律和与农业耕作相关联，人们格外的虔诚。鉴于第二章中已经详细阐述过有关佛牙的历史，不再赘述。为了唤起佛牙在人们心中的力量，国王决定每年定期将佛牙展出，供人们膜拜。这些仪式和节庆在阿努拉达普勒一起举行。直至公元11世纪，斯里兰卡迁都波隆那努瓦。圣菩提不能随着都城的改变而转移，但是佛牙却可以。圣物被赋予了下雨的能力，人们对此坚定不移的虔诚，使得佛牙与最高的权利紧密相连，融为一体。

这些与水有关的神话或类似的仪式、艺术是民族信仰之无形的水，它们

[①] 在《梨俱吠陀》（*The Secret of The Veda*）中，巴尔加鲁耶是由雨云神格幻化而来，是降雨之神。相传他用桶（Kosa）或水囊（Drti）降雨于地界，灌溉草木。

[②] Anguttara Nikāya, *Pali Text Society*, Oxford: Oxford University Press, Vol. 11, 1888, pp.74-76.

与政治表征之有形的水相结合将国王构建成了一种神圣的化身,形成了政治精神的象征符号。从政治角度而言,水利设施的建设造福于民,提升了国王的影响力;从经济角度而言,水税制度区分了社会阶层,增进了国家的收入;从文化角度而言,国王被赋予神职,形成了神性国王崇拜的文化形式。由此可见,水利在僧伽罗文明中极为重要,是斯里兰卡社会的重要文化符号,水的多元文化形态是斯里兰卡文化遗产中的核心文化元素。

二 物（食物）的供应系统

（一）饮食

2015年8月,我再次到斯里兰卡做田野调查,因为饮食的不适应导致失去了一颗牙齿,当然这又是另外一个悲壮的故事了。天真的人类学家们在田野中关于失去牙齿这一话题似乎总是可以引起共鸣,而且故事总是惊人的相似,以防出现拔错牙齿的情况我还是坚持隐忍着扯着头皮的疼。

开始我一直认为导致我牙齿的疼痛的原因是上火,因为斯里兰卡的食物又热又燥,这是我初到田野对斯里兰卡食物的认知,后来我逐渐修正这一观念。在地方性知识里事物都有相生和相克的逻辑,正如在厦门等沿海城市,人们吃了很多海鲜,但他们没有像内地人一样痛风那么频繁,这与他们喜欢食用芋头和红薯等饮食习惯相关联。我一直在考虑既然是上火,那斯里兰卡的食物这么"热"（容易上火）,他们是否也有凉性的食物呢？牙疼难以忍受的我与吉姆哈妮（Gimhani）聊到身体的冷热与平衡,她告诉我虽然斯里兰卡人已经习惯了炒饭这类食物,但在斯里兰卡也有食物"热"和"凉"的类似说法,并举了以下凉性的食物。例如沙·坎达（Sau Kanda）或者帕亚萨姆（Payasam）,帕亚萨姆是一种米饭布丁,有点类似于我国的粥；金椰,在斯里兰卡田野期间反复听到七姑六婆们经常强调女孩在生理期时不要喝,是禁忌；还有一些（具有凉性）植物叶子不能食用。当然吉姆哈妮也有说到,芒果是热性食物,这个认知倒是与我国部分地方相似。他们的食物不仅有凉性热性之分,还有良性之说（或许类似于我国食物的"温",但不完全一致）。良性食物指的是吃了对人身体好的食物,例如班达卡（Bandaka）,卡杜鲁姆伦尕（Kathurumurunga）这些食物都属良性。

随着田野深入,我才知道兰卡人将植物或者说是草药运用得淋漓尽致。

第四章 累叠和生长的交界点：遗产在生活中的实践

而这一点可以引出一个更广阔的话题，那就是斯里兰卡的阿育吠陀。阿育吠陀（Ayuveda，读音为 eye-your-veda）是一种古老的医学体系，使用草药、药油、金属和动物产品来治病。阿育吠陀体系认为，五种基本元素（土、气、空、水和光）连接人的五感，五元素组成了每个人的生命能量（Dosha）。生命能量失衡，就会出现病痛，阿育吠陀的治疗就是为了重构平衡。阿育吠陀贯穿在斯里兰卡人的衣食住行和精神世界之中，下文也将会具体谈及人们在日常生活中对于植物或者草药的运用。

1. 饮：茶叶

> 对任何一个国家而言，能够被接纳的最大的贡献就是给它的文化带来一种有用的植物。
>
> ——托马斯·杰斐逊

一直以来斯里兰卡以种植园经济为主，这些经济作物主要有：茶叶、橡胶、椰子和稻米。该岛前两次被殖民也离不开这些经济作物，从肉桂、椰子、橡胶、咖啡到如今的茶叶。至今，茶叶的主要种植地仍集中在康提地区。公元 1505 年葡萄牙人意外发现斯里兰卡后，岛上丰富的资源吸引了他们的目光，尤其是肉桂让他们垂涎不已。当葡萄牙人向荷兰人投降了后，荷兰总督大力发展种植园经济。除肉桂之外，还进行咖啡、糖、椰子和烟草等经济作物推广和耕种。后英国政府接过了殖民的接力棒，大力发展种植经济，引进了咖啡、茶叶、橡胶等经济作物。在咖啡的引进、种植、推广期间政府给予相关鼓励政策，推行了减税、免税等相关措施，但后期出现了各个利益阶级和集团对咖啡资源的争夺，其中当然也包括土地。

1940 年代人们开始在斯里兰卡种植咖啡，后慢慢出现鼠害和叶害，1960 年代末（公元 1869 年）出现叶病，1970 年代末已经严重到使人们开始另辟他路寻找其他经济种植物。其中也尝试过金鸡纳树（可提取奎宁）和可可。茶叶对于历史上的锡兰和如今的斯里兰卡，乃至英国和中国都起着重要作用。17 世纪 60 年代，凯瑟琳公主与英王查理二世成婚，茶作为嫁妆的一部分，从此流入了英国。茶叶有着质量轻且易包装以及保存时间长等特点，成了东印度巨型船商的完美商品。"作为外来奢侈品，茶叶迅速成为英国上流社会阶层用于展现自身气质、品味的理想载体。此后，它迅速渗透到下层社会阶层的日常生活中。"[①]茶叶自从成了英国皇室的时尚，全民效仿，亦成了经济的风向标。在维多利亚时代，茶叶改变了英国的资本和经济体系，成了英国进行殖民扩张的工具。至那时起人们的生活方式发生了改变。茶叶的大批量种植在当时的锡兰经过了一系列的历史进程：公元1830年阿萨姆发现野生茶林；公元1834年印度总督威廉·本汀克勋爵（Lord William Bentinck）设置茶叶委员会，调查在孟加拉管辖区内种植茶叶的可能性；公元1836年阿萨姆培育的第一批茶叶送到伦敦；公元1939年佩拉尼亚植物园街道阿萨姆的茶叶种子；公元1841年当时的锡兰引进中国茶叶和茶工，但因为工序复杂和成本太高等一系列因素，使得福均历经千辛万苦从中国"偷盗"来的武夷茶种培育最终以失败告终。最后在锡兰大量种植和推广的是名叫阿萨姆的茶叶品种。公元1883年锡兰茶在伦敦交易市场上被认为是一种有着不同于印度与中国茶叶芳香和味道的茶。从此印度和锡兰红茶便逐渐把中国茶叶从英国的市场排挤出去。茶叶的大量种植意义重大，对于当地人民之间的关系，国与国的关系也不容小觑。茶叶是被人们和历史选择而留下的活态遗物，至今影响着现代的人们。英国管理期间，殖民特点是：既能够提供商品货物挣钱，又能够维持管理该岛和进行研发分担费用。公元1592年至公元1815年康提成为锡兰王朝和宗教中心，也是山区种植业的中心。

公元1948年斯里兰卡独立不久后，我国与斯里兰卡政府签订米胶协议，该协议长达30年。由此可见，斯里兰卡独立之后仍然在用经济种植物来博取发展。内战结束后的斯里兰卡百废待兴。从2011年至今，中斯两国的各项协议以及友好合作促进了斯里兰卡旅游业的大力发展。茶叶作为旅游产品的主力军之一，对该国的经济发展起到了重要作用。且红茶亦是斯里兰卡主要的出口贸易商品，对斯里兰卡整个国家而言，有着非同寻常的意义。斯里兰卡红茶产地根据地理位置和气候可以分为六大产区（图4-8）。茶叶的品质与海拔有着密不可分的关系，这些茶叶产区的区分同样也产考虑海拔的因素，比如乌瓦茶海拔为1000-1600米，努瓦埃利亚茶则平均海拔2000米以上。

[①] ［美］萨拉·罗斯：《茶叶大盗：改变世界史的中国茶叶》，孟驰译，社会科学文献出版社2015年版。

第四章　累叠和生长的交界点：遗产在生活中的实践

（1）中部地区——康提

康提是斯里兰卡茶产业最初种植地，茶叶大多种植在海拔在2000英尺至4000英尺。大部分康提茶园都坐落在山坡的西面，受西南季风影响。第一个季度产出的茶叶较好。通常来说康提茶茶汤呈橙红色，非常明亮，茶体浓度适中，没有低地产区萨博拉格穆瓦和卢哈纳茶叶的浓度高。在中部山区社区或村落的茶农主要为泰米尔人（图4-9）。

图4-8　斯里兰卡茶区分布图

（2）高地地区——努瓦埃利亚（Nuwara Eliya）

努瓦埃利亚位于斯里兰卡中央省，是斯里兰卡南部丘陵区的核心及地势最高的城镇。终年气候温润，是整个斯里兰卡茶叶和蔬菜的种植基地，斯里兰卡较大的茶厂均在此地。受夏季（5—8月）西南季风送雨的影响，以1月至3月收获的茶叶品质最佳。努瓦埃利亚是斯里兰卡红茶的最佳产地之一。根据僧伽罗人的口述史描述，在英国殖民时期，因僧伽罗人抵抗英国殖民者，拒绝当劳工种植茶，英国当局从印度引进大量的泰米尔劳工叶，所以至今该地区印度泰米尔人口数量居首位。与此同时，为了配合茶叶的销售至运输，殖民者修建了通往康提的铁路，将大量顶级的锡兰红茶运往口岸，通过海上航线运至英国皇室。此外，这里海拔较高气候凉爽，云雾缭绕。正是因为清新的空气和丰富的植被，成为英国殖民者的避暑胜地，至今仍可以看到许多英国殖民时期的英式建筑，故有"小伦敦"之称。

图4-9 康提山区泰米尔人采茶女（余媛媛 摄）

（3）高地与中部——乌瓦（Uva）

乌瓦省产茶叶的地区主要是巴杜勒，该地区海拔为2000英尺至4000英尺。因受气候影响，11月和次年的2月降雨增多不利茶园生产，乌瓦茶7月至9月所产的茶叶品质最优。高地的茶叶种植地主要集中在马特勒、巴杜勒等地。这些茶区所生产的茶与乌瓦茶一样，相对而言7月至9月出产的茶叶品质较好，茶汤醇厚。乌瓦茶和中国的祁门红茶、印度的阿萨姆红茶及大吉岭红茶,并称世界四大名茶。

(4)高地——乌达普沙拉瓦(Uda Pussellawa)

乌达普沙拉瓦片区茶叶种植地海拔在5000英尺至6000英尺。受东北季风影响,6月至9月出产的茶较好。该茶区茶汤颜色较深,味道稍苦有回甘。主要产地有马杜拉塔(Maturata)和拉嘎拉(Ragala)等地。

(5)低地——卢哈纳(Ruhuna)

卢哈纳位于中央山脉南部中低海拔地区,包括西南海岸片区。茶叶种植地基本与海平面持平。受西南季风影响,气候温暖潮湿,这片茶区土地肥沃。茶叶主产区位于辛哈拉加雨林周围,内部包括德尼亚亚(Deniyaya)、加勒、马塔拉等地。这些茶区的茶叶茶汤颜色较深,味道醇厚。

(6)中央高地的西坡——丁布拉(Dimbulla)

丁布拉产区的茶园多数位于中央高地的西坡,主要受西南季风影响。海拔高度在5000英尺至6000英尺,茶叶种植地涵盖波噶瓦塔尔瓦(Bogawantalwa)、阿格拉帕塔纳(Agrapatana)等地。该地区1月至3月为旱季。此时产出的茶叶质量较好,具有鲜花般的香气,茶汤清淡甘醇。

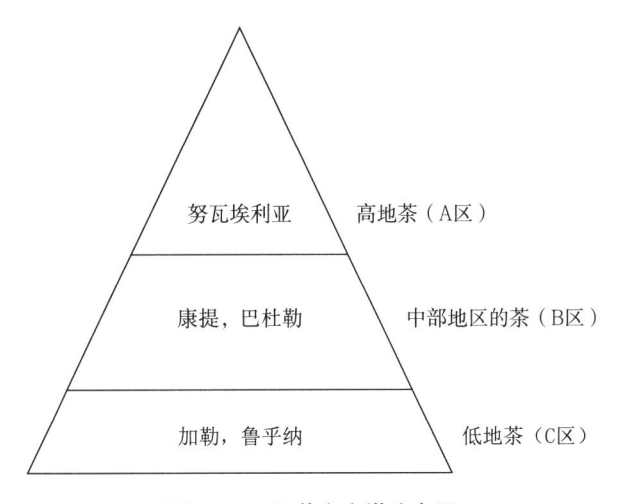

图 4-10　红茶金字塔分布图

茶园附近一般有茶厂,茶厂的茶叶不能对外销售,除非从政府拿到相关对外销售许可。茶厂的工人有相关福利,比如相隔数月他们便可以从茶厂拿到较低价格的茶叶,这个价格约为800卢比,数量有限,一般为每人1公斤。

这些茶厂的工人可以拿回这些福利茶叶自饮或私下售卖，这样流通出来的茶叶量较少，不足以影响整个茶叶市场的价格。从茶厂收去的茶叶一般被运往科伦坡等地，为了规范出口，斯里兰卡政府茶叶出口主管机构统一颁发了斯里兰卡红茶质量标志。该标志为长方形，上部分有持剑雄狮图案，下部分有两排英文，上排英文为"锡兰茶"（Ceylon Tea）字样，下排为"质量标志"（Symbol of Quality）字样。不可否认，这些举措都是对茶叶的一种监管及垄断。

因为斯里兰卡红茶产地所处的地理位置和气候不同，所出产的茶叶味道也有所差异。人们所饮的绝大多数斯里兰卡红茶并非来自单一产地，而是经过了茶叶中间商或译作茶叶经纪人（Tea Brokers）之手调和而成。茶叶经纪人会根据不同地区人的喜好，自己的专业知识以及祖辈们积累起来的经验按照一定比例混合调制锡兰红茶。锡兰茶分高地茶、中地茶和低地茶三种，这三种由高海拔到低海拔，呈金字塔分布（图4-10）。这三种茶叶因生长地气候条件不同，所以产出的茶叶香味各异。锡兰高地茶以努瓦埃利亚为代表，喝完之后口中无明显余香，英国人、欧洲人和美国人较为喜爱，西方市场上的锡兰红茶混合比例大约为 A 地占 60%，B 地占 20%，C 地占 20%。从斯里兰卡的饮茶习惯中不难看出，茶是一种饮品，而非像中国那样的茶道，一杯茶可以喝出不同的味道和不同的人生。不同茶叶经纪人有他们独特的混合比例，甚至可以根据自己的喜好来调制，最后再大批量订货发往世界各地。第二种较为广泛的是中地茶，以康提和巴杜勒等地为代表，饮完茶后口中略有余香，比较适合北欧人的口味。第三种是低地茶，以加勒和卢哈纳为例，品完茶后口中有浓烈的余香。低地茶受中东、阿拉伯、俄罗斯、中国、日本等国家的青睐。这些中东和亚洲等市场的锡兰红茶混合比例约为 A 地 10%，B 地 20%，C 地 70%。因为各个国家的口味不同，混合的时候比例也会有所不同，此处涉及一些商业机密，根据报道人的意愿，这里不再过多的一一进行列举。

同一棵茶树上的不同叶片有不同的名称和分类，从上至下分别是毫尖、橙白毫、白毫、白毫小种、小种。毫尖是一株茶叶最上端，还未展开成叶的芽尖；橙白毫是毫尖下的一片叶子，最接近毫尖；白毫是橙白毫的下一叶；白毫小种是白毫的下一叶；小种是白毫小种的下一叶，即白毫的下二叶（见图4-11）。

斯里兰卡的饮茶习惯和中国人截然不同。斯里兰卡从衣着到生活方式，都是以英国女皇为首的皇室成员为时尚方向标，受英国生活方式影响较为严重，包括饮茶。与英国人一样斯里兰卡人喜欢用茶粉或茶包泡茶。茶粉是采摘下来的茶叶经过一系列加工，机器再将茶叶磨成粉末，最后被分装进袋。与中国人喜欢喝茶叶的习惯有所不同，中国人喜欢喝的茶叶是指采摘下来的茶叶经过一系列加工，最后基本仍然维持叶子形状的茶叶，而非将茶叶烘干磨碎的粉末。

图 4-11 斯里兰卡茶叶名称与分类

斯里兰卡人每早上和下午都会饮茶，这个习惯非常适合当地的气候，也能定期补充人体所需要的水分。斯里兰卡人在饮茶之时一般都配有甜点，补充能量。斯里兰卡天气热，人会经常感到乏力，茶叶含有咖啡因等成分，所以饮茶这个习惯与斯里兰卡炎热的气候也是一个完美的结合。因斯里兰卡内战后政局逐渐平稳，旅游的大门也随之敞开，为了满足各国的需求，斯里兰卡亦将茶叶按照国际红茶等级进行分装销售。

虽说茶叶分为不同的级别和口感，但斯里兰卡一般民众对于茶叶的要求并不高。我的一位僧伽罗朋友经常愤愤不平的讲述着这样一个故事，在英国殖民期间，殖民者想迫使僧伽罗人为其种植茶叶，受到强烈抵制，特别是康提地区的僧伽罗人抵抗最为激烈。正如上文提及，英国殖民者从印度引进了大量的泰米尔人在康提城区附近的山区和努瓦埃利亚等地种植茶叶，后斯里兰卡的僧伽罗人也逐渐接受喝茶的生活方式，朋友说殖民者为了惩罚僧伽罗人拒绝种植茶叶这一行为，给了僧伽罗人最差的茶粉，所以人们已经习惯了这些茶粉的味道。当然，我的这位僧伽罗朋友可能不知道当时"英国政府每10英镑的税收中，就有1英镑来自茶叶的进口与销售——平均每个英国人每年要消费 1 磅茶叶。茶税被用于铁路和公路建设、公务员薪水以及一个蒸蒸日上的工业国方方面面的需求"[①]。大量好品质的茶叶至今也是斯里兰卡政府税收和外汇的重要来源。锡兰红茶经常还与牛奶（斯里兰卡人习惯用奶粉）一起冲泡。其中，乌瓦茶最受青睐。它的香味浓重，口感醇厚，适合泡制奶茶。纽日利亚茶则属高山茶，色清、味香，适合泡沏清茶。康提茶生长在中海拔地区，口感不如乌瓦茶浓厚，但茶香与奶香交融后，可形成恰到好处的折中口味。虽说斯里兰卡普通民众对于茶叶的品质并无过高要求，但却用不同方式冲泡茶粉，关于斯里兰卡人的饮茶习惯，大体分为以下三种：

（1）奶茶（Milk tea）

斯里兰卡人早上起来一般会先喝一杯奶茶，然后再准备早餐。如若七点多起床，奶茶过后，用早餐时间一般在九点左右。因为斯里兰卡时间比中国北京时间慢两个半小时，也就是相当于国内中午十二点多才会吃早餐，有时甚至到下午一两点才能吃到早餐。正是因为如此，刚进入田野时，加上到达的时间是周末，很多商店不开门，即便在科伦坡也是如此。我苦苦在烈日下找了几条街也未能买到水，被饿得头晕眼花。在"饥渴"中熬过了两天后终于找到了自己进入田野的"生存方式"——饼干。旅游和田野全然不同，虽然在此之前行走过十余个国家，自认为对田野已经有了一定地了解，结果才发现，"田野"原来是一位熟悉的陌生人而已。在初进田野之时我的潜台词是："痛并快乐着，人类学的田野值得你拥有！"后来，事实证明这句话适用于整个田野的过程。

奶茶是我在斯里兰卡田野时最爱的饮品，在炎热的印度洋清晨，一杯滚烫的奶茶下肚并不燥热，空空如也的胃一下就温暖起来，人也清醒了一些，加上甜甜的味道极易使人产生满足感，所以早上能有一杯奶茶是一件让人很容易满足的生活方式。在斯里兰卡，除了早上一杯奶茶是大多人的不二选择之外，有时在下午茶时段，他们也会选择奶茶。

（2）清茶（Plain tea）

在斯里兰卡的日常生活中，较为常见的饮茶方式是将姜汁、柠檬汁与茶粉冲泡出来的茶水相混合。味道很不错，还可以补充维生素 C。

（3）卡哈塔（Kahata tea without sugar, normal tea）

---

① ［美］萨拉·罗斯：《茶叶大盗：改变世界史的中国茶叶》，孟驰译，社会科学文献出版社 2015 年版。

第四章　累叠和生长的交界点：遗产在生活中的实践

在饮用这种茶时，人们喜欢配着甜点一起食用。比较常见的是一种叫"Thala Gingerly"的甜点，"Thala"一词是芝麻。"Thala Gingerly"（粗姜糖）跟"Jaggery"（粗糖）有点像，制作这种粗糖的蜜汁通常是在棕榈（Kithul）或者椰子的花上提取。

2. 食：食物和香料

斯里兰卡人花了很多时间在吃上，亲身的体悟告诉我，那是因为饥饿。他们常吃素菜，营养和热量不高，所以肚子经常会感觉到饿。加上早茶和下午茶斯里兰卡人一天会进食五次。早上一般六点至六点半起床，起床第一件事就是喝一杯甜甜的奶茶或配上甜点，八点半左右用早餐，中午一点半至两点左右用午餐，然后就是下午茶和甜点，晚上八、九点才吃晚餐，一般吃完晚餐就马上休息。这样食物结构和用餐时间导致了斯里兰卡人，确切地说是以康提地区为代表的僧伽罗人肚子大且圆。

斯里兰卡的甜点非常甜，起初我不太喜欢甜食，可是在适应了斯里兰卡的田野生活之后却越来越喜欢甜食了。起初是为了入乡随俗，但仍然担心这样大量的摄取糖分会不会对身体造成伤害。后来发现，在炎热的气候下，如果不喝一点茶，人会昏昏欲睡，浑身无力。因为天气炎热，糖分的摄取弥补了食物的营养缺失，给身体补充了能量，给人以饱腹感和产生多巴胺。有关饱腹感，这是一种非常让人舒服的或者说是舒缓的感觉，因为斯里兰卡才从战乱中恢复不久，即便是上层阶级家庭也不会每日有大量的肉食。我所住的报道人家能够吃到肉是一件非常奢侈的事情，吃饱肉就更难了。帕利塔先生和帕利塔太太每次见我不好意思夹肉，就主动夹给我，并且鼓励我吃第二块，可是我会极力克制住，因为如果我多吃了一块肉，他们当中的一人肯定就没有肉吃。以至于有一次，我看到类似鸡肉的一道菜摆了满满一小碗，当我确认每人至少可以得到两块的时候，我放心的夹到碗里一口咬下去时才发现那是又酸又辣的咖喱菠萝蜜（菠萝蜜的馕，并非果实）。斯里兰卡的午餐与晚餐间隔时间较长，加上蛋白质的摄入不够，在下午茶时能补充一点含糖分的茶水和甜点，除了立马能增强饱腹感之外，人的幸福感也油然而生。这也不禁让我想到了一个熟悉的场景，每次在火车上路过斯里兰卡山区和苏纳米海啸过后的海边，虽说一路上进入眼帘的都是破旧不堪的房子，但从这些斯里兰卡人脸上看到微笑是那样的甜美，他们依然会坐门口乘凉、聊天，小朋友依然会踢球玩耍。因为他们快乐且浪漫。心中有海，哪里都是马尔代夫，他们

169

做到了。这也是这个民族笑容永远那么甜美的原因之一吧。

甜食虽然可以产生让人满足的饱腹感和幸福感,给人带来开朗乐观的情绪,但是摄入过多糖分对眼睛损伤严重。斯里兰卡是一个仅有2000多万人口的国家,却是全世界捐献眼角膜人口比例最高的国家,从20世纪60年代到今年4月的数据,斯里兰卡国际眼库已经捐出67000多枚角膜,涉及57个国家、140多个城市。这些数据也是有关于甜食危害的一个旁证吧。

在田野中,虽说经常喝奶茶,但脚还是会经常抽筋,一是因为经常在田野中行走脚部肌肉疲惫所致,本来只是轻微的静脉曲张,现在筋脉更为凸起;另一个原因是长时间在高温下行走,流汗过多使得身体里的水份和盐份流失过多。斯里兰卡商店里可以买到奶粉和牛奶,虽然2014年经历了新西兰安佳(Anchor)奶粉在斯里兰卡的禁售风波,但似乎也没有影响安佳乳制品对于斯里兰卡市场的占领,另一著名乳制品是斯里兰卡本土的高地(Highland)酸奶和牛奶,价格比安佳略高。康提人们似乎更加偏爱他们本土品牌,因为奶源离他们近,更加放心。还有一种直接从奶牛身上挤下来的奶较为珍贵,人缘甚广的季娃妮有两个女儿,她鲜少有机会获得这种奶,即便获得也只舍得给小女儿佩尔·哈妮(Per Haney)喝。我住家期间她会送鲜奶,我内心有愧,心中更想将这奶让给佩尔·哈妮。因为他们的热情,我从未转赠成功。这种没经过任何处理的牛奶奶腥味很重,正是因为珍贵所以我每次都会将这些鲜奶舔干净。

正如前文所说斯里兰卡人的厨房里有许多秘密,随着田野的深入有些菜品和香料我也逐渐喜爱起来。例如:"Appa Kottu","Appa"是阿帕薄饼,"Kottu"是鸡蛋。"Appa Kottu"指的是将阿帕薄饼、鸡蛋与青菜和辣椒(Capscum)一起炒,与新疆的炒馕有点像,但比馕的口感要柔软和入味一些,切碎的短面饼仍有嚼劲。还有印度薄饼(Inda Appa),也是斯里兰卡人家中的主食,它可以翻译成细米线面团。因为其外形看上去就是卷卷的蒸面或细米线团,我一直觉得这个食用原理与日本的寿司很像,食用日本寿司时,是将饭团沾上酱油或者芥末,而薄饼则是沾上咖喱,用手揉碎放入口中,米线团本身并没有味道,但是将其捏碎混合着咖喱或者洋葱辣酱就充分入味了,这也是在斯里兰卡用手吃饭的精髓之处。落迪(Roti)也是斯里兰卡人家中常见的一道主食,它被用来当早餐、午餐、下午茶与晚餐,它其实是一种烙饼,一般落迪的颜色是米白色,而我最喜欢的是库拉坎·落迪(Kurakkan Roti),这种面饼

第四章　累叠和生长的交界点：遗产在生活中的实践

烙出来后呈褐色，是由库拉坎（Kurakkan）所磨成的面粉所做，后来将库拉坎对应僧伽罗语和英语进行比较，分析其汉语应该是"穄子"。帕利塔太太的烙饼技术一流，每次烙好的饼，里面黏软，外面酥脆，落迪的吃法与薄饼一样，沾着咖喱或者洋葱辣酱，洋葱辣酱所用的洋葱一般是斯里兰卡本土的小洋葱，圆形，比蚕豆要大一小点，这种洋葱个头虽小，但辛辣味十足，配上辣椒和香料，那种劲道绝对可以让你多吃一个饼。在斯里兰卡家中和街头常见的还有霍波（Hopper），有人说它是斯里兰卡版的"鸡蛋灌饼"，呈小半圆形，有不加蛋版和加蛋版，做法和煎饼果子类似，外壳相对更薄，但香脆丝毫不减，有时家里来不及做饭，可以从外面买几个配上洋葱辣酱作为主食。在斯里兰卡很多著名的度假酒店都会有这道传统而经典的菜肴，经常可以看到游客在餐厅里吃饭，游客好奇瓦罐里的洋葱辣酱和各种红绿咖喱，可是他们却不知道如何搭配食用，更不会体验用手去混合食物的这种乐趣以及这一行为制造出来的美味，短途旅行的游客因为信息的不充足和语言的局限无法深入的享受异文化带来的乐趣，仅仅只能停留在表面的猎奇。这些与他们所花费的金钱和时间不成正比，体验旅游发展的空间仍然很大。上文提到的食物，多数与下文中提到的食物和香料息息相关，这些食品的原料是康提人乃至整个斯里兰卡人的饮食精华。

（1）椰子（Pol）

椰子在康提人的社会生活中大体可以分为两种，一种是普通的椰子，另一种是金椰（King Coconut）。普通椰子一般是食椰肉，用椰子刨肉器将椰肉取出，老款刨肉器需要人侧坐在木板上，刀片小呈圆锥状。新款的将刨肉器固定在桌子上即可，刀片较大（图4-12）。毛椰的椰肉用于做菜或者烹制咖喱的配料，也可以加上柠檬汁凉拌沙拉。

椰子不仅在康提乃至整个在斯里兰卡人的生活中可谓是至宝，椰子的用途在斯里兰卡的社会生活中也被体现得淋漓尽致。斯里兰卡人热爱自然，有一颗人与自然的和谐之心，对于花草树木也是关爱有加。从他们的花园中，你可得知这个家庭主妇的品位。花园里一般有椰子树，内战期间，椰子树和菠萝蜜树可以保证一家人的口粮，所以至今如果要砍伐椰子树和菠萝蜜树都需要经过政府报备。除此之外，椰子壳也可以当花盆，将椰子劈开，一个椰子对称的劈成六瓣，围着树木摆上三四圈，这是一种以重复利用自然的材料有规律的对称创造出来的绝对美感，这种视觉上的美感远远超于用水泥砌出来的任何园囿。椰糠则是最好的天然肥料。

171

在食用完椰肉后,斯里兰卡人并不会将椰子外壳丢弃,而是将其晒干了之后用于烧火做饭的燃料,或者是切一小块下来,用于刷锅洗碗。在厨房的厨具中也经常可以见到椰子树干制成的木勺,这种木勺多用于烹饪咖喱,或者在吃饭时用于分食咖喱或其他菜肴。椰子除了直接饮用之外还被用来提取椰子油,用于烹饪食物。另一种提取方法,则是提取出护发油。斯里兰卡人的头发黝黑发亮,头发灰白的老者很少,即便是白发老者也是发如银丝,亮而饱满令人不禁感叹这种自然之美。原因是他们有一套自己的护发系统,帕利塔太太十分得意地告诉我这些传统的护发方法离不开椰子和柠檬,这些纯天然的护法方法是她母亲传授给她,而帕利塔太太也已将这些方法传授给了自己的女儿。虽说传统的护发方法没有护发素那么直接方便,但大致过程相差无几,且用植物的汁液进行揉洗感觉更加亲近自然。

图 4-12　康提人用于刨椰肉的工具

注：左为旧式，右为新式（笔者摄于 2016 年）

在斯里兰卡人的卧室里同样也可以看到椰子的踪影,人们会用椰子的椰叶编织凉席。屋顶上也可以看见人们用椰叶编织的屋顶,用于防雨,效果极佳。椰子的树干制作舂棒用于捣碎香料等。在女性的发髻上也可看到用椰树制成的精美发饰。除了在生活中椰子是必不可少的至宝,其文化内涵也较为丰富。例如在婚礼上会用到椰子花寓意幸福美满；人们在出行时喜欢将椰子花挂在车头寓意保平安。

（2）咖喱叶（Karapincha）

咖喱叶,灌木或小乔木,老枝无毛。斯里兰卡的咖喱叶与中国使用的干叶不同,在斯里兰卡人们多采用新鲜的绿叶。这种叶子是烹饪菜肴时不可缺少的香气浓郁的神奇植物。斯里兰卡人家中庭院经常会种植,做饭的时候摘几小把再方便不过。他们通常会将椰子油放入锅中加热，再将咖喱叶放到油锅里炸，叶子的颜色会加深，味道也会更浓郁。当地人认为它有护肝的功效，特别是对于降低胆固醇等疾病。此外，还可以护发，对防止头发变白和抑制脱发有着重要作用。斯里兰卡人一头乌黑靓丽的头发是古人的智慧和生活习惯涵养而成。他们在洗完头发之后会用相应的发油，椰子油是最好的选择。咖喱叶含铁和叶酸丰富，可以治疗糖尿病，以及帮助消化。根据莫泥沙·巴哈拉得瓦（Mounisha Baharadwa）介绍阿育吠陀医学（Ayurvedic Medicine）就是用咖喱叶治疗各种消化问题、遗传性糖尿病、蚊虫叮咬和少白头等问题。

（3）马拉巴罗望子（Goraka，Gracina gummi-gutta）

马拉巴罗望子又叫藤黄果，是藤黄属的一种乔木，树皮厚，栓皮状。其叶片呈椭圆形，在斯里兰卡大约可长至15米，自古以来被当作咖喱粉的香辛料成分之一，是斯里兰卡人厨房必不可少的调料，通常被晒干，呈黑色，闻起来味道偏酸（图4-13，左）。斯里兰卡人在烹饪鱼的时候会用马拉巴罗望子。同时，它有时也被用来替代制作咖喱时放入的石灰（Lime），它的树干常被斯里兰卡人用于沼泽土中做桩基。其医药价值在斯里兰卡人的生活中也是较为显著，可以用于止泻、治疗被切开的伤口，将晒干的外皮煎煮之后可以清理溃疡。马拉巴罗望子在斯里兰卡社会中的文化价值并无明显的意义，该植物在医药价值上显著，经过长期研究，它的有效成分及结构也渐渐明朗，还可以加大脂肪消耗，减少人体对脂肪的吸收等等，现被利用为减肥食品，颇受欢迎。斯里兰卡人生活中的植物和草药远比国际市场畅销的种类要丰富。在受益于斯里兰卡的食物和香料，以及每日对厨房生活细心观察之后，我十分坚信斯里兰卡人的厨房绝对是一块未开发的处女地。

（4）肉豆蔻（Nutmeng，Sadikka）

每次去到山里的乡亲家，他们都会开心的出所采摘和捡到的肉豆蔻拿给我看，并且告诉我这个是他们能够在市场上卖到最值钱的"植物"，而我也一下子就被它那惊艳第二层红色种皮所吸引，晾干后的第二层果皮如同花儿一样附着在种子上，红得那么绚丽（图4-13，右）。肉豆蔻属常绿乔木植物，小乔木，幼枝细长。在斯里兰卡，晾干后的外壳会自行脱落，肉豆蔻的第二层果皮和种子会被分离，并且可以卖到不同的价格。种子晒干之后可以卖到800卢比一公斤，这个价格转换成人民币大概也就是30—40元。第二层种皮及红色部分价格要高得多，按照今年的行情可以卖到1800卢比，因为汇率的不稳定所以也无法计算给出具体的价格，为人民币83—90元。因为这些香料并非大面积的种植，这些香料来自家庭院种植或去采摘野生的香料，虽然乡亲们有这些收获很开心但并不能完全解决生计问题。

关于肉豆蔻在国际上的名声和地位不言而喻，在我国《纲目》中记载，暖脾胃，固大肠；《证治准绳》中记载，主治脾肾虚寒，五更泻泄，不思饮食，或久泻不愈，腹痛腰酸肢冷，神疲乏力等；《太平惠民和剂局方》中记载，主治久泻久痢，脾肾虚寒，大便滑脱不禁，腹痛喜按喜温，或下痢赤白，或便脓血，日夜无度，里急后重，脐腹疼痛，倦怠食少；《太平圣惠方》中记载，治小儿脾胃气逆，呕吐不止，不一而足。其种仁入药，可治虚泻冷痢、脘腹冷痛、呕吐等；外用可作寄生虫驱除剂，治疗风湿痛等。此外，还可作调料、工业用油原料等。肉豆蔻是一种重要的香料、药用植物。

图4-13 马拉巴罗望子和肉豆蔻的内核（余媛媛 摄）

（5）巴埃尔果（Bael-fruit，Baeli）

巴埃尔树生长缓慢，中等大小，在斯里兰卡该树高度可长到10—13米，其树干短，树皮厚、柔软，易剥落并有延展性。有时树枝多刺，树干下部分的树枝会下垂。多被种植在庭院之中。在一些康提的山区中，人们会采摘它的果实进城售卖。在印度教文化中，巴埃尔树叶是供奉给"湿婆神"不可缺少的祭品，花和树的形象是斯里兰卡壁画的设计灵感之源。它的花可以用来制作香水，在斯里兰卡较为普遍的是用作空气净化。据说有一种古龙水是从巴埃尔花中蒸馏所提取。其树叶和树枝可用于牲畜的饲料。

巴埃尔果的医药用途较为显著，根、树皮、叶、花可以做清热剂。果肉可以用作清肠胃药，是一种温和的缓泻药。用未成熟的果实煎煮出的汁，混合小茴香和生姜，可治疗痔疮。用嫩叶捣烂可以治疗创伤、肿痛和口腔疾病。

叶子捣烂后留其汁液可以治疗眼疾,嫩叶食之可以避孕或引致流产。

(6) 大花田菁 (Sesbania Grandiflora, Katurumurungs)

大花田菁是豆科田菁属一年生小乔木,在斯里兰卡可长到5—8米高。它的花芽呈镰状弯曲,总状花序腋生,花大,花冠白色或粉红色,有时呈玫瑰红色、黄色、蓝色。其中在斯里兰卡白色、红色和蓝色的花较为常见。如果是炒着吃,一般会把菜叶捋出来洗干净,锅内少油,先放入斯里兰卡人喜爱的洋葱,再把菜叶加入翻炒,加点咖喱更好,炒完以后味道略苦。除此之外斯里兰卡人还将它用于蒸饭或者煮汤(图4-14)。它的叶子除了可以食用之外亦可喂养家畜,或者是当作肥料。

大花田菁是人们生活中非常重要的植物,有时也会被种植在后院之中。它还是斯里兰卡阿育吠陀的重要成分之一。斯里兰卡人认为大花田菁的叶子可以治疗发烧、痔疮。叶子的汁对于晕船、痛风、皮肤瘙痒、麻风病等有显著疗效。压碎或者是经捻辗过的叶子可以治疗扭伤和擦伤。它也可以用来配合治疗癫痫,还可以用于止泻和口腔与喉咙的消毒,治疗消化不良。当地人认为将叶子煮着吃可以催乳,对于母乳喂养的母亲和孩子是百利而无一害的。大花田菁含有丰富的钙、维生素A和B及铁质,它的花含有丰富的胶原纤维,具有延缓衰老和消除皱纹的作用。它的根被磨成粉还可以治疗风湿和疟疾。在斯里兰卡大花田菁还被用于治疗头疼和鼻炎,这些植物和草药是斯里兰卡人后院常备的天然药箱,可食用亦可治疗疾病。

斯里兰卡的植物类食物品种多元化,食用方法也多样化,同一样东西可以有不同的做法和用途。除了植物食材,斯里兰卡甜点的品种也很多,吃完主食之后如有条件他们大多都会吃甜点。吃完辛辣的食物之后,吃甜食确实可以让整个胃感觉比较舒适。所以甜点成了斯里兰卡人社会生活中非常受喜爱的食品,同时也是人情往来备受喜爱的礼物。

图 4-14 用脚夹着刀片切菜(左),将切好的菜煮汤(右)

除了上文中所提到的常见食物，在斯里兰卡还有一些地域性的食品，例如在努沃勒埃利耶、埃拉以及海边的一些小镇，会出售一种非常浓稠乳白色的凝乳，是当地人自己酿造的，口感非常浓郁。但这种乳制品当地人并不叫酸奶（Yogurt），而是叫凝乳（Curd），因为他们认为这与酸奶有区别，凝乳的原料是水牛奶，一般盛放在陶碗里，搭配上蜂蜜，味道酸酸甜甜，是一道不错的餐后甜品。严格意义上是我从小到大都极其不喜欢甜食，可是到了斯里兰卡之后却越来越喜欢甜食，起初是为了入乡随俗，后发现在吃完辛辣的食物之后，吃甜食确实可以让整个胃都感觉比较舒适。这也使我一发不可收拾地爱上了甜食，对甜食产生了依赖，田野或许真的能够改变一个人的生活习性。

3. 礼物的交换及意义

（1）蒌叶

斯里兰卡社会中的信任体系较为独特。在表面社会的变动和扭转中难以建立稳定的信任，但兰卡内部社会却有着由其独特的信仰体系建立起来的信任。例如，邻里之间和担保人之间的关系是稳定和相对牢固的。在这一信任体系中，礼物交换是兰卡人编织人际信任网络体系的重要因素。这些礼物的交换类似于中国的礼尚往来，又有所不同，它并不隆重，而是在平淡生活中默默进行着感情的交流，这样结合起来的邻里关系会更为稳定，人与人之间的信任更强。一般来说，人们会赠送乳饭甜点等日常生活用品作为情感的沟通和关系的维护。在斯里兰卡人重要的节日或仪式中，蒌叶扮演着不可或缺的角色。例如，在兰卡人重要的人生阶段和具有时间节点的仪式中，蒌叶如影随形。可以说，蒌叶是连接着人与人，人与神之间的纽带。

蒌叶是在我国南方地区、南亚和东南亚国家中都可见到的一种植物的叶子。蒌叶在我国普遍被称作药酱或蒟酱。药酱之名，始见于西晋秘含所著《南方草木状》卷上："药酱，草羡也，生于蕃国者大而紫，谓之草羞；生于番禺者小而青，谓之药焉，可以为食，故谓之酱焉。交趾、九真人家多种，蔓生。"[1]后以蒟酱名入药，始载于《唐本草》，第230个词条中，有关其药效的详细记载："蒟酱，味辛，温，无毒。主下气温中，破痰疾。生巴蜀。"[2] 蒌叶在《纲目》《本

---

[1] 郭声波：《蒟酱（蒌叶）的历史与开发》，《中国农史》2007年第1期。
[2] 苏敬：《新修本草》，安徽科学技术出版社1981年版。

第四章 累叠和生长的交界点：遗产在生活中的实践

经逢原》《本草求原》《龄南采药录》《陆川本草》《岭南草药志》《广东中草药》等其他药典上也均有记载。综合这些药典，蒌叶在我国的主要药用功能是祛风燥湿，杀虫止痒。治风寒咳嗽、胃痛风、毒脚气、子肿、疥癞、湿疹、脚癣、烫伤。蒌叶在我国药典中有较多的相关记载，在我国古籍中也有关于蒌叶食用的记载，清李调元《南越笔记》："蒌……叶尖而柔，味甘多汁，名曰获扶留……凡食槟榔，必以蒌叶为佐，有夫妇相须之义。故粤人以为聘果。"《广东新语》中说："凡食槟榔，必以蒌叶为佐……否则槟榔味涩不滑甘，难发津液，即发亦不红。"即蒌叶和槟榔一起食用较佳。《粤西偶记》："乃倩媒以苏木汁，染槟榔并蒌叶石灰定之。"在我国蒌叶除了其药用价值的使用，还用于和槟榔一起食用、制作蒟酱。

在斯里兰卡年长者较为喜欢咀嚼蒌叶，他们认为咀嚼后对牙齿有益，用蒌叶包裹着槟榔的果实是斯里兰卡人较为青睐的食用方式，食之会有刺激和辛辣之感，但其有清凉、养胃、提神等功效。食用蒌叶时斯里兰卡人会除掉蒌叶的叶柄，有时叶柄和叶尖一起除去，一说是因为毒蛇会食用那个部分，因此蒌叶的尾部有毒；另一说是因为蒌叶叶尖朝上，叶柄朝下时，给人以眼镜蛇或毒蛇的形状，故去之再食用。在日常生活中斯里兰卡人会将蒌叶包裹着槟榔和石灰粉（Chunan）一起食用，后期也会放入烟叶，这一点与南亚和东南亚诸多国家相似。至今在斯里兰卡的路边小摊上仍然可见人们在售卖这些混合的绿色植物，一般是以蒌叶包裹成圆锥体，内盛有夹碎的槟榔和烟叶等。蒌叶在斯里兰卡的社会生活亦被认为具有医用价值的植物，正如蒌叶在我国诸多药典上的功能与药效一样。斯里兰卡人认为咀嚼蒌叶可消灭口中细菌，使口气清新。蒌叶在斯里兰卡传统的阿育吠陀（Ayurveda）中也被使用，先在伤口处洒上叶子的汁，然后再以蒌叶包裹伤口，一两天便可以愈合。

蒌叶在斯里兰卡人的日常生活中更重要的是作为一种情礼交换与表达的载体，换言之，是一种神圣符号的象征。其在斯里兰卡的传说中具有神圣性，有一个广为流传的故事：佛祖前世的一次轮回中是一只野兔，众神为了测试其虔诚度，派了一位天神去测试它。天神来到世间化身成一个恶魔，向野兔索要食物，并且告诉它他只吃烤肉，除此之外还要求野兔讲经布道。野兔并不知道如何在丛林中获取烤肉，它唯一能想到的就是自己的肉，但即使这样，它也没办法取到火。于是它对恶魔说如果他能够帮自己造一座山并且在山边生一团火，这样它自己可以从山上跳进火里，与此同时也可以完成讲经布道。正当兔子准备跳入火中牺牲自我成全他人时，天神将其拦下，以其真身示人，并告知兔子，这是一次测试，如今它已顺利通过。随后，天神在月亮上画了一只兔子以纪念此次事件。他将画完兔子的刷子扔掉，刷子掉落到了那伽（The Cobra World）世界，而眼镜蛇王误以为刷子可以食用，将刷子吞下。眼镜蛇王因误吞了刷子死去，七天之后它的皮肤就变成了匍匐在地上的蒌叶藤蔓。相传，晚上卡杜蒲尔（Kadupul，昙花属）开花时，Naga 天神就会从天国而至，嘴里含着蒌叶去亚当峰朝拜佛迹（The Buddha's Footprint）。蒌叶的出现、使用和祭拜在传说中都与佛和神紧密相连，天神用蒌叶对佛进行祭拜得到民众的效仿，这就使得蒌叶在人们的社会生活中具有了神圣性。

在我国，槟榔和蒌叶被作为聘果使用。在越南，蒌叶也被用于婚姻之中。在印度，蒌叶是婚礼上不可缺少的重要植物，寓意着朝气蓬勃和繁荣。蒌叶在斯里兰卡的婚礼上也被得到广泛的使用。在婚礼之初，用蒌叶作为邀请。斯里兰卡的婚礼根据高地（Up country）和低地（Low country）的不同分为两种，高地的婚礼叫作"Uda Rata tradition"，乌达·拉塔（Uda Rata tradition）被认为斯里兰卡土著传统婚礼，而低地的"Pahatha Rata tradition"则被视为具有南印度习俗的婚礼。在传统的斯里兰卡婚礼乌达·拉塔中，"Poruwa Ceremony"是整个婚礼最重要的一个部分，故乌达·拉塔婚礼也被叫作波鲁瓦婚礼（Poruwa Wedding），整个婚礼围绕在一个叫作波鲁瓦（Poruwa）的木制的礼台上。在婚礼仪式过程中有很多地方都用到蒌叶，在婚礼的核心部分波鲁瓦仪式中，蒌叶主要出现三次，第一次是敬神，第二次是对于未来美好的期盼，第三次是敬父母以及长者。在波鲁瓦仪式前部分主持人阿塔卡（Asthaka）会将蒌叶呈给一对新人，新人接受后回传给阿塔卡，阿塔卡再将蒌叶呈放在波鲁瓦之上，这一行为象征着将蒌叶奉给神（图4-15，右）。在斯里兰卡佛教习俗中，奉蒌叶以示敬佛和神。在仪式中，伴郎会将盛有14片蒌叶的托盘递给新郎，蒌叶上放着一枚硬币，新娘会将叶子一片一片地放落在波鲁瓦上，寓意香火旺盛，代代不息。在仪式的最后，一对新人会呈上一扎蒌叶向双方父母以及长者进行跪拜。蒌叶在婚礼上的用途绝非这三样，还包括夫妻之间的跪拜，以及蒌叶作为仪式器具中的脚垫，不一而足。

第四章　累叠和生长的交界点：遗产在生活中的实践

图 4-15　乌达·拉塔婚礼中的蒌叶（余媛媛 摄）

斯里兰卡女孩有成年礼，虽然不同地区成年礼在细节上略有差别，但是这些成年礼具有一定相似性"。女孩在月经初潮后，家人会马上找到占星师，请其占卜出成年礼第一次淋浴最佳的时间和地点，占卜师同时也会给出为女孩淋浴仪式的良辰吉时，仪式当天用陶罐盛着草药和花的水从女孩的头顶淋下，象征着纯洁以及寓意女孩变成女人。仪式上她会被赠予家传地宝石等，以作为其将来的嫁妆。在成年礼期间女孩会被隔离，家人会供应特殊的食物维持其身体所需的能量，寓意远离疾病和恶灵的侵入。在沐浴仪式中，蒌叶的用途与婚礼中相似，被用作邀请和供奉神灵，以及奉给长者。

除了用于咀嚼、食用和婚礼、成年礼等之外，蒌叶同样也用在斯里兰卡人诸多的生命过渡仪式中，例如葬礼，在葬礼中蒌叶的摆设较为特别，与婚礼和平日待客的摆设与明显差别，婚礼和平日待客，蒌叶的鲜绿色叶面朝上，而在葬礼当中，叶子反扣，以示哀悼。蒌叶在斯里兰卡圣俗世界中均得到广泛的使用，此外，还用于日常的问候；用于对村庄土著医生、教师、占星家的酬谢中，在付给酬劳的时候钱经常放在蒌叶叶片上呈予对方。在上文所述的婚礼中，当宾客前往参加婚礼时，将礼金放在蒌叶上一同递给新人表示祝福，如若没有附上礼金，宾客将蒌叶递给新人亦表示祝福（图 4-15，左）。在斯里兰卡的社会生活中，人们也用蒌叶进行请罪，若觉得自己做得不好请求原谅，就会向对方呈上蒌叶来传达感情。在学期末，学生也会对老师奉上蒌叶以示对老师或长者的感谢。在农忙时节，如果人手不够，农户就会手拿蒌叶，一家一户的敲门请邻里帮助，如果对方愿意帮忙则会收下一片蒌叶。该农户回到家中，数一数剩下的蒌叶，就知道这次收割会有几人来帮忙，便可着手准备收割相关事宜。在婚礼中或者聚会上，一个不受欢迎的人出现时，人们就会问："Kauda thamuseta bulath dunne?" 这句话直译是"是谁给你的蒌叶？

179

所表达的意思是："是谁邀请你来的?"（语气不快）这里"Kauda"意思是谁，"Thamuseta"意为你，"Bulath"即蒌叶，"Dunne"表示动词给。"Bulath"由"Bu"和"Lath"两个分词组成，"Bu"来自于"Bhumi"（地或大地），"Lath"来自于"Labha"（接收，收到），所以蒌叶在僧伽罗语的意思就是"被大地所接受的"，这也正好呼应了蒌叶的起源传说，即蒌叶是从那伽世界（Nāgā Loka）中传来一说。

一片叶子寄托着潜移默化的沟通和交流，在不易建立信任的表层下，有一种宗教形成的默契和人际关系网，人与人、人与神之间反复强调的神圣性。"他们的习惯既不是遗传的，也不是非理性的冲动，而是在当地社会的社会价值中培养起来的习惯。"[1] 然而在"任何社会的行为规则都是很难分类的，但是大体上可以分为方法的、爱好的、风尚的、礼貌的、道德的、法律的以及宗教的几个方面的规则"[2]。除了法律上的不太明显，蒌叶的交换几乎都涵盖在了其他几个大的方面。

文化唯物主义者哈里斯（Marvin Harris）认为任何地方的当地人很少或从未注意到他们自身行动的最终结果。换句话说，他们的主位显示必须经由人类学家进行更优的客位解释。他以印度圣牛为例，按照印度教的标准阐释了牛因宗教原因而神圣，而在斯里兰卡，蒌叶不完全因宗教而神圣，因为佛教在斯里兰卡并不能称为完整意义上的宗教，在兰卡人的宗教观中佛只有一个，且是一位已逝的圣人，他的言语和教诲影响着人们，斯里兰卡社会中所崇拜的神则源于印度教，我更愿意将斯里兰卡佛教和印度教糅合的系统称之为信仰体系，人们在祭拜其他神灵时也会用到蒌叶，而这些神则是糅合了印度教的元素。按照哈里斯观点制度是具有的主位合理性的，而主位的解释是牛是神圣的，因为它们在经济和生态功能上具有特殊的地位。[3] 在大部分已知的案例中，经济活动是通过互惠性与他人建立联系，也是一种生存方式。在斯里兰卡社会中蒌叶是平衡互惠的载体，在市场交换，即一物换一物（Tit-For-Tat）中，家庭和亲属之间互惠是通过蒌叶来规范的。

---

[1]［英］雷蒙德·弗斯著：《人文类型》，费孝通译，华夏出版社2001年版。
[2]［英］雷蒙德·弗斯著：《人文类型》，费孝通译，华夏出版社2001年版。
[3] Harris, *The Myth of the Sacred Cow*, In Anthony Leeds and Andrew P. Vayda, Eds., *Man, Culture, and Animals*, Washington: American Association for the Advancement of Science, 1965.

在斯里兰卡的路边街头和寺庙门口也会有蒌叶出售,也会有经济活动的发生,但其经济和生态功能并不像牛在印度文化中那么突出。正如玫瑰花可以作为礼物,但是同样也象征着爱情一样,蒌叶的文化价值在斯里兰卡社会中已远超其经济价值。蒌叶的契约性源于信仰体系,在义务和经济利益之外还包含着情和礼。蒌叶的交换过程,庄严且满载着谦和,等级在其中得到彰显。在斯里兰卡情礼的社会中,有着给予、接受、回报,但是回报并不是功利性的,在叶子传达的信息中,弥散着道德性。"显而易见:宗教是创造无数伟大遗产的最基本动机。"[1] 在斯里兰卡,宗教和信仰体系是人们实践和传承遗产的内在动力,其中包含信任、信赖和信仰。换言之,遗产本身也可以视作是某种信任、信赖和信仰的历史存续,它是对过去的信任、信赖和信仰的宣告。

(2) 乳饭(Khirabhatta)

乳饭是兰卡人的重要食物,在许多节日和节庆上可以见到。乳饭还具有礼物的价值,村庄里有一位高龄老奶奶提起当天是她 81 岁生日,邻居知道后就会做好乳饭送过去给她以表心意和祝福。在建房屋或者是招待客人时,乳饭亦是康提人喜欢的食物。斯里兰卡僧伽罗人新年期间从烹饪乳饭到食用,更是有系列规则。薄饼则更为精致,亦可作为日常交换和人情往来的礼物。

过新年时,僧伽罗人有吃"乳饭"(Khirabhatta)喜好。"乳饭"是由毛椰内部白色的椰肉磨成粉,然后配水与新米同煮,吃时配以胡椒等香料,象征着吉利和团圆。僧伽罗人在重要的仪式和生命节点中,都遵循着"白色"的教义。以 2016 年的新年为例,根据占星师的卜卦,所有僧伽罗人需要在公历 4 月 13 日 20:06 这一准确的时间节点,身着浅绿色衣服(每年都需占卜出吉祥色),面朝南,开始点火做饭,他们用瓦罐煮牛奶,直至牛奶烧开后满溢出来,这预示着新的一年幸福满溢。在僧伽罗人的新年中,他们还要制作乳饭并按照长幼的顺序相互喂食,寓意相互关爱和照顾;4 月 18 日是回归工作的日子,僧伽罗人身着白色衣服,早上 06:27 分出门。在出门前要吃白色乳饭,出门后方向朝正东,寓意一切顺利。每年新年占星师占卜出来的新年时间节点、所需穿着服饰的颜色和朝拜的方向会有所不同,但是关于"白色"的煮牛奶

---

[1] Howard, Heritage: Management, Interpretation, Identity, London and New York: Continuum International Publishing Group Ltd., 2003.

和吃乳饭的习俗却不会改变。除了新年，在婚礼仪式上新娘与新郎也会互相喂食乳饭，葬礼上主家一般不会生火做饭，他们所食用的乳饭也是由邻居在家做好送过来。

（3）点心：薄饼（Pancake）或甜点

田野是一个不断修正的过程。有些人认为跟斯里兰卡人在一起需要经常给一些小恩小惠的"礼物"，例如香烟、糕点糖果等，这样他们会非常开心。这也是一些"外国人"与斯里兰卡人接触的"小秘诀"，这些小的技巧可能适用于短暂或浅显的社会人际网。然而在斯里兰卡社会中，并非如此，邻里之间，非常用心和用情地维护着自己的社会关系网。在日常生活中，如果家庭主妇做了点心或者糕点，她们会很乐意跟邻居进行分享，对方在烹制点心的时候也会为邻居多烹制一份，之前有说过，在喝下午茶的时候兰卡人喜欢吃甜食，这些点心和甜食往往都可以派上用场，偶尔换换口味感觉也很好，而且满满的都是邻里的关爱，也就是说这些点心不仅仅只是零食，它是斯里兰卡人日常生活中邻里间关爱的一种体现。常见的甜点有粗姜糖或棕榈糖等。我住在报道人帕利塔先生和帕利塔太太家，好友季娃妮（Geewani）隔三岔五地就会送一些点心过来，配着下午茶，有的甚至是单独为我所烹制，帕利塔太太每次也会很好的传达季娃妮的这份感情。这些类似于中国的礼尚往来，但又有所不同，没有那么隆重，只是在平淡的生活中，默默地进行着感情的交流，这样的邻里关系会更为稳定，颇有细水长流之感。

在斯里兰卡现代社会中，西化最为明显的是科伦坡，科伦坡就是一个开放性较强的城市，在港口居住的人群中很多是穆斯林，这不禁让人想到当年港口贸易的情形，这些人发现这块大陆之后便在这里定居和生活。在科伦坡有来自不同地区和国家，不同种族和信仰的人。没有人再去遵循和维护这一套邻里的系统，当悠慢的节奏变快了之后很多的传统与习俗也就逐渐简化和退去。

三 人的系统

（一）每日供奉

在维瓦泰纳，每户僧伽罗人家中都有佛像，早上6点左右帕利塔先生就会去花园里采摘小茉莉花（Jasmine），这种小茉莉花与我国常见椭圆花瓣的茉莉花不太一样，斯里兰卡的茉莉花花瓣偏长，狭窄，单瓣，又叫单瓣茉莉花（图 4-16，右）。帕利塔先生将采摘好的小茉莉花装入小竹篮，轻轻地放在佛龛前，拿出火柴燃香。帕利塔先生所燃的香并非我国的佛香，而是用于净化空气的香线，即香薰（图 4-16，左）。在僧伽罗人和泰米尔人的世界观中，认为佛陀和神灵喜欢清晰的味道，好闻的气味能够取悦神灵。在一些寺庙中，有时人们不用香薰，他们会用一些植物替代香薰。例如人们会将艾叶悬挂在寺庙内上方，以祛除不好的味道或者邪气。帕利塔先生是很好的报道人，知识渊博，待人平和，有关每日供奉的仪式我对他进行了一个简短的访谈。

图 4-16　家中的日常供奉仪式（余媛媛 摄）

时间：2016 年 5 月 4 日

地点：康提，维瓦泰纳

（早上与帕利塔先生一起奉佛后）

问：一直以来您每天都这样坚持吗？

帕利塔先生：是啊，一直以来都这样，我们的父辈们也是这样。我成家之后也继续这样供奉。

问：帕利塔太太有时会跟您一起来供奉吗？

帕利塔先生：是的，但每天她需要准备早餐，所以我就代表大家来供奉了。当我有事情的时候，我的妻子就会来供奉。

问：我看您供奉的这种小茉莉在佛牙寺和一些寺庙经常看到，都是人们自己种植的吗？每家每户都奉佛，每家每户都有种这种小茉莉吗？

帕利塔先生：是的，佛教徒家里一般都会奉佛，我们一般都会在自己家的院子里种上这种小茉莉，每天早上摘一小点。

问：为什么每次都要选择白色的小茉莉来奉佛呢？您看帕利塔太太院子里有那么多的花。

帕利塔先生：我们很喜欢白色，白色代表洁净。

问：这个洁净指的是什么洁净呢？

帕利塔先生：洁净指的是物的洁净和我们身心的洁净。这花是白色的代表洁净，也代表我们的身心像花一样洁净。

问：我们出入寺庙也是穿着白色的衣服，也是这个道理吗？

帕利塔先生：是的。我们认为白色可以让人平静，是平衡和和谐的完美演绎，也是一个中立和稳定的颜色。不刺激，时刻提醒我们保持平和对人，保持思想的平和（Peaceful mind）。根据佛教的哲理，一个平凡的人应该走一条中庸的道路（Midlle path），一种平衡的生活方式，在满足感官的情况下，不需要追求极限。在乐（Sukha in Sanskrit）和苦（Dukkha in Sanskrit）之间追寻一种平衡，平定和安详。

问：为什么您会燃香呢？我一般在斯里兰卡好像很少看见有人用香来奉佛的。

帕利塔先生：这个是香线，为了使味道好闻，我们偶尔会用。

问：为了使味道好闻？

帕利塔先生：是的，佛陀也喜欢好闻的香味，这样的味道令人愉悦。你喜欢这个味道吗？

答：很喜欢。

帕利塔先生：是的，我们都很喜欢，佛陀也喜欢。

问：佛陀还喜什么呢？

帕利塔先生：干净，整洁，好闻的气味。

问：您每天诵的经好像有时不同，有什么规律吗？

帕利塔先生：每天我一般会先感谢佛陀，赐予我智慧的教义，让我有了现在的生活。我有一个这么好的太太，儿子和女儿都很懂事，希望他们一切都顺利。

问：那您颂的经文是有选择性的吗？

帕利塔先生：佛陀说的话语很多，如果我把这些经文全部念完，早上可

第四章　累叠和生长的交界点：遗产在生活中的实践

能就无法干活了，所以是有选择性的。

问：所以每个人所颂的经都是不一样的，对吗？

帕利塔先生：是的，颂自己心中所想。

问：我发现每一个村都有一个寺庙，人们会在寺庙里开设课程，举办活动，似乎村落是以寺庙为核心而聚集起来的。

帕利塔先生：是的，每一个村都有一个主要的寺庙。人们会在那里举办活动，也是人们日常活动的一个中心。

问：村落的寺庙是由村里的人们供养吗？

帕利塔先生：是的。

问：如何供养呢？

帕利塔先生：人们会捐赠，以确保寺庙的维系。

问：有的村庄富裕，有的村庄贫穷，那寺庙是不是也是这样呢？

帕利塔先生：是的。寺庙的情况也是随着人们捐赠的情况而改变的。

问：这些村落的寺庙与佛牙寺有什么关系吗？

帕利塔先生：佛牙寺是最有权威的寺庙。

问：那佛牙寺与这些寺庙有着什么联系吗？

帕利塔先生：有联系的。

问：什么样的联系呢，可以再具体一点吗？

帕利塔先生：比如说，我们刚才谈到有的寺庙受到的捐赠较少。而佛牙寺是受到全国的佛教徒捐赠，他们的物资会比较丰富，佛牙寺也会将这些捐赠的物资分给那些维持日常生计有困难的寺庙。

问：每一个僧伽罗村落都有一个主要的寺庙，而这些主要的寺庙与佛牙寺之间密切关联，相互扶持，这个系统就像是以佛牙寺为中心的一个巨大的网络，对吗？

帕利塔先生：是的，你这么说有道理。

答：这是一个很有意思的现象，政府的行政划分有着它们独特的一套行政系统，但是在宗教社会中，又有着另一套以佛牙寺，以康提为中心的系统。这套系统是以佛牙寺为核心力量连接着僧伽罗的各个村落。

帕利塔先生：是的，你的分析很有意思。

答：谢谢您的肯定。周末的时候我经常看到邻居们会去佛牙寺或者寺庙，他们是去干什么呢？

185

帕利塔先生：人们有时间的时候会去佛牙寺奉佛或者许愿。有的人去寺庙是为了供养僧人。

答：恩，我知道季娃妮有供奉僧人。

帕利塔先生：是的，你的好朋友季娃妮就供奉着僧人。

答：恩，我经常会跟她一起去。僧人们自己不生火做饭，都是依靠人们供奉的物资维持生计。他们潜心修行，知识渊博。上一次有关蒌叶的研究，他们还特意给我讲解由来，帮我收集材料。

维瓦泰纳的村民多数与帕利塔先生一样每日对佛陀进行供奉，早上大家都会在各自的庭院摘花，看到对方时大家都会友好的打招呼。周末或节假日一家人经常会一起前往佛牙寺进行祭拜。在佛牙寺内，帕利塔先生有时还会碰到巴杜勒的远房亲戚。与本书第三章人们在佛牙寺的仪式实践相比，这是人们在家中的日常仪式实践。这些实践加强了人们对于遗产的供养，遗产从而得到更好的传承。除此之外，政府虽然有着一套独特的行政系统，但是在宗教社会中，又有着另一套以佛牙寺，以康提为中心的系统。每一个僧伽罗村落都有一个主要的寺庙，而这些主要的寺庙与佛牙寺之间有着密切关联，相互扶持，这个系统就像是以佛牙寺为核心力量连接着僧伽罗的各个村落的巨大网络。

（二）婚姻

婚姻来之不易，这句话也同样适用于斯里兰卡的青年们。在斯里兰卡一段婚姻是女方家庭倾出所有而换得。虽说斯里兰卡的彩礼与印度一样，女方家需要承担高额的嫁妆，但斯里兰卡女性的社会地位却要比印度妇女高。在田野中，我听闻斯里兰卡曾有一时盛行一妻多夫的婚俗，但我并未找到合适的报道人。在当代斯里兰卡社会中，基本已经是一夫一妻制。

斯里兰卡的维达人之间流行氏族交错从表婚，即姑舅婚。姑舅婚指姑舅表兄妹三者间的通婚，这是群婚制的一种残余形式。姑舅表兄妹不属同一氏族，因此在实行亲兄妹间禁婚的群婚制时，姑舅表兄妹可以结婚，据说这在今天的维达人中仍然盛行。这里我用"据说"一词是因为在如今网络上的数据表明可能还有维达人仍然生活在丛林中维持他们故有的生活方式，但一个对维达人颇有研究的斯里兰卡朋友给出了充分数据，表明现代维达人早已融入周边社区，已经没"传统"意义上的维达人了。所以这里要做一下说明，文中

第四章 累叠和生长的交界点：遗产在生活中的实践

所言的只是传统意义上的维达人习俗。另外，关于婚姻制度。在斯里兰卡的历史上，也存在过转房制。例如国王过世，皇后的血统一样被得到认可，经过"转房制"，新的国王的身份也一样的得到认可。

（1）卡布瓦（Kapuwa）

现代斯里兰卡婚姻主要是一夫一妻制。婚姻主要通过两种方式，有父母操持配对，即卡布瓦（Kapuwa）和报纸（Newspaper）。卡布瓦意为媒人，他们一般会掌握一些适婚女青年的信息。男方找到卡布瓦，将其邀请到家中，男方父母会告诉卡布瓦自己孩子的收入，教育情况，房屋情况（房产），想要哪种新娘，以及对于新娘年纪的要求。一般而言，丈夫应该比妻子大3—5岁。但也有特例如果双方互相满意（俗称一见钟情），也会出现女方比男方略大的情况，但是家长比较喜欢有年龄差距的新人。在交谈中，男方会将新娘的年纪、职业、宗教等要求告诉卡布瓦。如果女方的职业是教师一般比较受欢迎，无论男女都特别不喜欢抽烟喝酒，一直以来这也是斯里兰卡的社会的禁忌。

在斯里兰卡婚姻中嫁妆（Dowary）非常重要，特别在是传统文化氛围浓郁的康提。嫁妆包括钱、土地、车、首饰、宝石，这些财产都是女孩名下，由女方家出。随着社会的发展，开明的父母更注重女方个人的品质、性格以及长相。斯里兰卡以前是封建领土制，虽然这种意识逐渐减淡，但从目前的情况来看，这个过程可能会十分的漫长。报道人帕利塔先生的大女儿比较挑剔，所以从她25岁时她的父亲就开始帮他找合适的丈夫，直到32岁才出嫁，历时7年。

经卡布瓦介绍，在进行适当了解之后，双方家庭即便是有了意愿，也不能直接见面。因为斯里兰卡人对于占星的虔诚度超乎想象，他们会将男女双方的信息交给占星师，请其进行占卜。占星师占卜之后会将结果告诉占卜者，即两人是否适合结为夫妻，如果不适合占卜师会寻找化解方法。但如果没有化解方法，这段相亲继续下去的可能性就微乎其微了。如果占卜的结果是双方合适结婚，双方家长会选定时间见面，见面的时间也需由占卜师进行占卜。斯里兰卡人对于他们婚姻的细节十分谨慎，说确切点是斯里兰卡的父母们对于子女的婚姻细节十分谨慎。占卜之后，女方会向男方家长（或家长代表）与男子本人发出邀请。家长代表可以是父亲或者母亲，或者是家族中较有威望的人，人数不宜过多。女方在见面当天会身着莎莉，从房间里出来与宾客们打招呼，以茶待客。与此同时桌面上的传统七道甜点也是必不可少，分别是卡乌（Kavun）、壳琪（Kokis）、阿斯米（Asmi）、阿提拉萨（Athirasa）、阿鲁瓦（Aluwa）、威力·达拉焙（Weli Thalabe）、焙尼·瓦拉鲁（Peni Walalu）。当然在现在社会中，有些富裕家庭也会用蛋糕等甜品代替。见面地点一般选择在男方或女方家中，以便更多了解和观察对方的家庭环境。当然一次很偶然的机会，我在科伦坡的咖啡厅里也撞见了父母初次见面的两家人交换着双方的信息，谈论着孩子们的情况，我并无意偷听，只是因为他们坐在我的旁边说话声音实在太大。正如我前文所言，这种境况也仅限于科伦坡，在康提和大多较为保守的地方一般父母们是不会去咖啡厅见面谈论孩子的终身大事。双方回到家后，家人们会在一起商量，并且判断他们是否合适，当然也会问询男孩子自己的意见。如果男方有意向，他们会邀请女方家人到自己家中做客，这个时候只有女方家长来，女孩并不一同前往，直到结婚女孩才会来到男方家。如果顺利，他们会继续占星，占卜出适合结婚的日子和具体的时间。这里的日期并非指简单的结婚时间，而是指新娘几点离家，新郎几点离家，几点穿衣，新娘穿上漂亮烦琐的纱丽一般需要三个小时，还有给妈妈额前戴饰品、上四柱礼台（Paruwa）、父亲给儿子戴头冠以及女方舅舅离开的时间，等等，这些具体婚礼的细节时间都是由占卜师占卜出来的。斯里兰卡人的婚礼活动大体上要进行三天时间，在这三天中每天均要摆设喜宴，第一天叫"迎亲喜宴"，第二天叫"欢乐酒席"，第三天叫"贺喜聚会"，因而也叫作"喜宴三日"。

在低地和海边地区，很多年轻人想保持着那一份传统，但是又想避免一些烦琐的程序，于是他们将婚礼进行简化。婚礼一般从早上九点以后开始，人们认为这个时间是特别的，是一天中最为美好的时刻，最应该用来举行婚礼。仪式约一个小时，夫妇要交换誓言和蒌叶七次，这意味着夫妻间的团结和爱将持续七代，表达了对婚姻的期许。接着诵经的僧人从华丽的银水壶中倒出水淋在夫妻绑有金链子的手指上，以示神的祝福，让他们在未来的日子能有更多的财富。二人交换戒指后，他们互相喂牛奶、大米和水，照顾对方生活的一个象征性的承诺。当仪式结束之后，新郎新娘会和宾客一起跳舞歌唱。现代婚礼较传统，更为简洁和标新立异，符合现代年轻人追求时尚的个性特点，在游客和外族人眼中仍极具南亚风情。

（2）新媒体

报纸在斯里兰卡也成为重要的征婚方式，而且很多家长已经将其当成一种事业来做，斯里兰卡人喜欢说话，喜欢沟通，一件事情若不是心血来潮或

第四章 累叠和生长的交界点：遗产在生活中的实践

随性而为之，而是坚持将它做成，可能会花很多时间和精力。比如大家说好了会给你某样材料，但没有给出你具体日期，即使给出了具体日期可能也会有变故，所以为了拿到这份材料，你可能反复"路过"N（N≥3）次他家，他才会很"顺其自然"的给你，有人觉得在斯里兰卡要建立人与人之间的信用是很难的事情。其实不光民众之间如此，整个政府亦然。前两天才报道中国援建的港口要继续停工6个月，今天又出消息，具备了复工的条件，可以复工。所以在斯里兰卡办一件事情会出现反复的现象，直到最后办成了你才知道这是可以办下来的，因为谁都不知道中途会出现怎样的变故。这跟斯里兰卡人的沟通方式和生活态度有关。下面回到征婚版面，这同样也是一种沟通。一般婚姻信息登报后，每天就不停地有电话打进来，不断地接电话，重复着他们家的信息，接收着对方的信息，询问对方脸谱网（Facebook）的名字，这样好查找账号，以便看到对方的长相并进行更多的了解。毋庸置疑，脸谱网对于斯里兰卡社会的影响不容小觑。

> KANDY Bodu Govi 1982 5'6" Hand hingher education in Accuntaancy &Auditing field & employed in same filed as a Manager of reputed organization. Own two storeyed house and income generating lands（high/wet）. Devoid of all vices, humble, smart middle complexioned person. Father a Native Physician.Mother a housewife, famous native physicians lieage family. E-mail: prps182@gmail.com G G14293C/o Sunday Times, P.O.BOX 2047 Colombo

正如以上信息所展示，一般的征婚会列明人们在选择婚姻时所考虑的基本信息，如：住址、是否是佛教、种姓、身高、教育、工作、财产、是否饮酒和抽烟、父母工作、邮箱、电话，等等。我的报道人帕利塔先生有两个儿子和两个女儿。自从将大女儿的信息公开之后，每天都会接到不同的电话并且不厌其烦介绍着女儿和家庭情况。每次觉得合适，他们就会问询占卜师两人是否相和之类的，每次的费用在300卢比，父亲为了帮女儿找到了合适的夫婿，差不多进行了300次的占卜。无可非议，占星与兰卡人的社会生活息息相关，若深究他们为何对占星如此深信不疑，他们会举出相关的例子，比如：有些现代医疗无法治愈的病，当实践了某些传统或遵循了先人或佛陀的教诲后，不可治愈的疾病痊愈。一些受过高等教育的僧伽罗人认为科学认知有限，能够解释的现象也有限，占卜却是他们深信不疑的传统之一。当然帕利塔先生也表示在占卜师中有欺骗人的情况存在，但这些也并不会影响人们对于占卜的执念。

占卜出现在人们生活的各个方面，与他们的时间观，空间观相互关联（图4-17）。斯里兰卡人认为具体某一个时间节点和地理方向（方位）要进行的某一个仪式，与他们今后的生活和运气都紧密相连。而这个占星里又包含着斯里兰卡人的一系列仪式，一直处于不断阈限中。生命中的第一次，或者具有重要意义的人生仪式都跟占星有关，而且具有象征意义。

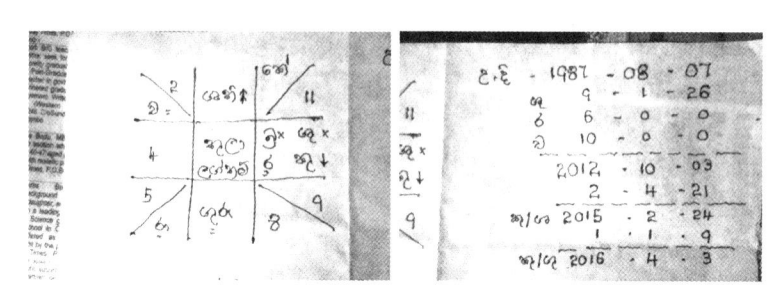

图4-17　婚姻九宫格占卜图（余媛媛 摄）

婚姻是斯里兰卡人中重要的生命节点，有关婚姻的故事数不胜数，最为精彩的要数突破种姓制度结合的婚姻。斯里兰卡的种姓是世界上较为古老并且有体系的一套制度。在斯里兰卡，种姓贯穿在人的一生中，教育、政治、配偶的选择、人际关系、礼节的表达，等等。斯里兰卡的婚姻在以前跟种姓关联很大，但随着社会的变迁，现在婚姻已有一些变化。自由恋爱在任何朝代年代都有，在现如今的兰卡婚姻之事在大部分情况下仍是由父母做主安排，特别是涉及不同种姓之间的婚姻，即便是过了父母这一道难关，但是父母心中的心结却不容易消逝。祥纳卡（Shanaka）是一个好的报道人，或者说他是一个很棒的报道人，问他的问题他会回答，并且介绍当地的习惯。一次，提到高尔的渔夫有些行为不检时，他自己讲起了种姓（Caste），越讲越多，其中包括他讲述自己的真实的故事。

时间：2015年3月7日
地点：康提，维瓦泰纳
祥纳卡：我的种姓在斯里兰卡社会中不低，中等偏上。

第四章 累叠和生长的交界点：遗产在生活中的实践

问：高种姓的人会不会从事社会的下层工作呢？

祥纳卡：不会。当然哪里都有例外，个别例外还是会存在。

问：你认为当代斯里兰卡社会种姓制度影响还严重吗？

祥纳卡：在如今社会中虽然种姓的明显界限被打破，但是在社会的潜规则中大家还是遵循着这一套系统。

问：大家遵循着怎么样的系统？

祥纳卡：在种姓的系统中，高种姓的人会互相照应和帮助。

问：关于照应和帮助，可以举例解释吗？

祥纳卡：例如高种姓的人之间，他们彼此之间会帮忙，会帮助找到一些较好地工作和职位等。

问：即便是不认识的人，高种姓之间也会互相帮忙吗？

祥纳卡：高种姓有内在的圈子，虽然彼此不一定认识，但是大家总会有共同的朋友，一般只要是这个圈子的人大家都会互相帮助。

问：那低种姓的人有机会提升吗？

祥纳卡：以前少部分低种姓的人会考入大学，这样他们便有了一个提升自己地位的机会。在接受了高等教育后，他们毕业后就有进入政府或者银行等工作的机会，但在以前这个数量很少。

问：还有其他方式吗，比如婚姻？

祥纳卡：通常情况而言，低种姓的人是通过读书和婚姻改变自己的阶层，婚姻相对而言受到的阻力会更大。

问：这些阻力主要来自哪里呢？

祥纳卡：社会也有，我觉得主要是来自家庭。

问：可以再详细点吗？

祥纳卡：好，我这里有一个很好的例子，就是我弟弟。我弟弟因为在高中喜欢上了一个女孩，很漂亮的一个女孩。可是我的父亲并不同意，因为女方家的种姓很低。我弟弟用尽了各种办法跟我劝说我父亲接受女孩。你说我父亲会同意吗？

答：老一辈人都不会同意吧。

祥纳卡：是的，不同意。后来我弟弟带着女孩逃走了。

问：你所言的逃走是私奔吗，就是在父母不同意的情况下一起逃离开？离开了原来的家庭，自己独立过生活？

191

祥纳卡：是的，类似于私奔。他们逃走后，过了两年还是没能劝服我父亲。最后我弟弟还是选择跟他那漂亮的新娘结婚了，他们过自己的生活去了。

问：过自己的生活？是指完全脱离以前的生活，独立出去了吗？

祥纳卡：是啊。

问：他以前是做什么的呢？

祥纳卡：他以前帮我父亲做事。

问：你父亲以前是做什么的呢？

祥纳卡：我的父亲是做珠宝生意的，他有矿山，矿区里时常可以挖出很漂亮的蓝宝石，他们结婚后没有做珠宝生意了。所以家里有事我就必须回去处理。

问：以前是你们俩一起协助你父亲处理家中生意的吗？

祥纳卡：是啊，所以我现在压力很大。

问：那你弟弟因为婚姻的缘故，没有继承你父亲的产业吗？

祥纳卡：是的。我弟弟现在有两个卖药品的店面。他和我的弟媳一人守着一个店铺，夫妻共同经营。当然在斯里兰卡开这样的店面也是必须得有执照的，他们通过自己的努力拿到了执照，是合法经营。

问：你好像很熟悉你弟弟的情况，你们之间还保持密切联系吗？

祥纳卡：是的，他毕竟是我弟弟，我是他哥哥。我们俩在私底下还是会见面，通电话的，但是这些我们不会跟父亲说，有时会偷偷地告诉母亲。母亲知道弟弟安好，也不会多说，她只会说让我适当还是要照顾一下弟弟。

问：你会选择跟你弟媳妇一样的女子结婚吗？

祥纳卡：应该不会吧，但是也不好说。感情这事情真的不好说，万一我真的坠入爱河，那又能怎么办呢。

问，那你还是有可能与低种姓的女子结婚的，对吗？

祥纳卡：也许吧，毕竟我也不是我父亲那样想不开的人。

问：那祝你早日找到一位合适的、漂亮的新娘子。

祥纳卡：谢谢你，会的。希望这一天不要等得太久，你看我年纪也不小了。

问：那你弟弟现在和你父亲的关系如何呢？

祥纳卡：父亲很多年都不允许弟弟去拜访，就连进家门都不让，他们关系很僵。

问：那他们现在有改善吗？你希望你的家庭是这样吗，你有没有帮助你弟弟说说好话？

祥纳卡：关系一直很僵，直到多年后我弟弟和弟媳有了小孩，小孩多可爱啊！加上我们平常也会劝说父亲，不断地给父亲"洗脑"。

问："洗脑"？

祥纳卡：是的。我们会不停地给父亲讲一些类似的案例，也有不同种姓结婚的人过得很幸福，让他不要太在意。告诉他，我们大的生活环境也在改变，请他以新的眼光来看待弟弟，而且弟弟也有了孩子。后来父亲应该是也看到了社会的一些改变，他和弟弟之间的关系也逐渐缓和了一些。

问：那你弟弟和父亲之间的关系现在很融洽了吗？

祥纳卡：没有，弟弟只是偶尔带着孩子来看看父亲。毕竟父亲内心还是很难以接受，可是母亲每次看到小孙子都很开心。也许父亲慢慢会释怀的。不过这事到这里已经有很大进步了，我们对这个结果也都很满意。

这个简单而有趣的聊天使我想起了《锡兰简史》中，葡萄牙人对斯里兰卡人的影响中，有一点是留下了大量的混血儿。在所谓的民族问题和民族冲突之间，也许最好的解决办法就是混血，这样的力量是强大的，对后代的影响也是重大的。婚姻是最有可能突破这道屏障，也是种族和民族冲突不可挡的利器。

现代斯里兰卡社会中也有离婚事件发生，离婚申请会提交给法庭，最后由法官判决是否离婚。离婚一般分为身体机能丧失、无沟通、有外遇三种情况。机能丧失指夫妻生活上一方因为生理问题或者心理问题而无法执行夫妻间应尽的义务与责任；无沟通并非短时间的无沟通，这个时间可能是长达七年甚至更久；有外遇空口无凭，需向法庭提供足够的证据。法庭判决耗时非常长，在此期间双方会被询问诸多问题，双方同意后上庭。在法官面前需要直言，不能说谎。正是因为耗费了大量的财力、物力、人力等因素，斯里兰卡的婚姻相对稳定，普遍认同家庭价值，离婚率也非常低，婚姻社会结构相对稳定。

（三）葬礼

无论是过去还是现在，斯里兰卡的葬礼都离不开寺庙和僧人，一般由寺里的僧人进行诵经超度。家人首先会把遗体送到寺庙，停放好后，死者的家属先用柠檬水，把尸体从头到脚擦洗一遍。一般会给死者穿上白色的衣服，殡仪床基调为白色，如若是僧人过世则穿僧袍，且殡仪床的基调为橙黄色。然后，人们用白布将尸体盖好，遗体停放期间，在死者的头部上方和双脚的下方燃两盏灯，葬礼通常会持续一个星期。一般在葬礼的后三天中，死者家人会请寺院的僧人返回到死者家里给死者的亲属和邻居进行布道（这个布道通常在死亡事件发生后第六天举行）。由于斯里兰卡人长期信奉佛教，在丧礼习俗中处处都体现了佛教文化，佛教主张轮回与地狱观，认为人们经历死亡后进入另一世界或者进入下一个轮回，丧礼寄托了生者对死者祝福，其实也是对生者的心理慰藉，因此斯里兰卡人十分重视丧礼。而在现代丧礼中，现在已经很少出现天葬、水葬的习俗，更多的是土葬和火葬，在丧礼举行过程中，其基本的礼俗并没有多大的变化，一直延续这传统。

在2016年的田野期间，我曾参加斯里兰卡的宗教领袖僧王的葬礼。好友季娃妮告诉我僧王过世的时候她很难过，为了顺利地加入当地人瞻仰僧王的仪容中，在季娃妮陪同下我买了一套白色的衣裙，有着高情商和高智商的季娃妮跟我解释："因为很多人不认识你，而你又有一张外国人的面孔，你着白衣表示了你的尊敬，这样大家可以看到你的虔诚，而不是去凑热闹，对于你的到来他们会非常高兴。"因为晚上人相对较少，所以我们选择了晚上出发。殡仪场内用的是具有佛教特色的橙黄色，与德高望重的僧王相匹配。床的四个角上分别镶有四颗象牙、鲜花、灯光、烛台，因为是国葬这些仪式的器具毋庸置疑是最好的。床外由四位军人定时把守，由斯里兰卡陆军、海军、空军三个军种约每隔十五分钟换班一次，换班之后他们均低下头默哀直到下一次换班（图4-18）。

图4-18 僧王灵床以及守灵海军

第四章　累叠和生长的交界点：遗产在生活中的实践

第二天是国葬，虽然疲惫，但我十分坚定地要参加僧王的葬礼。因为第一天季娃妮带我去瞻仰了僧王的仪容，她理所当然地希望帕利塔先生可以承担起第二天的陪同任务。季娃妮是一位聪明的主妇，对任何问题她总是会考虑得比较周全，她的能干确实让我感到很欣慰，也鞭策着我哪怕是田野再苦再累也要坚持。60岁的帕利塔先生之前参加过这样的葬礼，深知要将仪式全程参与下来的艰辛，加之他一直在操办小儿子的婚事，琐事较多，起初听帕利塔先生的语气可能是去不了，我也做好了一个人去参加国葬的准备，轻松应对应该是没问题的。在前一天晚上，我将相机、手机充好电做足了各种准备。没想到第二天帕利塔先生也身着白衣，做好一同前往的准备。直到上车的最后一刻，他才将所有事物处理妥当，表示可以跟我一同前往。帕利塔先生很善良，我知道他在担心我。虽然我认为参加国葬自己一人也完全能够处理妥当，但对他的所为我内心充满了感激。在斯里兰卡的田野中除了我的饮食习惯发生了改变，更多是我的整个心性也发生了改变，僧伽罗人身上有缺点也优点，而我最欣赏他们的是发自内心的善良以及与人为善的处事原则，这些原则是由他们的信仰体系所引导的向善。这也使得我的一个信念更加坚定，在力所能及的范围之内给予人们所需要的帮助。僧王的国葬仪式2点开始，持续到6点。在葬礼过程中，先是洒水车洒水，然后是各个方队，有各个年级的学生代表，从低年级到高年级，到政府机构代表到民众等手执黄旗一起游街，还有佛牙寺的执事团，以及僧团和部队，抬着僧王的棺木一起游街，道路两边由军人执抢护守。直升机在天空中配合着游行部队抛洒鲜花，场面确实很震撼。最后到达警察局的操场（Police Ground），将僧王的灵柩放在搭好的仪式台上，领袖们发表演讲悼念，这些领袖其中包括斯里兰卡总统。在斯里兰卡这样的佛教国家，有关宗教大事件总统必然会到场，这也沿袭了斯里兰卡一直以来宗教与政权相辅相成的传统。因为总统在场，所以安检很严。有一位西方的女子，并未穿着白色衣服，她的衣服颜色较深（深蓝色）。在检查随身物件时安检人员在她的包里发现了打火机，于是这位西方女子被阻拦，即使她表示打火机可以丢弃，但她仍然被阻拦。其实不排除跟她的着装等有关，这样的场合穿深色衣服确实很不礼貌，从民族情感上而言，她已经被拒之门外。由于帕利塔先生陪伴了我一天，当天本应当处理的家务没有处理，他的工作也就转加在了帕利塔太太身上，帕利塔先生在晚饭时分打电话给帕利塔太太让她不用再辛苦的准备晚饭。回家的路上，帕利塔先生买了霍波（Hopper）作为当天的晚饭。在斯里兰卡夫妻之间相互扶持，女性在家里受到了较多的关爱以及拥有有分量的话语权，这里的女性地位与邻国印度截然不同。晚上回到家帕利塔先生继续处理白天未完成的事务，而我也坐在饭桌上写着田野日志，因为停电，所以我们需要共用一根蜡烛，帕利塔太太依旧很快乐地坐在我们旁边讲述着村庄里今天发生的趣闻。晚上脚又继续抽筋且疼，也许是汗液流失和静脉曲张的缘故吧，这在田野中已经是常态了。虽然很辛苦，但是田野中的这份关爱、和谐和发自内心让人所感到的善良给人带来的幸福感是不言而喻的。

作为人类学者，内心一定要强大，田野中有一段时间为了能够更详细的获得材料，我没有放过任何一个值得去的葬礼，有那么一段时间葬礼的密集度很高。导致那一段时间我一直睡不好觉，原因是遗体见多了总会有那么一两次震撼心灵。一天，一位邻村的94岁高龄的老奶奶过世。按照习俗，晚饭过后我赶到另一个村庄里参加葬礼以表对死者的悼念。虽然这几年斯里兰卡得到了大力发展，但乡间的小路仍然漆黑，有人家的地方可以听到狗吠，担心会被狗咬；没人家的地方则会担心会有蛇等不明生物出没。一路精神紧绷的到达了主家后，发现宾客很多，来来往往热闹非凡，可是才坐下十分钟正好碰到了习以为常的停电，此时只能看到银白色的殡仪台上躺着一具黝黑的遗体，虽然衣着整洁，打扮清爽，但看不清脸面，加上颜色的反差，很是让人害怕。去参加僧王的葬礼时，灯光柔和，并且有很多僧人和军队守护，加上高僧面容慈祥也可以看得清清楚楚，心中除了祝福倒也十分平静，给人以祥和之感。虽说停电，但主家热情地让我去拍照。因为正好停电，我照不出死者的仪容，主家还想办法拿来了应急灯帮我照明。越是看不清灵台的摆设和死者的尊荣就越令人想去看个究竟，所以我走到了逝者的身旁，在闪光灯的照射下灵床白得晃眼而尸体格外分明，这种反差确实让人感到更加难受和不适，不禁感慨如果内心不够强大就不适合做人类学研究。葬礼本来应该是默哀，互相以表安慰和同情，但是因为奶奶已经94岁，对于她的离去也就没有那么悲伤和难过，这一点与我国的白喜相似。人们认为高龄的逝者摆脱了此世的种种牵盼可以进入轮回开始下一段新的旅途。在中国的葬礼中，人们总是会有所顾忌，会将死者放在棺材中，但僧伽罗人的葬礼是将死者摆放在客厅，家庭条件好的会租来配有象牙的灵床，一般是两颗象牙，头顶前方摆放着油灯，这些都是在一个开放环境中进行着，似乎她就躺在我的身边，或

第四章 累叠和生长的交界点：遗产在生活中的实践

者她与我手牵着手。自从那天晚上参加完邻村的葬礼之后，一段时间内脑海里经常浮现出黑暗的环境中一具尸体躺在银白的殡仪台上，一闭上眼睛就是黑白相间的情景。

在康提，如果有人过世人们会在电线杆贴上讣告。讣告上会有此人年轻时的照片，逝者出生和卒于某年、某月、某日等具体日期和信息，以及告别仪式的时间和地点（图4-19）。死者家门口一般会有家属迎上前来打招呼，然后双手合十，以"阿育博瓦"相互问候，亲友之间相互聊天。斯里兰卡人很喜欢聊天，一件简单的事情可以滔滔不绝讲不停。在一般葬礼上主家不会开火做食物，一般是邻里之间提供食物给前来悼念的宾客享用，期间还会有甜点和茶水（一般是放有糖或者姜汁清茶）。

图4-19 康提维瓦泰纳村张贴的讣告

康提的村庄里亦有自己的社会圈子和运行模式。这样的圈子大家称为萨米提亚（Samithiya），萨米提亚在僧伽罗语里有社会和财富之意（Society, Welfare），指的是一个社会圈子也可以是财富分配的圈子。这是一个自发的组织，每个月大家会向萨米提亚（Samithiya）筹钱，以防不时之需。万一村庄有突发事件需要集体力量解决时就会由该组织提供帮助，比如在葬礼举办时，宾客太多，家中无法坐下，需要处理搭凉棚等事务和花费时，萨米提亚就可以充分发挥其作用。若是有人不想参加也可以，碰到类似这种需要大家集体出力的情况，他们只能依靠自己能力解决。萨米提亚的领导或者决策者，称为萨布哈巴提（Sabhapathi），意为主席（Chainman or President），一般是由村中的长者组成；里卡姆（Lekam），意为秘书（Secretary），是负责活动或者日常事务的人员；还有巴汉达嘎里卡（Bhandagarika），意为财富（Treasure），这里可以理解成财务管理员，主要负责记账等工作。当然除了对于葬礼村庄里还有一种叫作逝者捐赠社群（Death Donation Society），指专门针对葬礼而进行组织和募捐。萨米提亚适用于村里的各种集体活动，它的范围比逝者捐赠社群更广。

（四）土地和法律

斯里兰卡的土地是私有制，可以进行出售。考虑到斯里兰卡国土面积不大的特点，以防失去土地再次沦为"殖民地"，现斯里兰卡政府规定土地只能对本国人进行出售；对于外国人购买斯里兰卡的土地只有99年产权。这里需要做一下说明：本节中主要讲述的是对于斯里兰卡本国之间的土地买卖，原住民即上文中说的村民（Village People）会将土地卖给定居者（Settle Down People）即后来的居住者。在康提地区，曾经有许多的稻田，村民将田地出售给定居者或者商人。例如，我所居住的村庄，35年前只有一栋定居者的小平房。现在这一片土地上先后盖起来了30栋大小不一的楼房，且多为两到三层。

在斯里兰卡社会人们喜欢以杆（Perch）为土地计量单位，160杆为1英亩，这位报道人在30多年前买了50杆土地，当时的价格是每杆340卢比，而现在土地的价格已经达到了每杆350000卢比。这个价格换算成平方米和人民币为平均每25.29285平方米，需要人民币15696.56元。在康提6杆的面积可以盖一栋房子。越靠近城市地价越高，康提湖边至少是每杆5000000卢比至10000000卢比。在双方谈成价格以后，双方会到地政局（Land Registry）获得买卖土地的信息，核实这片土地的拥有者或者服务者，再进行信息的更改。在康提大部分人没有足够的资金可以一次性将房款结清，他们会选择贷款。还是以我的一位报道人为例。1984年他来到了维瓦泰纳村，买下了有两间卧室的平房，后因为二儿子和三女儿的相继出世，房屋不够用，他们便决定对房屋进行扩容。可是作为普通民众的他们并没有那么多可以用于扩建房屋的钱，于是他们选择贷款，然后一间一间地增盖房屋。斯里兰卡的贷款利息在9.5%—11%，如果是银行的职员贷款会有一定的优惠，贷款利率在4%—5%。贷款建房和一间一间的加盖建房在斯里兰卡较为常见，因为在建房期间会受到金钱和人工等不定因素影响。例如，如果房主有钱，请到合效率高的工人，盖房子的速度也会加快。该报道人现居住的三层楼新房是从2008年至2016年，整整用了6年时间完成。与大多数斯里兰卡的工作人员一样，他们早上6点出门上班，晚上7点左右回到家，一点点地积累财富，为后代攒钱盖房。人们为了让生存和生活环境更加舒适，对于自身周边的自然环境进行修改和调整，以满足自身的需求和表达他们的价值。而在这一被改造的空间中，邻里和社区的关系也随着城的变化不断被创造、维护和改变着，以适应新的社会环境。

四 人与自然

斯里兰卡人与自然的关系处理得非常好，这与佛教的教义以及该国的历史文化紧密相连，除了本章第三节提到的僧伽罗人爱护花草和热爱自然之外，在第二章中有介绍国王施仁政保护动物，人们至今对动物也是极度宽容。住在村庄里，经常会参与到人与猴子斗智斗勇的活动中。斯里兰卡人与猴子之间的渊源可谓是千丝万缕，这一点在《罗摩衍那》中也体现得淋漓尽致。特别是住在山区的康提人，猴子与他们的生活息息相关。住到康提后，感觉天气要比科伦坡凉快许多，特别是门窗打开的时候，山风吹进来给人以清新的感觉，每当这时帕利塔太太会很紧张地过来提醒我关门，或者当我转身下楼取水或者离开片刻时，她就会迅速进入我的房间，待我再次进入房间时就会发现我的门窗已被关起。

康提街上成群的猴子非常多，反应灵敏，有时还会打群架。每次我们感受到炙热的气氛就会避而远之，万一被猴子跳到身上来撕扯头发，那将是一件极其痛苦的事情。在村庄里，猴子一般两到三周会来"扫荡"一次村庄，当然有时也会一个月都不见踪影，猴子进村时若看见晒在阳台上的衣服，他们会抢去并尝试着像人一样穿衣服，会自己拧开水龙头喝水，甚至洗澡。正如在本章水系统中所提及，水在斯里兰卡社会是很宝贵的资源。猴子们拧开水龙头尽情地洗澡，洗完澡后它们不会像人一样再去关上水龙头，任水流走，猴子的顽皮和无知给当地居民带来很多损失。猴子进入村庄后，人们会对它们进行驱赶，驱赶的方式一般是吼叫、用棍子恐吓或者用装有小石子没有杀伤性的土枪射击猴子或射击猴子附近空旷的地方。对于动物而言，这是一个没有杀伤的国度，除了四样生物：蚊子、蜥蜴、蛇、蟑螂。当然一些虔诚的佛教徒却对这一特例嗤之以鼻，因为对于他们而言从不杀生，哪怕是这些生物会对他们造成伤害。一次，一司机开车在路上见有一条奄奄一息的蚂蟥，于是停车将蚂蟥温柔地放在腿上，待这条幸运的蚂蟥饭饱之后，才将其放生；一女性朋友因连续拍死了两只蚊子，而被主家扇了两耳光，可谓慈悲与暴力共存。这些故事实在太多，这些事例在常人身上可能会匪夷所思，但在虔诚的佛教徒身上就可以理解了。这也是为什么即使猴子对僧伽罗人的生活造成再大的麻烦，他们也不会伤及"无辜"了。每次听到楼顶"啪""嘭""咚"的各种巨大的响声（猴子在屋顶），我就会条件反射地收起电脑，锁好门窗，心里不禁想到若是门外那些猴子串进房间，后果就可想而知了，因为猴子经常会抢走所见之物。想着我电脑里的田野日记，我不禁打了一个冷战，万一被猴子抢去了电脑，我的田野材料很有可能就会一去不复返。在斯里兰卡的整个田野过程中我都十分注意保护自己的田野材料，一直本着防火、防盗、防猴子的原则，所以至今才能安全带回诸多材料。每个人的田野情况不一样，但人类学者在田野中一定要结合实际情况做出适当的保护策略，以保自己材料的完整性。

居住在康提山中的农户会养狗防盗，通常情况这些盗贼不是人类，而是猴子。狗非常忠诚，他们在猴子到来之时会狂吠呼唤主人，甚至会跟猴子英勇搏斗。看着朋友家土狗右腿上大片血肉模糊的伤口，我也知道猴子绝不会吃亏。这些猴子们会"不停歇"地偷蔬菜和水果。所谓的不停歇，指猴子们被驱赶后，假装离去，过了一两分钟，多则五分钟它们就又会回来。那些被猴子从树上拽下来的果子和掉落的果子不停地砸在屋顶上，而且声音奇响无比，心脏不好的人需小心。忍无可忍的人们会在土枪里放入小石弹（Pellet）之类的"子弹"，这些"子弹"只是恐吓猴子，或者让它们尝到一点点疼痛，正如上文所言，作为虔诚的佛教徒他们是绝对不会伤及任何生物的性命。平静的山里偶尔会掺杂着土枪放出的恐吓声，如放土鞭炮一般，那肯定是人与猴"开战"了。

在斯里兰卡田野中，让人真切的体悟到人和动物和谐共存，这些和谐的根源是先辈们所遗留下来的信仰和习俗。虽然有些动物确实为人类造成诸多不便，但最好的解决方法并不是要去改造自然让自然臣服于人类，满足人类各种私欲，在大自然中也可以有很多低调的奢华，人本属于自然的一部分，如若能融于自然，回归自然，那也是其乐融融。

第四节 本章小结

村的日常是人们对于遗产传承与实践横向拉伸的展现。如果说第三章是人们在孔图贡德拉区所进行的对信仰的核心仪式实践，那么第四章主体展现的就是人们在日常生活中对信仰与遗产的坚守与秉承。在第三节村的供养当中，现如今斯里兰卡的水利系统以点、线、网的结构将以前的水利遗产与现代水利相结合，与前面章节的古代不同时期水利系统相呼应，从斯里兰卡基本村落到康提直至整个斯里兰卡展现了斯里兰卡水利系统全貌。在物与人的系统中，除了对康提僧伽罗人社会生活的具体记录，从婚葬嫁娶到衣食住行展现了人们对于先辈们遗留财产与信仰的实践。除此之外，每一个僧伽罗村落都有一个主要的寺庙，而这些主要的寺庙与佛牙寺相互扶持，这个系统就像是以佛牙寺为核心力量连接着僧伽罗的各个村落的巨大网络，使得村落与佛牙寺紧密相连。

然而，正如前文田野点介绍所阐述，相对繁华的孔图贡德拉并不能展现传统僧伽罗社会生活，因为孔图贡德拉已经趋向于商业化，那里有餐厅、商店、冷饮店等，生活较为便利。如果只是停留在孔图贡德拉我也许无法深入到僧伽罗更深层次的传统社会，在探索异文化强烈之心的推动下我毅然选择了前往更传统的维瓦泰纳。那里是僧伽罗社会的传统村庄，没有餐厅、商店、冷饮店等，基本的生活用品需要走出村庄才能购买。有人说，人类学家是时间的旅行者，在不同的文化和时间段中穿梭，但我觉得人类学家倒是更像一位修行者，体验着人世间的酸甜苦辣，悲欢离合，找寻着人类共有的特性。体验他者的情绪和情感，倾听他者的心声，理解他者的所言所行，才可能融入他者的社会，进入参与观察的角色中，在那么一个瞬间悟出道理，其实文化的体验也是一种情感的体验。

　　康提是斯里兰卡人的精神家园，他们拥有这片土地，在这一空间通过祖辈们延续下来的生活方式传承者宝贵的遗产。空间不仅是生态学、地理学、人类聚居学、管理学等简单的集合，更是一种关于生产的知识定义。生产力和生产关系的相互作用使得人们在这一家园继续繁衍和生活。这些家园遗产是人类传承的纽带，连接了主位、客位甚至多位之间的关系，使得遗产得以保留其原生性、关联性和整体性。遗产是脆弱的、不可再生资源，世界遗产更是如此。它们必须受到保护，以保持它的真实性并留给后人享用。家园和遗产相结合的概念不仅对于人们对遗产与旅游的认知有着提升作用，也是人们在遗产旅游中对遗产保护的关键之所在。遗产旅游在后现代社会中要得以维持和发展，只有人们携手保护共同的家园才能得以实现。

第五章　旅游人类学视域下的遗产生长

　　本书第二章至第四章讲述斯里兰卡的整个历史和现代斯里兰卡人的生活状况，从最开始的僧伽罗传说至斯里兰卡古代所经历的阿努拉达普勒到波隆那努瓦、康提，经历殖民时期后，斯里兰卡又陷入内战。直到前总统拉贾帕克萨剿灭了猛虎组织，斯里兰卡政局才逐渐稳定。近五年，斯里兰卡的社会结构正在慢慢地发生改变。随着全球化的不断发展，斯里兰卡逐渐揭开其神秘的面纱，正是因为有着宗教圣地、世界遗产这样的荣耀和光环以及异文化的吸引，众多游客慕名而来，康提也成为游客到斯里兰卡旅行必到的旅游胜地。斯里兰卡由传统的农业国逐渐转向第三服务产业。近些年中国与斯里兰卡交流合作增强，斯里兰卡在中国的知名度提升，大量的游客涌入为斯里兰卡迎来了"旅游之春"。中国游客到斯里兰卡数量位居榜首，极具代表性，这也是本章研究的意义所在。

　　中国和斯里兰卡两国的传统友谊源远流长。早在两千多年前西汉王莽就派使臣访问过斯里兰卡（当时称"已程不国"），开启了中斯两国最早的官方接触。斯里兰卡在我国"一带一路"的倡议中也具有重要意义，是首个以政府声明形式支持中方21世纪海上丝绸之路倡议的国家。2015年斯里兰卡政府换届，前总统拉贾帕克萨下位，西里塞纳带领的新一届政府上台，中斯两国之间的关系亦发生了微妙的变化。本章节将中斯关系分为古代关系、拉贾帕克萨时代近现代关系的复兴、后拉贾帕克萨时代所遇的瓶颈三部曲，以亲身经历奏响中斯田野的三部曲。进而更深一步的分析"一带一路"背景下的遗产旅游。

第一节 生长背景：中斯三部曲

公元前 1500 年雅利安人进入印度，带入雅利安文化，成为印度教以及印度文学、哲学和艺术的源头，开始了恒河谷地文明。后来印度雅利安人到达斯里兰卡，在那里形成了独特的文明和族群，即僧伽罗人。根据史料和铭文可以得知佛教从印度传入斯里兰卡直至公元 12 世纪佛教在印度灭亡，斯里兰卡成了南亚地区佛教的最后坚守地。至今斯里兰卡佛教在世界上仍然有着举足轻重的地位。也正因为宗教的发展，拉开了中国与斯里兰卡的友好往来序幕。

一 中斯古代关系

公元前 1 世纪，印度的佛教经典传到斯里兰卡，斯里兰卡的教徒将南传的巴利语佛教经典编写成文字。随着佛教在印度的衰落，斯里兰卡逐渐成为南传佛教的中心。宗教的传播为两国往来奠定了坚实的基础。在一部完成于公元前 3 世纪至公元前 1 世纪的斯里兰卡古籍《西哈拉瓦图帕卡拉纳娅》（*Sihalawaththuppakaranaya*）中记载，约公元前 1 世纪，斯里兰卡有十余位僧人乘船到达南印度，然后北上汇合印度僧人，一同游历至中国。除此之外，根据奥古斯都朝廷的记录，僧伽罗使节曾有谈起斯里兰卡和中国之间有商业往来，时间为公元前 1 世纪和 2 世纪。据描述，僧伽罗族国王的使节有携带礼物访问中国，在此之前也许有同样的事情发生。

公元 410 年，中国高僧法显经印度洋到达斯里兰卡（当时称为狮子国），据《法显传》载，他渡海至狮子国，即今斯里兰卡，居住两年，更得经本，然后航海东归，其《佛国记》也为斯里兰卡的史料提供了有力的旁证。法显在斯里兰卡的两年中，曾前往岛上有名的无畏山寺（Abhayagirivihara）、支提山寺（Cetiyagirivihara）、摩诃毗诃罗（Mahavihara）等处参学。他亲身体会的佛牙供养法会以及摩诃毗诃罗的一位阿罗汉入灭火化的佛事等等，并写下了《狮子国游记》，记有《狮子国概述》《摩诃毗诃罗精舍》《大塔》《跋提精舍》《贝多书》《王城及佛齿供养》《无畏山僧伽蓝》《天竺道人诵经》《更得经本》9 篇文字。笔记中具体讲述了斯里兰卡的国家概况、风土人情、建筑艺术和宗教活动，等等。"法显住此国二年，更求得弥沙塞律藏本，得长阿含、杂阿含，复得一部杂藏。"①即法显取得了当时东晋所没有的《弥沙塞律》《长阿含》《杂阿含》和《杂藏》四部佛经梵本,为中斯两国的友好和文化交流作了重要贡献。今天,在斯里兰卡的佛教徒中法显的名字家喻户晓。他为中斯两国留下了不少的珍贵资料,也在两国文化交流史上留下了辉煌的一笔。后国外作家塞缪尔·比尔(Samuel Beal)将其作品进行翻译,使之广为流传。

公元5世纪也有外交使臣到达中国。公元426年有八位僧伽罗比丘尼到达南京,公元429年又有三人到达。公元434年,在斯里兰卡比丘尼的帮助下,中国组建了比丘尼僧团。公元456年有五位僧伽罗人拜访中国皇帝,其中有一位是技艺高超的雕刻家。

在公元7、8两个世纪,斯里兰卡也曾六次派遣大使去唐朝。公元15世纪,我国著名航海家郑和七下西洋,多次途经拜访斯里兰卡(当时称为锡兰),并在那里立碑刻石,也就是如今存放在斯里兰卡国家博物馆的《郑和布施锡兰山佛寺碑》,此碑也是中斯两国人民友谊的见证。石碑高144.5厘米,宽76.5厘米,厚12.5厘米。碑额部分呈拱形,正反面均刻有五爪双龙戏珠精美浮雕,正面长方体四周均以中式花纹雕饰。正面从右至左、从上至下分别有中文、泰米尔文、波斯文三种印刻文字,目前只有中文能够清晰释读。碑文记录了郑和、王景弘等人在锡兰山佛寺,布施金银、织金、宝幡、香炉、花瓶、灯烛、檀香等物品的经过(图5-1)。

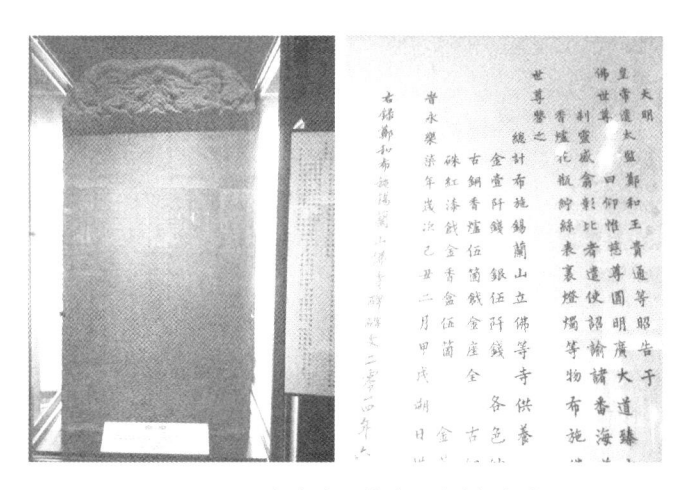

图5-1 郑和布施碑及其碑文(余媛媛 摄)

---

① (东晋)法显:《佛国记》,商务印书馆2016年版。

中斯的古代关系中郑和到斯里兰卡期间的微妙关系这里不再进行详解。在郑和使团中身为通事及翻译的马欢对亲身经历的二十国的航路、地理、政治、人文、语言、气候、物产、工艺、交易、货币和野生动植物等进行了记录，从永乐十四年（公元1416年）开始经过35年修改和整理，《瀛涯胜览》在景泰二年定稿。在书中，马欢记录了当时斯里兰卡（当时称锡兰）的一些地理概况和风俗习惯，以及记录了当地岛民对于"麝香、纻丝、色绢、青瓷盘碗、铜钱、樟脑甚喜，则将宝石、珍珠换易。王常差人赍宝石等物，随同回洋宝船进贡中国"[1]。可见中国特产在古时的斯里兰卡相当珍贵且受欢迎。古斯里兰卡国王也赠予宝石等贵重物品，随同宝船运到中国，运到当时大明的首都南京进献给中国皇帝。

然而，在斯里兰卡的文献材料中，中国与斯里兰卡的渊源也有诸多可寻之处。

《布特萨拉纳》（*Butsarana*）、《达汗萨拉纳》（*Dahansarana*）、《迦塔卡·阿图瓦·咖塔帕达雅》（*Jtaka-Atuv Gtapadaya*）等诸多文献中都有记录到中国的相关情况。公元13世纪的著作《普伽瓦利亚》（*Pjvaliya*）中也有提及中国是一个世界上重要且有名的国家。在公元14世纪的著作《坎卡哈维塔拉尼》（*Kakhvitaran*）在一项注解当中也有提及中国。在著名僧人亦是著名学者托塔尕穆伟（Thotagamuwe Sri Rahula Thera）的著作《卡维亚瑟科哈拉》（*Kvyaskhara*）中也有提及中国和中国的皇帝。在公元17世纪的著作《萨拉塔桑格拉哈》（*Sarathasangraha*）和《拉贾瓦利亚》（*Rjvaliya*）中也有提及中国。在公元18世纪的《艾哈烈波拉·哈塔纳》（*hlepola Hatana*）也有暗含中国和中国文化的介绍。

二 近现代关系的复兴——拉贾帕克萨时代

1815年康提沦陷，斯里兰卡全岛被英国殖民。在饱经战乱、殖民的贫困之苦后，1948年2月4日斯里兰卡正式宣布独立，成为英联邦的自治领，定国名为锡兰,但这并不是武力和暴力的终结,后斯里兰卡又发生内战。1952年，斯里兰卡不顾西方国家对中国的封锁，与中国签订了米胶贸易协定，开创了中斯两国友好的贸易合作史。1957年中国和斯里兰卡正式确立外交关系，两

---

[1] （明）马欢：《瀛涯胜览》，商务印书馆2016年版。

国在 2007 年还一起庆祝建交 50 周年。20 世纪 60 年代，两国的政治、文化交流非常密切。70 年代，中国在科伦坡城市中心援助建立了班达拉纳克国际会议中心。这也是中国与斯里兰卡友谊的象征。后中斯之间的友好关系不断加强，中国在斯里兰卡开展了诸多援建项目，不一而足。

2016 年 3 月 13 日，又一次停电，这次是斯里兰卡全岛停电，全国一片黑暗，没有灯光，这不禁使我感慨，这个国家在谷歌地图夜晚模式上会消失吗？果不其然，第二天翻阅斯里兰卡报纸媒体和查看脸谱网（Facebook），看到了斯里兰卡在谷歌地图夜晚模式消失的诙谐图片。相比慢节奏的海岛生活和民族脾气，斯里兰卡媒体人动作较为迅速。此次停电为 2 月 25 日全国停电后的又一次大范围停电，为此斯里兰卡国家电力管理局局长已经宣布辞职。各地民众遭遇热浪煎熬，部分地区供水也受到影响。停电数小时后我接到了同胞的温馨提示"这次停电可能并非偶然，如若有事情发生，为了人身安全最好做好撤离的准备（当然他指的撤离是收起行囊回国避难）。"这两年斯里兰卡的游行示威和抗议明显增多，正如友人所提示的一样，随后而来的就是各种支持前总统的游行。前总统拉贾帕克萨生于 1945 年 11 月 18 日，斯里兰卡第六任总统。2005 年以 18 万票的优势获选斯里兰卡总统，后剿灭了泰米尔伊拉姆猛虎解放组织（LTTE，英语 Liberation Tigers of Tamil Eelam），在此期间，斯政府军方密切与中国合作。泰米尔伊拉姆猛虎解放组织简称猛虎组织，自杀性爆炸袭击是该组织最常用的暴力手段。不少世界高官政要在袭击中遇难，例如印度前总理拉吉夫·甘地（Rajiv Gandhi）、斯里兰卡前总统普雷马达萨等高官政要等都是遭到该组织专门针对重要人物和目标实施自杀式袭击的"黑虎"部队袭击而遇难。除此之外，猛虎组织还对斯里兰卡国内建筑、商业中心、军用设施甚至佛教圣地发动诸多恐怖袭击。据报道人描述，在那个黑暗的时期，曾因为有些家庭集体乘坐公交车出行，使得这些自杀性袭击造成许多家庭全体覆灭。后很长一段时间内人们出行甚至都不敢一家人坐在同一辆车上以确保家庭成员的存活率，不至于被灭族。在斯里兰卡越往北部景象越凄凉，这片土地的人们饱经"猛虎组织"的袭击，死伤无数，一位同龄的朋友告诉我，他的 12 个伙伴都因为这场内战而亡，三岁的时候会经常看到人们在路边焚烧尸体。他好奇地问自己的母亲："这些人为什么睁着眼睛躺在路上？"这位母亲无法回答孩子的提问，只好将孩子的头搂在怀里，不再让孩子去看这残忍的一幕，默默将路边死者的眼睛用布条盖上。一直以来朋友反复地跟我重复着这个场景，或者是不停地表达对英国人的愤怒，每当这时他脖子上的青筋就会暴露在外。这位朋友的经历颇为丰富，因为杀人罪而坐牢，在一次斯里兰卡大赦犯人时被提前释放。据他所言，他坐牢是因为"失手"杀死了村中的一个恶霸，后该朋友被一较为投缘的寺庙僧人感化才慢慢平息了心中的愤怒和暴力的习性。但在我看来他易怒和展示暴力的习惯仍然强于一般人，这也不难解释为什么每一次跟他在一起时，我的身上经常会被他"不经意"地"碰伤"，瘀青一块一块。有谁敢否认，他这种易怒和暴力人格的形成与小时候常见血腥画面没有关联呢？长达二十六年的内战对斯里兰卡几代人都有着不容磨灭的影响。直至如今这些影响仍为消除，约两三年前，我的中国朋友帮助斯里兰卡旅游局拍摄宣传视频时，因使用了无人机而在拍摄地区引起恐慌，居民纷纷报警，原因是内战在他们心中留下了不可磨灭的伤痛，他们担心无人机是用来恐袭的新式武器。毫无疑问，猛虎暴力血腥的行为遭到了国际社会的一致谴责。1998年1月，猛虎组织试图炸毁圣城康提的佛牙庙，佛牙寺的前门和部分建筑被严重损坏。至今康提佛牙寺二楼博物馆中的照片仍哭诉着当时悲痛的惨状。此后斯政府宣布猛虎组织为非法组织，印度、美国、英国、加拿大以及欧盟也先后将猛虎组织定性为恐怖组织，列入恐怖组织名单。据报一位年纪较大的道人描述，在2009年5月18日拉贾帕克萨政府击毙了猛虎组织的最高领导人普拉巴卡兰（Velupillai Prabhakaran）后，政府宣布斯里兰卡内战结束，那时万人空巷，所有人都走到大街上拥护拉贾帕克萨，将其视为"民族英雄"，拉贾帕克萨受到了人民的坚决拥护和爱戴。当人们对内战的恐惧和具有强烈的生存危机时，大多数人迫切需要找出一个权威人士并且向他臣服，而此时的拉贾帕克萨就是僧伽罗民众心中的权威人士。2010年，拉贾帕克萨提前发起总统大选，并以近200万票的优势大胜竞选对手——战功赫赫的萨拉特·丰塞卡（Sarath Fonseka）将军。这次选举与上一次选举的18万选票相比，200万这一数字足以说明一切。萨拉特·丰塞卡出生于1950年12月18日，2005年12月出任陆军司令，在指挥对猛虎组织作战中，丰塞卡以勇猛著称，指挥清剿猛虎组织，在此期间他本人也遭到一名女性自杀式炸弹袭击者攻击而受重伤，在剿灭猛虎组织这一过程中丰塞卡功不可没。2009年7月，丰塞卡任国防总参谋长，次年参加了总统竞选。虽说剿灭猛虎组织有功的丰塞卡受到了国民的爱戴，但是从选票的结果上也不难看出，丰塞卡将军对拉贾帕克萨的在民众心中的地位不会有丝毫影响。选举结束不到一个月，司法力量就将丰塞卡免职，在民众看来拉贾帕克萨将丰塞卡免职并送进监狱的原因过于牵强。拉贾帕克萨政府的理由是丰塞卡一次接受采访时表示有一名高级政府官员曾下令政府军枪杀举着白旗投降的猛虎组织成员。因而科伦坡高等法院因这一事件以"煽动暴力和种族仇恨罪"对丰塞卡进行审判。后有两个军事法庭对其进行审判，最终审判的罪名却与最初被捕时的罪名大相径庭。第一个军事法庭审理的罪名主要是针对其担任军职期间从事政治活动；第二个军事法庭主要审理其军事采购方面的不当行为。后拉贾帕克萨根据第二个军事法庭的建议，批准对丰塞卡监禁30个月。审判当天法院外聚集了上千名丰塞卡的支持者，而斯里兰卡当局事先在法院周边部署了大量的警力控制局面，以防止发生冲突。从某种角度而言，中国宋太祖赵匡胤为了加强中央集权，同时避免其他将领也黄袍加身而采取的杯酒释兵权却是恰到好处。但正是因为这一举动，民众心中颇为难过，认为拉贾帕克萨所做过激。在这场遵循着"规范性规则"（Reglas Normativas）和"实用性规则"（Reglas Prgmatices）的政治游戏中，拉贾帕克萨重视后者，同时也想兼顾前者。[①] 拉贾帕克萨处理丰塞卡事件时更注重这场政治游戏的输赢，而非注重博得公众的喝彩，遵循的是实用性规则。虽然政府在为丰塞卡定罪时极力往规范性规则中正直、诚实、道德尺度去靠近，以寻求政治搏斗中的合理与合法性，但在民众心中似乎说服力并不强。除了成功剿灭猛虎组织外，拉贾帕克萨还成功地修改宪法，取消了总统连任限制，这就意味着如果不出意外，他将会成为斯里兰卡的终身总统。但后来事与愿违，当人获得了巨大的成功后和与之前的轨道有了偏离时，事情往往会发生转变。

被剿灭的猛虎组织成员主要由泰米尔人组成。斯里兰卡最主要的两个民族是僧伽罗和泰米尔，泰米尔人比僧伽罗人晚三个世纪从印度迁到斯里兰卡，僧伽罗人主要来自北印度，而泰米尔人主要来自南印度，相比僧伽罗人，泰米尔人皮肤黑，用泰米尔语进行交流，且僧伽罗人与泰米尔人的宗教文化背景也不相同。在书中第一章中有讲述在历史上，僧伽罗人屡次遭到来自印度次大陆南部泰米尔人的入侵，两族间历史积怨已久。加之在英国殖民时期，英殖民者采取的"分而治之"策略，所谓的"分而治之"指在英国开始对斯里兰卡的殖民统治后，从南印度迁移了大量的泰米尔人进入斯里兰卡，让他

---

① ［英］特德 C. 卢埃林：《政治人类学导论》，朱伦译，中央民族大学出版社2009年版。

们在中部康提的一些地方种植茶叶。除此之外，英国殖民者给了泰米尔人绝对高于僧伽罗人的地位，使得占有该国少数人口的泰米尔人在政治和经济上有绝对的优势地位，其中包括一些官方行文的文字，这不得不提起当时英国人在攻占康提时对僧伽罗人做出"承诺"时所用的泰米尔文以及其中模糊的概念，这使得至今僧伽罗人都认为自己受到了欺骗。1948年斯里兰卡独立后，占有多数人口的僧伽罗人逐渐掌握了政权，他们对僧伽罗人实施了一系列政策，而这些政策对于泰米尔人是没有任何优势的。当时的执政党联合国民党（United National Party）有各个种族，但是只代表精英阶层，并企图否认"种植园泰米尔人"。之后的执政党斯里兰卡自由党（Sri Lanka Freedom Party）上台后，推行僧伽罗主义；支持佛教，通过"保护和护育佛教"作为国家的职责列入宪法；试图将僧伽罗语定为唯一官方语言；倾向僧伽罗人的大学生招考政策出台。之前使用泰米尔语的政府工作者失去了工作。接踵而至的就是各种抗议，继而发生了种族暴乱。猛虎组织的形成和后期的壮大，仅以普拉巴卡兰和在斯里兰卡少部分的泰米尔人的势力是不足以形成如此大的破坏的。其中，印度扮演了非常重要的角色。印度是斯里兰卡唯一的近邻，印度南部居住着大约6000万名泰米尔人，他们与斯里兰卡的泰米尔人同宗同源。印度政府对猛虎组织长期给予武器和财力上的支持，特别是纳杜邦的一些泰米尔政党更是积极支持泰米尔的独立运动。另，以英国为代表的欧美国家出于对泰米尔人境遇的同情等，也助长了猛虎组织的壮大，几经反复，猛虎组织势力越来越大。在西方各国以及印度提出对斯里兰卡的帮助背后，他们的附加条件总是让斯里兰卡政府难以接受，而只有中国政府的要求并不是那么的苛刻，因为中国本着"经济开发与合作"原则开展工作。后斯里兰卡政府与中国开始密切合作，同时中国军方大批常规军备开始不断出现在斯里兰卡陆军中。对此，英国报纸认为，中国是出于海上战略布局的考虑，将海军力量开拓新的印度洋领域，而不顾国际社会的反对去极力支持斯里兰卡政府，"镇压"泰米尔人；美国报纸认为，中国政府此举是为了做向印度洋以及太平洋进军的准备，使得"珍珠岛链"计划更加顺畅。英国媒体普遍认为中国倾向巴基斯坦做法也都是为了一个宗旨，即要占据印度洋上的出海口，这样就可以突破马六甲海峡等地的局限，从而走出南海。而对于中国后来所开发的科伦坡港，西方观点仍在炒作将中国此举升级为未来十年到二十年的印度洋上的中国军港。最终，拉贾帕克萨成功地解决了猛虎组织问题，使得人民不用再过提心吊胆的日子。拉贾帕克萨对待猛虎组织的态度较为强硬，在连任拉票时他虽然承诺将在立法过程中给予泰米尔人更大发言权，但对于僧伽罗人和泰米尔人之间不平等问题的解决力度并不够。当时斯里兰卡共有1400多万在册登记的选民。拉贾帕克萨和卡塞卡的支持率在占人口总数大约74%的僧伽罗人中难分高下。因此，泰米尔族等少数民族的态度对选举结果存在重要影响。泰米尔人占总人口比例的18%。后来一名为现任总统服务的"麻酱"（僧伽罗语"兄弟"的音译）告诉我，一直以来泰米尔人的投票率是非常低的。这也是现任总统西里塞纳（Maithripala Sirisena）为何能够胜任总统的最直接因素。一直不投票的泰米尔人在拉贾帕克萨第三次选举时参与投票的人数却发生了量的飞跃。这位朋友举了一个例子，比如以前泰米尔人的投票率是20%到40%，如果这个投票人数的比例一下增加到70%到80%，甚至更高，试问会出现什么情况？而泰米尔人会受如此大的影响根源离不开背后与之同宗同源的6000万甚至更多的泰米尔人。当然有些人也会毫不忌讳地说出还受印度一些间谍的干扰。这里也只是将听到的原本转述进来，至于证据也在我的调查范围之外了。

拉贾帕克萨家族在斯里兰卡非常有威望，马欣达·拉贾帕克萨（Maxinda Rajapaksa，文中以拉贾帕克萨作为其简称）出身政治世家，其父曾任斯里兰卡议会副议长，是执政党自由党的创始人之一。拉贾帕克萨在24岁时作为自由党候选人首次当选为议员，成为当时最年轻的议员。经过很长一段时间的磨炼后,他被当地人认为"注定将改写斯里兰卡历史的人"。他的夫人施兰迪·拉贾帕克萨（Shiranthi Rajapaksa）于1973年夺得"斯里兰卡小姐"桂冠，进入世界小姐前几名，后育有三个儿子：一个是议员，一个是海军军官，还有一个是电影明星。大儿子拉克西曼·纳马尔·拉贾帕克萨（Lakshman Namal Rajapaksa）为议员被认为是最有可能接任父亲事业的儿子。事实也是如此，在沿海的一些人群居住地，随处可见拉克西曼·纳马尔·拉贾帕克萨的竞选宣传海报，一样的胡子、一样的妆容，让人有子承父业的既视感。二儿子尤西塔·拉贾帕克萨（Yoshitha Rajapaksa）曾是运动员，前海军军官，创建了CSN（Carlton Sports Network）电台。2016年1月30日的尤西塔·拉贾帕克萨和CSN一些高层管理人员被卡杜维拉（Kaduwela）当地法庭还押候审，而其被指控的罪状则是涉及洗钱等多项罪名。后听反对党的一位兄弟讲述当时审判的情况，党派在斯里兰卡的政局中总是那么飘忽不定，正如前斯里兰卡卫生部长现斯里兰卡总统西里塞纳（Maithripala Sirisena）突然率众倒向反对党一样，有关这一点在下文中会详细提及。这位"麻酱"（兄弟的意思）说在尤西塔·拉贾帕克萨整个审判过程中，他们拒不承认当局指认他们的罪状，"我很无语，当法官问他（尤西塔·拉贾帕克萨）创建 CSN 时的资金来源，他回答不知道！钱的来源都不清楚，难道不能说明其腐败的程度吗？"我并未作答，也并不想猜测尤西塔·拉贾帕克萨是否为了保护自己而做出这样的回答。但在南部，海边的渔民和附近城镇里的人每次经过一栋未完工的建筑时都会说，"这是拉贾帕克萨儿子和他女朋友所盖的房子"，"应该是要建酒店或者宾馆"，"这是要花很多钱的"……

实际上 2009 年后，拉贾帕克萨就已不断任命自己的家族成员到重要岗位上。由于特殊的文化和历史条件，从古至今，南亚政治中"家族统治"并不罕见。从第二章斯里兰卡古代的一些历史上就不难看出，王权具有家族性，且是具有皇室血统的家族。斯里兰卡虽在 1948 年 2 月 4 日正式宣布独立，1972 年 5 月 22 日改国名为斯里兰卡共和国，但它仍然是一个私有制国家，总统由选民们直接选举产生；他（她）集国家元首、政府首脑、武装部队总司令等权力于一身；不对议会负责；总理一职由总统任命，通常不具有实权，但有时也会有例外，下文中也会提及。像拉贾帕克萨这样以家族成员来领导国家的并不是第一例，斯里兰卡第一大党自由党创始人所罗门·班达拉奈克（Solomon West Ridgeway Dias Bandaranaike）总理被刺杀后，他的夫人西丽玛沃·班达拉奈克夫人（Sirimavo Ratwatte Dias Bandaranaike）在困难时期继承丈夫的事业当选了总理，成为世界上第一位女总理。在三度担任总理职位，并领导斯里兰卡自由党长达 40 年之久后，其女儿钱德里卡·班达拉奈克·库马拉通加（Chandrika Bandaranaike Kumaratunga）从 84 岁高龄的母亲手里接过重担，成为斯里兰卡第一位女总统，其丈夫于 1988 年遭政敌暗杀身亡，她本人后被泰米尔猛虎组织的炸弹炸瞎一只眼睛。在 1999 年她第二次当选总统的就职典礼上，库马拉通加夫人曾这样说道："我已经经历了人类所能经受的一切苦难。"班达拉奈克家庭完全主导了斯里兰卡自由党在 20 世纪 50 年后的政治进程，直到拉贾帕克萨在 2005 年取而代之，终结了斯里兰卡政坛"班达拉奈克家族"的神话。班达拉奈克和拉贾帕克萨家族是斯里兰卡政坛上最为闪耀的家族，但历史在赋予这些家族权力的同时也带给它无尽的苦难和悲剧，政局不稳定的斯里兰卡血腥的暗杀、恐怖袭击时刻笼罩这些家庭成员。

第五章　旅游人类学视域下的遗产生长

　　拉贾帕克萨执政时任命其"长兄恰马尔为议长；弟弟戈塔巴亚掌管国防部和警察部队，是斯里兰卡近10年来的二号实权人物；另一个弟弟巴希尔则担任经济发展部部长，掌握外资、金融大权。拉贾帕克萨的长子纳马尔已经当选议员，正式被当作'家族王朝'的接班人培养；外甥沙辛加担任东南重镇乌瓦省的省长；侄儿和妹夫分别是斯里兰卡航空公司的总裁和主席；两个堂弟分别就任驻美国和俄罗斯的大使……根据斯著名独立媒体《星期日领袖》以及英国《经济学人》的报道，单是拉贾帕克萨的3个兄弟就直接控制了94个政府部门和70%的国家预算。据2013年的一项统计，至少有130个拉贾帕克萨的家族成员在斯政府和国企中位居要职，家族王朝呼之欲出"[①]。如若监管得力，家族企业也许是走的长远的，但是如果一家之主骄傲自满，忽略了裙带关系腐败而造成的种种危机，或者说是放纵了这些家族的腐败，即便是神坛上的英雄，其威信会被减弱，随之民心动摇。

　　2014年11月已经连任两个六年的斯里兰卡总统拉贾帕克萨自信满满地宣布提前两年举行总统选举，但让他始料未及的是卫生部长西里塞纳（Maithripala Sirisena）突然率众倒向反对党，且此次西里塞纳的"翻盘"还受到了老牌反对党领袖拉尼尔·维克勒马辛哈（Ranil Wickremesinghe）的鼎力协助。据选举结果显示，拉贾帕克萨获得47.58%的选票，而西里塞纳获得了51.28%的选票。于是，这位结束内战的"僧伽罗英雄"以3.7个百分点之差输给了打着"廉洁政治""削减总统权力"旗号的西里塞纳。时过一年多后，依据现形式分析，西里塞纳一如既往地低调行事，在其被任命之后有一定的权利，但实际上，总理的拉尼尔·维克勒马辛哈并未赋予西里塞纳大权，实力远在西里塞纳之上的维克勒马辛哈仍然掌握着更多的权利。我本人也见过拉尼尔·维克勒马辛哈。其中，有一次经历让人难以忘怀，那是在坎达拉马遗产酒店（Heritance Kandalama Hotel）用餐时，"大人物"出现在餐厅，斯里兰卡民众还是会有一些小小的躁动，有些人邀请一起合影，当然拉尼尔·维克勒马辛哈，有礼貌，有笑容。整个酒店由斯里兰卡陆军重兵把守，就连楼顶的图书馆也在巡逻的范围之内。言归正传，前总统拉贾帕克萨结束了内战，在人们心目中是英雄，因为这个国家饱受将近三十载的战乱，家破人亡，流离失所，内战结束，给人民带来了希望。但是在第三次的提前竞选中遭遇滑铁卢，就其自身而言主

[①] 方忱：《后强人时代的斯里兰卡》，《南风窗》2015年第1期。

要原因有如下三点：第一，将结束内战有功并且将参加选举的丰塞卡将军投入监狱3年，人心动摇。拉贾帕克萨在整个执政期间其权利经历了三个阶段。其一是由于人们对其"民族英雄"这一坚定信仰的狂热也因此导致了第一次选举的完胜；其二是在他取得政权之后获得公众的默认从而转向传统的权利；其三在后期他用权利来打压竞争对手，因而从某种角度而言成了一种社会暴力。这三个阶段性质不同，这些事件直接影响着拉贾帕克萨在选民心中的地位。第二，拉贾帕克萨在执政期间大力发展斯里兰卡基础建设和经济建设，但忽略了处理少数民族问题，特别是泰米尔人和穆斯林，放任历史遗留的不公平事件发生，特别是没有给泰米尔人以合法权益或者说是进行安抚。最后，腐败严重，放任自己的亲人行动，被裙带关系所累。拉贾帕克萨政府与中国政府一直以来相互扶持，互助互惠乃至成为大小国家友好相处、互利合作的典范。拉贾帕克萨的下位直接影响着中斯两国的国际关系形式。

三　后拉贾帕克萨时代——瓶颈

由上一节不难看出斯里兰卡在经历了王权的争斗，各种外族入侵，到近代的内战结束，已满目疮痍，经济则更不用说。拉贾帕克萨在位期间，斯里兰卡在经济上获得了中方的大力支持和援助，即便是新政府在拉贾帕克萨的"意料之外"平稳上台，政局仍然不算平稳。前总统为国家所做的努力虽受到了阻碍，但并未完全付之东流。经济与武力不同，它不是原始的而是派生的，"归根结底都是能够决定谁可以在某一块土地上立足并有所投进和所汲取的权利"[①]（除劳动者的经济权利外）。中国与斯里兰卡在拉贾帕克萨时代是友好互惠，斯里兰卡的经济也得到了大力发展,新政府上台后叫停大量实体建设项目，这一举措不仅造成了中方巨大的损失，斯里兰卡同样也面临汇率贬值、股市大跌、没有投资、失业等诸多经济问题。当然，如果现任政府足够强大，或者可以从印度和西方等国家获取足以支撑国家经济发展的力量时，他们自然可以决定谁将在土地上立足，互相支持发展。

拉贾帕克萨在任期间与中国关系较为友好，正是因为他的友好，在我国提出"一带一路"的倡议中，斯里兰卡是首个以政府声明形式支持中方21世纪海上丝绸之路倡议的国家。在此之前，中港在斯里兰卡的项目按计划进展，

---

① ［英］罗伯特·罗素：《权力论》，吴友三译，商务印书馆2014年版。

虽然当中不免会存在一些因文化差异和文化适应造成的交流和沟通问题，但不碍大局都得到良好解决。在2015年1月西里塞纳接任拉贾帕克萨当选为斯里兰卡总统之后，曾有大量华人撤离斯里兰卡，斯里兰卡大使馆也发了相关通知，在斯里兰卡政权过渡期间请在斯的中国国民注意安全。华侨华人大量撤离是因为他们觉得政治形势不利，且新政府的上台叫停了大量中资项目使部分中国工人停工和大批斯里兰卡工人失业。大使馆的提示则是以防政权的换届会发生一些武力袭击事件。"一带一路"沿线各国纷繁复杂的文化背景和制度差异，对于不同的国家需要进行深入的风险评估和国别政治经济分析评估预测和研究。原本"一切安好"的拉贾帕克萨下位后，"一带一路"所带去的项目也基本全部遭到停工，其中损失最为惨重的是中港，即科伦坡港口项目。2015年1月新上任的西里塞纳在才上任两个月就叫停了中国此前已经被获得允许建设的科伦坡港口城建设项目。科伦坡港口项目预计耗资14亿美元，项目的停工造成每日高达200多万人民币损失，其理由是工程"缺少相关审批手续"，还需要进行"重审环境评估"，声称该项目对海洋造成破坏而叫停。在那以后国际关系学家普遍认为，斯里兰卡正在和中国渐行渐远。一年多的停工造成了1.4亿美元的损失。2016年8月2日，由于来自印度方面的压力，斯里兰卡政府不得不就中国投资的科伦坡港口城项目与中国投资方重新修订建设协议。在新的协议中，斯里兰卡撤回了先前给予中方的20公顷土地永久使用权，而改为99年租赁。当一切条件谈妥了之后，斯里兰卡发展政策和国际贸易部长马利克·萨马拉维克拉马（Malik Samarawickrama）表示科伦坡港口城已通过了环境影响评估和司法审批程序。最大的项目都遭遇了如此的反复，其他的项目和工程就不言而喻了，即便是只差内饰和外墙的莲花塔也被叫停。虽然一位政党内的朋友在停工期间就坦言斯里兰卡新政府最终会恢复这一切，也会与中国亲近的。但大家都很清楚，恢复工程是必然，只是两国"亲近"的方式有很多种。有的亲近是铁杆般的支持，有的只是纯粹的利益关系。一旦没有了利益，新政府班子迫于外界压力再次变脸并不是不可能的事情。这个事例也是在"一带一路"倡议中应当引以警觉的案例，持续推动其他国家直至海上丝绸之路建设进入成熟阶段，不应只看到表面的风平浪静，而应对合作国的政治形势保持敏锐，协调相关国家，建立互信机制，增强"一带一路"倡议合作国与中国的多边合作，以国家利益为驱动进而推动地缘政治因素让位于经济发展。

正如上节所言，新的政府上台之后，从拉贾帕克萨的妻儿开始清查前总统的裙带关系。各大媒体所展现的口水战也拉开了帷幕。这也不难理解，斯里兰卡的总统竞选由国民投票选举所产生，所以舆论界在政权形象的塑造上起到不容小觑的作用，加之随着斯里兰卡经济的缓和，除了传统的报纸行业，电视、电台、网络等新媒体的介入使舆论的作用加强。虽然新总统上台之后对于媒体人员开了一系列的会议和演讲以及制定相关条例，相对而言斯里兰卡的言论还是较为自由。舆论固然是军事力量的主要因素，但是军事力量也可以制造舆论。说服媒体人改变或者接受新政府的政策与想法，再通过这些媒体之笔来确保社会其他人都能够接触到"正确"的宣传，这无疑也是新政府进一步削弱前总统势力的有效举措。在新政府叫停几乎全部的中资项目之后，以拉尼尔·维克勒马辛哈（Ranil Wickremesinghe）总理为代表的访问团访华，大量媒体将其前后态度进行报道和加以评论，在脸谱网等网络媒体上更配图加以讽刺（图5-2）。在拉尼尔·维克勒马辛哈（Ranil Wickremesinghe）总理访华得到了一些是实惠之后，斯里兰卡国内媒体的风向标马上反转，一些支持现任政府的人士马上将前总统拉贾帕克萨和拉尼尔·维克勒马辛哈的成就进行对比，讽刺拉贾帕克萨只知道借钱去还更多的钱，而拉尼尔·维克勒马辛哈却可以不用任何付出就拿回了一笔巨额款项，随之对于拉贾帕克萨的讽刺就不言而喻了。掌权人通过反复的强调和述说再配以恰到好处的证据和愿望可以获得信仰的能力。在斯里兰卡的政界和媒体的世界里有关前总统和现任政府的口水战似乎从未消停。

图 5-2　斯媒笔下的中斯关系

第五章　旅游人类学视域下的遗产生长

在媒体和报纸上经常可以看到"Rajia"和"Yahapalanaya"这样的字样。"Yahapalanaya"指的是一个好政府（Good Government）。在斯里兰卡的报纸和其他媒体上经常会出现对于斯里兰卡有着很大担忧的报道，一些社会人士认为现政府把斯里兰卡拉向了更原始的第三社会国家。经济崩溃、汇率贬值、股市大跌、犯罪和谋杀不但攀升，而且越来越腐败，街道和城市变得越来越脏乱，毒品交易猖獗，没有投资、失业、政治报复、媒体压迫、死亡威胁、缺电等。斯里兰卡的政治腐败，有一个很大的原因是受贿。说到受贿，几乎在任何一个国家都会有。在其他国家，如果要受贿，需要"搭桥"，这座桥可以是共同的朋友或圈子。在我来田野之前和进行田野之时，著名人类学家纳尔逊·格雷本就曾告诫过我，这个国家有着严重的腐败现象，而且现在情况并未好转。现在看来前辈们真可谓是一语道破天机。从广义上来说政治队伍分为两种，一种是实利队伍（Equipo），另一种是道义队伍（Equipo moral）。斯里兰卡近现代的政治群体逐渐由道义队伍向实利队伍转化，即在英国殖民全岛之前，斯里兰卡是以血统或者某些神秘符号（通神或被附有某些特殊的神力）进行垄断，依靠宗教和民族主义等共同的伦理来维持团结。在近代和现代斯里兰卡王权和神权的断裂导致政治团队并不再以单一共同的意识形态为基础，从某种角度而言是为了得到实际和利益为基础的一个新兴的群体，这也是为什么在斯里兰卡政权变更之后，有些人的政党立场同样也发生了改变。

近两年，斯里兰卡的内部政局并未好转，经济、外来冲击和潜在的暴力等问题是当局所面临的困境。"这个国家税在涨，物价在涨，电还不够用……"这是我在华人圈听到最多的抱怨。"新政府会有举措的，不会停滞不前的，即使他再怎么保守……"这是我听到的斯里兰卡中产阶级或是较为富裕阶级的评论。除了上述大的政治背景之外，还有诸多原因。例如，随着现在社会的发展，人们接收到外来世界的信息越来越多，逐渐打破传统较为单纯的邻里关系。加之随着旅游的进入，大量的外汇和现金流入，使得一些人在利益面前做出一些违背原则和信仰的事情，毕竟人仍旧是有欲望的生物。还有一点这里必须要提的是因为地缘的关系，斯里兰卡的文化也一直受到印度文化的影响和侵蚀，虽然他们极度维护着自己的那一块自留地，但不可否认的是，印度极度暴力的电影、电视不断刺激着斯里兰卡民众的社会生活。关于谋杀，斯里兰卡电视节目上报道的谋杀事件我从不怀疑，因为身边在斯里兰卡工作的国人当中确实有很多受到了死亡的威胁，例如，高尔那边的渔夫，最常听到的威胁是,"我知道你家在哪,我会找人把你砍了丢海里喂鱼",这句话的潜台词就是你就永远消失了,谁也找不到。有关这些暴力威胁的无奈倾诉我已经不止一两次听到了。斯里兰卡人非常喜欢看印度的电影,他们同样也认可印度的明星,那些电影和电视中充斥着极度的暴力和血腥,即便是在一个虔诚的佛教徒国家,这些确实也为国民的安全留下了隐患。

斯里兰卡与中国的交往源远流长,中资项目的停工只是政权换届的一个小插曲,逐步恢复中资项目后,为了更进一步维持经济增长依据市场的风向标现政府把开发中国旅游市场的摆到头等重要的位置。试图通过旅游业的发展促进经济的增长,增加外汇储备,这也意味着中斯之间的"旅游外交"时代也正式开启。

第二节 中斯"旅游外交"的人类学研究

一 "他者"眼中的"我者"——斯里兰卡"智库"的研究

在这样一个大的政治、社会背景下,斯里兰卡新政府叫停科伦坡港的项目后为了维持经济的增长更加高度重视旅游业的发展,把旅游业打造成斯里兰卡国民经济的龙头产业,且依据市场的风向标把对中国市场的开发摆到头等重要的位置,以借助世界第一大出境游市场——中国旅游市场的带动,全面提升斯里兰卡的旅游发展水平。在中斯两国关系复苏以前来斯里兰卡游客中约60%是欧洲人,亚洲游客(主要是日本、中国香港、印度、中国台湾、菲律宾)约占30%,北美游客约占3%。斯里兰卡的旅游收入主要来自欧洲游。2015年中国赴斯游客达到214783人次,同比增长67.6%。中国已成为斯里兰卡第二大旅游客源市场及增长最快的客源市场。2015年赴斯外国游客约为1,798,380人次,同比增长17.8%。其中,12月入境游客206114人次,同比增长15.4%。目前印度仍然是斯里兰卡第一大客源国,去年赴斯印度游客共计316247人次,同比增长30.3%;英国游客共计161845人次,同比增长12.3%,位居第三。鉴于看好中国旅游市场,斯里兰卡政府提出到2016年吸引至少300万人次外国游客,2020年这个数字将达到400万。2013年相对于2012年,游客人数增长了18%,花费1287亿美金,而2013年在此基础上增长了26.8%。①意识到中国市场的潜力巨大，斯里兰卡的智库们也纷纷出谋献策。

斯里兰卡智库在推动旅游发展的举措中起到了积极的作用，他们希望通过各种研究和政策吸引更多中国人。不仅仅是斯里兰卡，许多国家，特别是第三世界国家都有这样的需求和渴望。纳林·阿贝耶瑟克拉（Nalin Abeysekera）基于斯里兰卡的经济对中国游客的需求进行研究。将斯里兰卡的全球游客进行对比分析，提出斯里兰卡对于吸引中国游客的紧迫性。将中国游客视为"Walking Wallets"（移动的钱包）。达勒尔·科鲁兹（Darell De Crusz）和博拉博蒂尼·布得希卡（Prabodini Buddhika）针对中国游客，而对斯里兰卡旅游业提出的改进措施和观点。西瓦罗伽达散（V.Sivalogathasan）对中国旅游业的关系以及需求进行分析。马诺里·拉散提（U.R.Manori Lasanthi）对中国潜在市场进行分析。根据WTO的数据表明，中国游客数量在2020年将占世界游客的最大份额，并且提出2006年至2015年旅游人数是逐年递增，且增幅较大，指出中国排名前十的旅游目的地国。还有卡拉利耶·皮提伽拉（Kallarie Pitigala）、斯亚姆·努宛·嘎讷瓦塔（Shyam Nuwan Ganewatta）、伊散卡·伽玛葛（Isanka Gamage）、欧沙德·韦丹纳瓦散（Oshadee Withanawasam）等学者都提出了为什么要对中国人来斯旅游抛出橄榄枝，中国人是怎么样的一个群体，中国人需要什么，斯里兰卡的改进措施该如何进行。虽然这一系列研究只是一个起步，但足以表明斯里兰卡学界对于旅游的重视，特别是中国旅游者的重视，已经将他们作为一个特殊而重要的群体来研究对待。

除此之外，斯里兰卡智库团队还对澳大利亚、马尔代夫对待中国的策略以及中国游客给这些目的国带来的经济效益进行分析，这些智库团队对西方国家和邻国吸引中国游客的旅游策略进行借鉴和学习。他们除了收集中国人对于数字"4""8"的厌恶和喜好之外，还从中国传统文化进行剖析，例如中国人的家庭观念，以及中国人会受"读万卷书不如行万里路"等思想的影响，认为中国游客出行必定是以家庭为单位，且这一数量会持续增长。这些斯里兰卡智库团的人还对各个国家赴斯里兰卡旅游的游客进行国别分析，认为印

---

① Abeysekera, N .and,Ganewatta, *She is Mine:How to Win the Hearts of Chinese Tourists*, Maharagama:Shaakkya Publication, 2014.

度人到斯里兰卡旅游是为了"节约钱",俄国人是为了度假"舍得花钱",中国人则是"移动的钱包",且中国游客是全年型旅客（Year Round Travel）。在继北京、广州、昆明等直飞航班开通后,斯里兰卡航空同样也进入中国市场,开通上海、成都等航线。游客大量的涌入,斯里兰卡智库认为这是一个巨大的好时机,同时也面临着诸多的挑战。他们认为斯里兰卡酒店和餐厅无法满足中国游客用餐的要求,还有中文服务人员的要求,这些不足直接影响了游客在斯里兰卡的旅游体验。斯里兰卡智库分析出中国游客在斯里兰卡旅游时的十大诉求,中国游客在入住酒店时间及最多的十大诉求,以及在选择酒店时考虑的十大因素。并且着手于中国人的这些诉求来进行改造和提升。

中国旅游者的十大诉求：

1. 什么地方可以刷银联卡

2. 哪里有比较好的中国按摩店

3. 离中国城有多远

4. 哪里可以找到中国的音乐和文学

5. 可以去哪所大学看看

6. 哪里可以换钱

7. 离最近的奥特莱斯有多远

8. 我的手机可以用哪一种电话卡（网络卡）

9. 哪里可以吃到好吃的中国面条

10. 有没有可以说中文的保姆

中国人对于酒店的诉求：

1. 网络

2. 银联卡可以刷吗

3. 拖鞋

4. 烧水的茶壶

5. 翻译过的材料

6. 中国电视频道

7. 中式早餐

8. 是否有会说中文的员工

9. 吸烟室

10. 小冰箱和方便面（杯面）

11. 牙刷和牙膏

中国人在选择酒店的时候会主要考虑以下因素：

1. 酒店声誉 59%

2. 位置 56%

3. 交通 48%

4. 服务 41%

5. 星级系统的评定 32%

6. 视野 25%

7. 房间的大小 23%

8. 硬件设施 20%

9. 餐饮 20%

10. 价格 20%

斯里兰卡学者们的研究更多将重点放在了酒店的硬件和软件上，这也就意味着斯里兰卡即将大力发展酒店行业，事实也正是如此，这一点从路上飞奔拖满大量木材的大卡车上就可以感受到。当然斯里兰卡一些媒体大声呼吁应该反思旅游带来的负面影响，特别是对环境的破坏。斯里兰卡著名报纸《今日锡兰》的专栏编辑几次想邀请我以一个外国专家的视角来谈论对待斯里兰卡旅游发展的看法，后因时间档期关系，我还是拒绝了。旅游是否是无烟囱的工业还是外汇钱包这两个问题暂且不论，但毋庸置疑是短时间内发展旅游业确实能够促进经济的增长，增加该国的外汇储备。如果因为大力发展旅游而对环境造成破坏，一旦这些对于环境的破坏超过了自然的恢复能力，或恢复周期过长，那么这些破坏对于整个国家是有毁灭性的影响。并且过度依赖以旅游经济为主的第三产业会导致一个国家的经济单一化，一旦出现自然灾害或者疫情，那么斯里兰卡能够做的也就是等待着国际救援了。

二 第三人视角的"我者"与"他者"

在"一带一路"倡议背景下，人类学走出去具有必要性和紧迫性，了解他者的文化、社会、制度等，亦可反观我国的制度和文化。以敏锐的人类学眼光观察、分析、思考斯里兰卡旅游研究与实践具有必要性和必然性。在"一带一路"的倡议下，两国文化交流增多，旅游往来增强。随着大量中国游客进入斯里兰卡，斯里兰卡智库积极针对中国市场中国人的习性进行研究，可是我国在"一带一路"背景下旅游的跟进研究却属于空白。

（一）旅游背景与条件

19 世纪末、20 世纪初，西方出现了大规模的旅游活动。较为典型的有法国的有偿假日，英国托马斯库克组织短途旅行等。在当时的社会背景下旅游与休闲关联起来，人们对待旅游并不严肃。地理学者、社会学者和政治学者对该现象进行研究，人类学继而对旅游这一现象进行研究。人类学对旅游的关注始于 20 世纪 60 年代，以 1963 年人类学者努涅斯（Nunez, 1977）发表《一个墨西哥山村开展周末旅游带来的影响》为标记，至此之后出现的一系列研究论著。人类学的研究对象范围较广，有遗迹、原始人群等，旅游人类学亦然，努涅斯认为欠发达国家人们由于"西化"引发的涵化和发展问题，为旅游人类学提供了一片沃土，沃尔夫（Wolf, 1982）的《欧洲和没有历史的人》和沃利斯（Worsley, 1984）《三个世界》这些著作中都体现了学者们对文化接触和文化变迁的研究，特别是发生在较为发达和较为弱小落后的国家或者群体之间的文化接触。这也是旅游人类学研究的大背景。

斯里兰卡因长期处于战乱，经济发展长期受阻，人们生活也只能基本维持温饱。政局较为稳定后，斯里兰卡加强对外旅游宣传，这些推广和地接社的设计固然美好，但旅游者进行旅行并不仅取决于外部的这一诱因，而是受三大因素的影响，即内部动因、条件和外部动因。内部动因是最主要的动机，在后现代中正如麦坎内尔所阐释的"大量的旅游都建立在一种疏离感的基础上，这种疏离感就是现代人面对都市的快节奏所产生的一种陌生与远离感，因此他们渴望过一种回归自然的简单生活，渴望一种回归山野，回归历史的生活"[①]。正是因为这样的疏离感产生了古城旅游等热潮。人们去古城旅游除了欣赏自然景观，呼吸新鲜空气，亲近自然，还有两个重要的因素：怀旧和寻求异文化的刺激。"人们去旅游的一个重要因素是怀旧，这是对过去的事情与情感的一种感伤的渴望。虽然我们不能回到过去，但是通过建筑物，通过对过去的重申与召唤，或是通过味觉、嗅觉与触觉，我们可以重新创造过去。"[②]

---

① [美]纳尔逊·格雷本：《人类学与旅游时代》，赵红梅等译，广西师范大学出版社 2009 年版。
② [美]纳尔逊·格雷本：《人类学与旅游时代》，赵红梅等译，广西师范大学出版社 2009 年版。

这个最大的内部动机就是基于现代疏离感的一种情感和向往，可以是怀旧，也可以是对现实环境的逃离，或者是对于回归山野和对自然的向往，这个也是西方游客去斯里兰卡的重要原因之一。

然而，促成旅游的条件动因则是受旅游者的时间、金钱以及出发地与目的地的交通状况等。当然旅游发展更深远的条件就是娱乐与工作的分化，人们工作性质和工作时间发生了变化；其次，工作合理化，有更多剩余时间可分配；最后是科技的发展极大的改善了交通，使人们在可支配的时间内远行变得容易，突破了时间和空间的限制。总而言之，社会的分工细化、剩余时间增多和科技的发展这三大基本条件也是大众旅游兴起的主要因素。

旅游的外部动因则是目的地与客源地的空间相互作用的结果。在后现代主义这个大的背景下，经济与政治直接挂钩，甚至不可以否认的影响着当地的社会文化。而后现代主义则是一个较为抽象的概念。在当今世界中不同国家、地区在发展上会出现快慢不均的情况。但是，它们都在同一条"线"（横轴）上，即朝着同一个方向发展运行着。在后现代主义的社会生产中具有"制造出标准化产品"的趋势，然而在这条趋同化的"横轴"上却仍然可以表现出许多差异性。寻求差异性这一思想渗透在社会生活的各个方面。纳什认为后现代具有的特征是"形象和象征的增殖与扩大"[1]（the proliferation of images and symbols）；而 Urry 则认为后现代是"垂直型差异"（vertical differentiation），即后现代主义的基础特征并不是简单地"解异"（后现代主义通过社会产生过程，使得"文化产品"具有趋同性的特性），而是"垂直型差异"，从而更好地理解"文化产品"趋同中的差异过程[2]；麦坎内尔则认为人们在后现代中寻求疏离感。旅游是现代人应对现代性危机的一种手段，大众旅游正是人们治愈现代性所带来的心理创伤的有效形式；丹尼则是从现代性的背景来说明旅游动机；格雷本认为后现代性的另一套特征是其肤浅的认同，复制品与历史的崩溃。在后现代主义中消费主义也具有其自身特点。其一，时尚已经成为大众市场的重要风向标。时尚的变动不仅仅表现在服装、装饰、装潢等方面，同时也包含了生活方式和生活"再创造"理念。例如：旅游休闲、兴趣爱好等。而旅游具有"时尚"价值这一特征，这一"时尚"在后现代浮躁、喧嚣

---

[1] Urry ,,*Economies of Signs and Space*,Landon: SAGE Publications Ltd., 1994.
[2] 彭兆荣：《旅游人类学》，民族出版社 2004 年版。

的环境下已经慢慢产生了转变。其二，消费转型：由对"物的消费"转到对"服务的消费"。[①]这一点也同时刺激了旅游业的发展。其三，"再生产"需求提高了遗产的可消费性。[②]在后现代的旅游消费中，消费的主体是游客。游客去旅游原因有很多种。游客体验景观、亲近自然、逃避喧嚣城市的种种、怀旧。有些学者也提出来一个新的概念即后游客（Post-Tourists），所谓后游客指的是并不试图去发现真实和找寻后台真实，而更喜欢享受现在的经历的一群人。事实上，与那些还在严格关注到底是真实还是复制品的人相比，他们甚至觉得自己更超脱。这种游戏的，甚至有点愤世嫉俗的态度是后现代旅游文化的一部分，它们具有后现代主义时代的一些特征。

旅游是对现实空间的逃离。人们对工作的约束或者集体的生活方式，逃离也好，寻求刺激也罢，这些是为了逃离现有的生活空间。史密斯将旅游归纳为三个基本要素，并形成一个等式：

T=L+I+M

将等式还原，即：

Tourism=leisure Time + Discretionary Income + Positive Local Sanctionor Motivation

对应的中文即：

旅游 = 休闲时间 + 可供自己支配的收入 + 积极的地方认可（即对旅游目的地的认可）

其中，时间和金钱是条件动因，而第三点对于旅游目的地积极的认可则是人们对于旅游目的地积极的想象。这个想象可以是建立在对殖民时期帝国的怀旧，也可以是人们对于异文化或者美好自然环境的追寻。而中介和目的地国，以经济为导向，在定位之后，建构起来的空间，游客去体验这份空间的真实性。

（二）旅游者、文化中介、东道主

虽说在旅游这一活动中对象较为固定的人群是东道主，但早期学者们的研究却多集中在游客身上，游客的种类繁多，学者们对现代工业社会和前工业社会进行游客的划分研究，从而进行归类研究。克里克（Crick，1989）等

[①] Harvey, *The Condition of Postmodernity*, Oxford: Basil Blackwell, 1989.

[②] 彭兆荣：《旅游人类学》，民族出版社2004年版。

第五章 旅游人类学视域下的遗产生长

学者关于游客的定义也有争论，学者们的观点也并不一致。在作比较研究的时候学者们把游客看作现代社会的产物，即工业前的社会现象被排除在外或者说以工业社会的出现为界限。纳什（Nash，1979）认为工业前那些闲暇的旅行者跟我们现在"游客"非常相似。科恩（Cohen，1974）界定"旅游"这个概念时认为"闲暇"和"旅行"是旅游者和旅游的两个重要内容，这两者一个是时间的概念，另一个是空间的概念。特纳（Tuner，1969）则对游客体验进行了阐释，认为旅游和朝圣都具有阈限性质的活动。学者们对待旅游的态度不一，研究的角度也不一样，以上学者是基于游客和东道主的角度对二者进行界定和阐释。

约翰·厄里（John Urry）认为游客的"凝视"主要是停留在收集标志（Collection of Signs）和寻找差异上。这里的标志指的是在旅游目的地具有指喻事物的建筑或者特色，比如"不到长城非好汉"，这里的长城就是具有指喻性的标志。法国的埃菲尔铁塔、香榭丽大道都是具有指喻性的建筑，也是旅游中游客寻找标志性旅游的符号。佛牙寺是康提的指喻性建筑，康提则是斯里兰卡具有指喻性的旅游目的地。除此之外，结合上文游客在旅游过程中还包含着对旅游目的地的认可，这个认可即是旅游体验。有些旅游人类学家认为旅游是一场朝圣、是一场仪式加游览的过程。朝圣也罢，仪式也好这些都离不开旅游者的体验，因为旅游者本身就是这场朝圣或者仪式的主体。所以对于旅游者而言三个关键词就是：符号、差异、体验。

这里的文化中介指的是旅行社、旅游代理或者进行旅游宣传的媒体、公司、个人等。文化中介选定和设计的路线是根据市场需求所设定。这些市场所需求的设定包括利益最大化，文化中介的利益最大化、东道主的利益最大化以及游客"凝视"的利益最大化。中介的利益最大化指的是除掉东道主目的地和旅途中所消耗的成本，与旅游产品售价的差额最大化。东道主利益最大化指的是满足游客对于符号的追寻，文化差异探索，以及整个旅途中舒适度等综合体验。即包括时间、金钱、身体、情感，在旅游中介的作用下，他们会将旅游景点的遗产符号强化，使得游客对美的需求与自己美好愿望和期待共同投射到这个旅游目的地。

早期有些学者们从社会的层面对旅游进行研究，认为旅游对人类的影响是负面的，特别是对东道主社会的影响过于悲观。在哈勒尔·邦德（Harrell Bond）对冈比亚的研究中，他提出了大量的负面影响，例如乞讨、偷窃、卖淫，对国外宗主国的依赖，花大量资金购买西式生活物品，利益流向外来人员和当地特权。而贾法瑞认为"旅游"是一个"劝诫平台"，对旅游开发应持"赞成"和"劝诫"的态度。诸多研究旅游的人类学家对于各种旅游现象大多都持以批判态度，像贾法瑞这样对旅游持肯定态度的毕竟还是在少数。批判固然是好事，因为这些批判会让人去反思。正如格林伍德（Greenwood）对自己研究巴斯克（Basque）节日"商品化"这一现象时反思，"道德苦恼更容易表达，但这对于以旅游为研究对象的人类学研究而言有着消极的影响，因为这样并没有提出旅游对于人类学核心研究理论推进提供机会"。旅游人类学的研究还涉及社会和心理变化过程，还会导致特有亲属关系的消失。在后期研究中，有学者提出旅游并不一定是唯一导致变迁的因素，外来人员、企业，或其他相关福利政策等也会导致当地社会的变迁。正如上文所提到的对于旅游的态度学者多持悲观态度，新马克思主义者弗兰克认为旅游进入后，当地对外来资本的依赖导致不独立、经济漏损、结构不平衡、民众怨恨、经济偏斜。

在实际旅游中，自然景观、人文景观与游客的想象、愿望、期待之间有着或多或少的差距，正是这些差距决定了游客的旅游体验。目的国的硬件和社会也直接影响着游客体验，硬件可以指的是物质文化遗产或非物质文化遗产，而社会体验的专业术语就是风土人情，东道主社会的安全程度或者友好与否都在这一"建构"的空间中直接影响着游客的体验。旅行途中的硬件设施，特别是豪华团更为注重游客的体验，以及考虑游客所处的环境与情绪尽可能地让他们有舒适感、愉悦感、亢奋感，这些都是游客对目的地的反应。

（三）文化符号构建

在旅游制定时的决策过程中，游客会考虑到选择目的地，可以细化到国家、地区、旅游度假胜地（海岛）；出行的交通方式，可以细化到航线、包机、火车、游轮、自驾、当地交通（公交等）；住宿设施，可以细化到豪华酒店、经济型酒店、民宿等；度假所需要的时间，中国人普遍的出行时间是4晚5天或者是6晚8天，两个星期或两周以上的在少数；出游目的地的季节，对于海岛国家而言多数分为雨季和旱季；旅游的方式包含包价旅游、半包价旅游、独立成团或一日游等。

斯里兰卡属于南亚海岛国家，海岛旅游是以海岛为休闲旅游目的地的旅游活动，海岛以独特的自然遗产和文化遗产为基础，具有优质的旅游资源。

有些海岛具有海洋旅游和内陆旅游的双重特征。斯里兰卡毗邻印度，但是印度的旅游安全和舒适程度让人望而生畏。旁边的马尔代夫毋庸置疑是度假的天堂，可是昂贵的旅游价格确实也让人却步，它更多是蜜月和富有阶层休闲度假的首选。相比之下，斯里兰卡则呈现了更多的南亚文化以及它们所自豪的"小马尔代夫海滩"——亭可马里，虽然真正去过马尔代夫的人知道那只是一个善意的比较。但毋庸置疑，斯里兰卡是具有自然遗产和几千年的文化遗产双重特性的海岛。海洋气候与4S旅游资源（Sea, Sand, Sunshine, Sky）使得人们对海岛青睐有加。斯里兰卡具备了自然资源和人文资源的两大特征。斯里兰卡对外宣传时用的是"斯里兰卡，与众不同的国度"（Sri Lanka, a land like no other），斯里兰卡旅游推广局对外更是宣称"我们拥有一切，除了雪"（We have everything except snow）。这里的一切指的是美丽的大海、丰富的动植物资源、璀璨的文化。当然作为一个经济模式单一的农业国家，过度的依靠旅游发展的话，也不难想象斯里兰卡可能会碰到的问题。这些问题同样也面临着诸多海岛国家或者旅游目的地所面临的问题，即面积小，人口少，缺乏工业产业，极易受到异文化的影响。首先，经济模式单一，过度依赖旅游，一旦自然灾害或重大疫情等不可抗力发生时，国家和国民将会损失惨重。至今，在斯里兰卡，人们提起"苏纳米"一词都会露出惊恐的表情。苏纳米是"海啸"的音译词，源于西方语言中的"Tsunami"，词源来自日语"津波"（Arbour Wave），即海啸的本质就是振幅很大，波长很长的浪。现如今苏纳米在斯里兰卡人心中所指的就是2004年12月26日，让他们惨遭失去亲人之痛的印度洋海啸。这场海啸是由强达里氏9.1—9.3级大地震造成。此次地震引发的海啸对南亚造成了重创，甚至危及远在索马里海岸的居民。在此次海啸中，官方数据显示斯里兰卡死亡人数为35000人，而在斯里兰卡南部的苏纳米纪念馆（Tsunami Museum）里更是显示这场海啸导致死亡人数已经高达40000人。据当地民众描述，海啸还将南部"海上火车"的几节车厢卷入到海里，他们至今也无法找寻到自己的亲人。其中有一部分是因为斯里兰卡天气炎热，死亡人数多，尸体腐烂严重导致死者家属无法认领（图5-3）。在得到各国援助后，人们筑起了苏纳米纪念碑，记录苏纳米中人们所遭受的悲惨。至今，在南部海滨沿路可见海啸留下的残垣断壁，以及仍然生活在离海边不足10米的村庄，每每经过这些村庄时我就不禁为他们担心，万一海啸再次来袭，这些无辜的人们该怎么办。内战和海啸让这颗"印度洋上的珍珠"饱受沧桑，但是在内战期间人们仍然可以依靠农业生活。现如今斯里兰卡社会结构逐渐发生变化。以中部康提地区为例，因追逐更大、更快的利益农民不再种植稻田，而是选择将土地出售。或者是当家中劳动力需要转移到下一代的身上，而下一代的年轻人多在城里从事服务行业，大量稻田荒废。斯里兰卡的主要粮食一部分也从印度进口，且价格便宜。因为内战结束，科技发展，交通便捷，信息传播较快等现代化特点，使得斯里兰卡年轻一代更加容易接受外来文化。六年前斯里兰卡的路边广告牌上都是斯里兰卡本土的明星或广告代言，最近一两年其他亚洲国家的明星广告牌明显增多。例如，韩国的全智贤在2015年前后是斯里兰卡非常受欢迎的户外广告明星。在我所接触受过高等教育的斯里兰卡"90后"中，有一部分甚至模仿韩国明星将自己一头乌黑卷亮的头发拉直，跟随"潮流"蓄起了东亚国家的发型。这一群受过教育的年轻的民族精英们的审美、思想和世界观正在飞速的发生改变。

图 5-3 苏纳米纪念碑（左一）、纪念亡魂（中）、苏纳米的破坏（右一）

这些改变发生在斯里兰卡的每一个角落，在受欢迎的旅游目的地更是如此。在整个斯里兰卡田野调查中，康提并非我仅有或唯一的田野点。我会抽出一部分时间去到相关或者相近的地方调研。因为一直以来我认为如果仅停留在康提，那么我的调查是片面的，只有具有全瞻性的观察，才能提炼出更准确的信息。一遍又一遍地环绕了这些地方之后，我定期会回到科伦坡与好友沃克斯（Walks）相聚。沃克斯受过高等教育，综合素质较高，属于较年轻的民族精英。我们经常会谈论旅游对地方社会影响的话题，谈及到东道主社会的一些贪婪和强索，而且这个群体不仅是成人，儿童也参与到了其中。这种现象并不少见，在柬埔寨成群乞讨的孩子，云南哈尼梯田成为世界遗产之后成群的孩子出来索要糖果和零钱。当旅游在一个第三世界迅速发展起来的时候，大量的人流涌进，他们带着大量现金和新奇的事物。这里不经感慨地方的贫富差距、文化差距、时间差距和年代的差距，使东道主和游客之间有了分层。游客给予东道主，特别是孩子怜悯，当人们可以不劳而获的时候，贪婪就出现了。

这是十分常见的一个情景，在本托塔（Bentota）的玛杜河（Madu River）边，一个当地的孩子在红树林附近嬉戏或者徘徊，天气很热，孩子的样子使得游客心生怜悯，给了小孩一美金。一美金对于斯里兰卡南部海滨是一个什么概念？相当于是145卢比。145卢比对于一个普通斯里兰卡人是什么概念？可以买3个毛椰子，一个毛椰子可以供一家三口人一天的伙食，孩子的这一乞讨举动够他们一家三口至少3天的伙食。回到家孩子把这事情告诉妈妈，在湖里游泳给客人看，就能得到三天的伙食。于是妈妈就让孩子每天去湖附近玩耍，获得游客的怜悯，直至向游客直接讨要。

同样在位于南部海滨的诸多海龟保育站，两个语言不通的孩子，东道主的孩子在向非英语国家的游客讨要，口中反复的念着"Candy（糖果），Candy（糖果），Candy（糖果）"。语言不相通的情况下，小游客以为是同龄孩子之间的交流，以为对方想与自己玩耍，却不知道那东道主的孩子是在讨要糖果，多么让人心痛的画面。一个纯真的孩子去与另一个孩子交流，可另一个孩子却是抱有目的的接近。

在阿努拉达普勒地区，一切看着是那么平静，好像什么也没发生过一样，可是那里的人们相比其他地区的人不太爱笑，多了几分严肃。妈妈挎着一个"现代"挎包，手里抱着瘦弱的孩子。母亲抱着孩子向行人乞讨金钱，这一切都印在孩子那闪亮的大眼睛里。在这种环境中长大的孩子，他们不知道如何凭借双手自食其力，他们从母亲身上学到的是不劳而获就可以拿到钱，没有什么规则而言，这对孩子会有什么样的影响？孩子从小生活在这样的环境中，长大了会是如何？这些问题让人深思。当谈及这些常见案例的时候，沃克斯更是倍感心痛，认为自己祖国的下一代在这样的环境中成长具有毁灭性。在大力鼓励发展旅游的斯里兰卡，像沃克斯这样具有反思和批判精神的人并不多。他经常会持批判的态度来看待这些发展中的问题，也许与他受海外博士教育的经历密不可分吧。这里不得不承认，受到印度文化影响的斯里兰卡人思维敏捷，这里强调这位朋友是精英也并非空虚来风。这个群体的反应很快，思维多点且发散，他们与印度人有相似性。

除此之外，从国家层面而言，旅游会逐渐成为斯里兰卡的依赖性经济产业。

即对于海外旅行社、航空公司、连锁酒店等产生依赖。当然因为斯里兰卡政局较为动荡，法律保护不足，经济发展较为落后，国家赋税较为严重，导致很多外国私人酒店或者大型国际连锁酒店很难在斯里兰卡遍地开花。

斯里兰卡的殖民文化与怀旧紧密结合。作为一个海岛国家，斯里兰卡在旅游宣传中并未以海岛的4S来主打国际市场，至少对于中国市场并非如此。而是始终打造以康提中心的综合性海岛游为主。

遗产体系是旅游过程中的一个引力系统，即动因是由内部和外部组成。内部动因，即本节第一点旅游背景与条件中所分析的游客的内部动因；条件，由旅游者的时间、金钱以及出发地与目的地的交通状况所影响，深层次而言，社会的分工细化、剩余时间增多和科技的发展这三大基本条件也是大众旅游兴起的主要因素；外界的动因，即目的地与客源地的空间相互作用的结果。学者马尔科姆·克里克（Malcolm Crick）在其著作《国际旅游在社会科学中的表现：太阳、性、景点、存款和奴性》（*Representations of International Tourism in the Social Sciences: Sun, Sex, Sights, Savings, and Servility*）一文中有提及"Cultural Brokerage"，这里将其翻译为文化中介。马尔科姆·克里克认为文化中介是建立在一个中间群体的概念之上，他们可以是人、企业，他们是文化变压器在国际旅游中将自己的具有优势的文学背景结构化从而汇集双方资源进行交易。在文化中介这个概念上，它不仅仅存在于国际旅游中，还存在于旅游发生的任何角落。例如，旅行社为吸引游客进行宣传或者游说时，对斯里兰卡文化的介绍"行程涵盖了斯里兰卡整个国家的主要旅游目的地和景点，带你全方位的了解这块被誉为印度洋上的明珠的岛国。参观多项世界文化遗产，西格利亚——狮子岩，康提——佛牙寺，高尔——荷兰城堡，领略佛国魅力，感受当地风土人情。餐饮安排多以酒店自助餐为主，多种风味，融合西式和当地风味餐，吃的丰富有特色；安排入住海滨度假酒店以及生态酒店，身心体验原生态的休闲假期。丰富的玩法，深入探秘斯里兰卡，感受当地的生活情趣。特别赠送传统的锡兰民族舞蹈表演……"这些话语与介绍中包含了斯里兰卡物质文化遗产和非物质文化遗产，以及自然风情和人文风情，向游客描述了斯里兰卡的文化全貌。在客人心动并且签下旅游合同时，旅行社将自己在目的地国地接社资源和客源资源相结合，在这场交易中获得了利润，他们是文化中介。当游客到达旅游目的地，当地的导游对景点进行更详细的介绍："1998年联合国教科文组织将圣城康提作为文化遗产,列入《世

第五章 旅游人类学视域下的遗产生长

界遗产名录》。对于斯里兰卡及全世界的佛教徒而言，康提是最重要的朝圣地之一，因为供奉着佛牙舍利的佛牙殿就坐落在这里。参观佛牙寺，时间约为1个半小时，佛牙寺是斯里兰卡著名的佛寺，位于康提湖畔，以供奉佛祖释迦牟尼的佛牙而闻名，为佛教徒朝圣地。佛牙寺始建于14世纪，历史上是行政和宗教中心……大家注意进入佛牙寺需穿着浅色衣服，长袖上衣及过膝裤子……"这是导游用其具有优势的背景知识和从小耳濡目染的经验进行文化介绍，将东道主国异文化和异族风情展现给游客。这时的导游整合了自己目的国地接社资源和客源，提供自己的知识和经验作为服务，换取利润。在整个过程中游客是不变量，始终是被展示和被参与的对象。当然，在这个引力系统中，最大的引力还是基于目的国的自然遗产和文化遗产（物质文化遗产和非物质文化遗产）。

除了这个引力系统之外，游客的体验与目的国的硬环境与软环境息息相关。斯里兰卡硬环境较为落后，最主要的因素是交通，虽说从中国到科伦坡已经开通了许多直飞航线，斯里兰卡国内地接社也积极开拓中国市场，越来越多的地接社和旅游产品亮相旅交会和产品推介会。旅游发展形势和取向是乐观的，但是斯里兰卡国内的交通却成了斯里兰卡旅游体验的最大瓶颈。斯里兰卡之前因内战和战乱等因素，经济发展较为落后。在殖民时期英国为了更好地整合资源修建铁路，斯里兰卡至今使用的铁路基本都是一百多年前，英国殖民者所修建的铁路。当然这也成了游客们怀旧体验的一道靓丽风景。一直以来，斯里兰卡修建公路的原则是尽量向村落靠近，这样便于人们出行。正因如此，道路附近的村落较多，人员流动也较大。加之经济等原因政府在大多情况下是将现有公路进行扩宽，公路数量并未明显增多，所以斯里兰卡条件较好的道路限速60公里每小时。随着经济发展，斯里兰卡私家车增多造成拥堵。道路狭窄且弯道多、路况复杂、车辆增多使得120公里的路程往往要行驶六七个小时才能到达目的地。毫不夸张地说，每次从康提到茶园，或者从康提到海滨我都会觉得自己失去半条命，对于晕车的朋友那只能说是生无可恋了。在斯里兰卡有两条高速，都是我国帮助建设或是承建的。一条是机场高速，中方向世界银行贷款，帮助兰卡方修建，拥有二十年的收费权，二十年之后则再无权力进行收费。另外一条是由科伦坡通往马科勒的高速（南方）。除了交通之外，在中国的旅游旺季，较好的酒店经常会出现买断的情况，会有酒店超额售卖，最后客人无处落脚。这也是为什么斯里兰卡旅游界现在大力发展酒店产业的原因之一。虽然斯里兰卡的旅游硬件有待提升，但斯里兰卡的微笑是洁净的，他们对待中国人更是友好的。只是在近两年旅游泛滥，大量国人涌入斯里兰卡，华人的面孔的新鲜褪去，加之在金钱的诱惑下，这个微笑的国度笑容的灿烂似乎逐渐平静。甚至出现了专门针对中国游客进行行窃的事件，有关事件将会在旅游安全中详谈。

（四）旅游安全问题

因斯里兰卡内战结束还不到十年，经济发展缓慢，对于游客而言仍有诸多安全问题。例如，斯里兰卡北部并未完全开发，虽说一部分原因是因为交通和经济等因素的制约，但对于游客而言未尝不是一件好事。经过内战的斯里兰卡，特别是在猛虎组织聚集的贾夫纳等北部地区，仍有一些战时武器的残留（例如地雷），处于旅游安全的考虑，北部的开发条件仍不够成熟。另外，在斯里兰卡的热门景点范围之内仍然存在较多旅游安全隐患。这些旅游安全隐患大体可分为一下几个因素。

政局不稳。斯里兰卡国内政局不稳，近年游行和示威越来越多，虽然说目前还未危及游客安全，但是在长期动荡的政局下，国家腐败严重，法律的强迫性意识薄弱。一位朋友的好友在斯里兰卡投资了2000万元人民币打算盖一家酒店，路需要自己铺，电线需要自己牵引，当然这是很正常的现象，即便是斯里兰卡的民众盖房子大多也是如此。但后来斯里兰卡政府变换，拉贾帕克萨下位，新政府上台之后需要他们重新交税，宣称之前的税有问题，理由多数是税款没交齐，或是因政府换届需要重新交一部分税金等，当然这又是一笔不小的开支。显然，很多朋友经常碎碎念："斯里兰卡是一个没有法律的社会。"当然，这样的吐槽是可以接受的，但从法律严格意义上而言便不严谨了。斯里兰卡的法律大体可以分为两种。其一，法律文书，即国家制定的相关法律。很多人形容判决期是"遥遥无期"，即要等待非常长的时间周期。对于斯里兰卡民众而言似乎已经习惯了等待，但是对于外国人而言，一般的"小官司"（在酒店被偷窃）不值得等待，因为等待的成本和回报完全不成正比。倘若3000人民币被盗，案子的审理过程也许需要维持3个月或者更久，在斯里兰卡期间等待的衣食住行等费用需要自己承担。如果先回国，开庭时再回斯里兰卡，那么单边的飞机票也不止3000人民币了，所以大部分游客会选择私了或者自认倒霉。身边朋友经历的案例短则一年，一般两三年也是常态了，且开庭取证等并非一次可以完成。在冗长的审判过程中除非"有关系"不断的施压，对于特权阶级，法律二字基本上也是用不到他们身上的，除非是政权的颠覆，即便是政权的颠覆也需要有合理的依据，而血统和佛牙一直以来就是这个最合理的依据。斯里兰卡的法律体系具有阶层性和特权性。其二，社会法律，即民间信仰体系。斯里兰卡佛教中有五大戒律是不能违反的，这五大条款在人们心中根深蒂固。以及佛教的一些教义，亦是人们日常行为准则的标准，每个人衡量和判断的标准不一样，但是大的方向是一致的，正是这种秩序维护着斯里兰卡的社会和谐稳定。这些宗教性的"法律"具有普遍性和稳定性等特点。而大多需要依靠法律解决的案子，在熟悉斯里兰卡的法律之后，大部分外籍人士都是采取放弃自认倒霉的态度，除非是涉及金额过大，但是耗时长，而且得不到应有的保护。

诸如此类的案件在斯里兰卡的田野中实在是屡见不鲜。案例一，事情发生在康提著名的瑞士酒店（Hotel Suisse），瑞士酒店是一家大型殖民地酒店，能俯瞰康提湖，历史悠久，地理位置极佳。酒店里有很多老照片、木制品、壁画，记录着辉煌的过去。木质"吱吱"作响的地板，迷宫般的走廊，加上晚餐时怀旧的演奏，恍若让人回到了殖民时代的宏大氛围中。这家酒店是四星级，非常受国际游客的欢迎，可是当小孩在房间睡觉时，保安就进去行窃，最后被发现跪地求饶，口中念的就是大家所熟悉的"我家有 N 口人（N 一般大于 7），只有我一个劳动力，孩子还等着喂……"随着旅游的发展，斯里兰卡酒店工作人员自守自盗的情况时有发生，在海边的酒店更是如此，因为一旦下海或者下泳池就意味着随身的贵重物品放在了房间。曾有领队被偷 1000 美金外加 1000 元人民币，最后不了了之。虽然案发期间及时叫了警察处理，而且证据确凿，但最后在团队离开斯里兰卡之前也未能得到解决。

斯里兰卡的突突车司机的绕道、诈骗（或者是恶意欺骗）时有发生，有些人甚至专门等候在高档酒店外。有几位朋友遭遇的骗局听了让人咋舌，如果将这些记录下来，一定也是一本惊心动魄的探险故事了。但这里并不是说斯里兰卡全部充斥着偷盗和欺骗，这些仅限于旅游较为热门的地方，而且与自我防备意识也有很紧密的关系。住酒店时我的房门也在我不知情的情况下被打开过，好在我从来不将自己的贵重物品放在保险箱里，出远门时我会带着有锁的行李箱，在附近田野时我会将背包（电脑）放在枕头边或者抱着入睡，这也是为什么最后我能够将所有的田野材料平安带回的原因之一。

当然，在田野中还有更为悲惨的故事，朋友在讲述所遭受的一切时，一边流泪一边哽咽，那难过的情景实在让人无法忘怀。政局和法律也许可以窥见华人在斯里兰卡投资的早期现状。也有早期与斯里兰卡人相处很好的华人，他们认斯里兰卡人作为干爹干妈然后进行合作，中途回国。处理完国内事宜再次回到斯里兰卡时却发现无法入境，因为他们已经被移民局拉入黑名单，无法再踏入斯里兰卡。后通过关系查出是其干爹干妈所为，所有的钱和投资自然而然就拿不回来了。他们用这些凄惨的故事告诉我，法律对于斯里兰卡特权阶层是有用的，与斯里兰卡人共事一定要谨慎，不停地与其接触和交流，否则可能会事与愿违。除此之外，有一个担保人也很重要，但是人总归是会变的，所以自己多加小心才是万全之策。一旦担保人改变主意就意味着会面临巨大的麻烦。这也是为什么一路以来我一直将自己的护照保存好，不让别人接触或者拍照。斯里兰卡的田野不易，除了语言，还需要有可靠的担保人，以及对该国足够的了解，否则我个人还是不建议独自深入斯里兰卡田野。

人为因素。在斯里兰卡热门风情体验中，数海上小火车或者茶园的火车最为受欢迎。我还清楚地记得最开始坐火车时的体验。大部分火车不分站票或者坐票，从科伦坡到康提的费用在一百卢比左右，先上先得。也时常可以看到有人让座位给孩子。关于火车的声音不得不提，"咯咯"老机械设备碰撞的声音，火车古老得让人完全没有心理准备，中途停车起步的时候，就像很老的手动挡汽车换挡没挂好的感觉一样，毕竟是数百年前的技术。每当火车穿过山洞的时候当地人就会发出尖叫，这种尖叫让人不禁有了原始人在驱赶黑暗的联想。据我的揣测，一种是害怕，另一种就是觉得刺激好玩，火车没有窗户，可能说刺激会更贴切。后来，因为害怕堵车我不得不选乘火车，且为了赶时间与大多数斯里兰卡人一样挤早班车，大概在早上六点半左右，或者晚班车，一个来回至少耗时四个小时，那个时候基本没有游客，大部分的乘客是斯里兰卡当地民众，他们有的是赶往科伦坡上班或者办事或者做生意。总之，我在那个时段的火车上从来没有坐到过位置。在斯里兰卡的田野期间，因为长时间的坐车和走路以及站立，我的静脉曲张愈发得严重了。到后期每次坐火车时我就不禁感慨，这火车真心太危险，有一段铁路甚至是在没有任何保护的悬崖边呼啸而过，更危险的是对于外地人，当然这里指的是外国游客。他们对路况极其不熟悉，喜欢体验外挂，所谓的外挂就是火车已经挤满

第五章 旅游人类学视域下的遗产生长

了,只好挂在门外寻求稍微"广阔"一点的空间。在整个每一段旅途中,我从来不外挂,哪怕被挤成"肉饼"都不会选择外挂。因为实在太危险了,在火车转弯处经常会有墙壁或者岩石,或者是树木,反应不及则有被撞得粉身碎骨的可能,或者是手滑就会跌落下火车,更惨者就是被火车继而碾过,场面实在血腥。我时常告诫身边一些要来斯里兰卡旅游的朋友,外挂火车时一定要小心,这是一个很大的安全隐患。人们经常说人类学家具有一个忧虑的心,其实只是人类学家在田野体验了种种,预见了一些有可能发生的事情罢了。后来我田野回国,就传来噩耗,一位中国妙龄姑娘在体验外挂火车时不慎跌落,身亡。这些残忍的场面我不忍再次提及,只是希望一些游客在出发前能够做好功课,或者文化中介能够起到积极的引导作用,异文化的体验也要以安全为前提。对于当地人而言他们很熟悉自己的生活环境,可是对于游客并不然。

生物灾害。在斯里兰卡生物灾害最严重的要属登革热,较为集中的地方在西部省份。当我前往科伦坡处理签证事宜时借住在朋友家,科伦坡的房价实在是高得离谱,很感激她们收留了我。她们是一群非常好的中国女孩,善良自立,受过高等教育,克服种种困难完成祖国交给她们的使命。摇了一整天的火车,昨晚回到住处见原本计划要外出的室友仍然还在家里,才知道丹娜(Dana,化名)发烧了,她自己怀疑可能是登革热。她年纪比我小,水汪汪的眼睛看着我说:"昨晚是39度,今天早上已经40度了。"我完全可以感受到她的无助和脆弱,她十分想家,感染登革热是回不了家的,即使回到国内也会被隔离。第二天另一主事的室友陪着她去医院了。后来确认丹娜确实感染了登革热,据她回忆是在餐厅吃饭时被蚊子叮了。我与丹娜只有一墙之隔,斯里兰卡的蚊子很多,虽然屋内的蚊子没有屋外那么多,但仍旧还是会有一些蚊子在耳旁环绕。

> 这一切离我是那么的近,前天晚上到了科伦坡以后室友发烧了,那感觉离登革热已经八九不离十了,我十分紧张的关好门窗,做好自己能做的一切的防蚊工作,可是昨天仍然被咬了两个包,登革热的潜伏期是2-7天,担惊受怕的,明明知道自己被咬了。只能祈祷自己相安无事吧。眼睁睁地看着身边的人住进医院,但还是要在这里继续住下去,害怕,想躲避,可是发现根本无能为力。只能面对这些传染的疾病。去到卫生间,发现都是蚊子。

这是我的一段田野日记，记录了我当时的害怕和无奈，至今我还记得每天晚上睡觉时用毯子裹紧了全身，即便全身汗透了也不敢松开一个被角，以防被蚊子叮到的情景。斯里兰卡的埃及伊蚊特别多，随处可见。我住在帕利塔先生家里见到最多的也是埃及伊蚊。有一次可能是洗冷水澡被山风一吹有点着凉，晚上头疼有点发热，帕利塔太太十分紧张，但我晚上吞了两颗药后有所好转，幸好不是登革热，一旦感染登革热也许我的田野会被中断。后中途有一次回国，一朋友发热，下了飞机过安检的热感应监测时被拦了下来，带入中国检验检疫流调快检室进行登记和抽血化验，以防感染登革热。所幸整个田野下来我没有感染登革热，但是被蚊子也已叮得麻木，有时一觉醒来身上会有十来个包，且大小不一。约几个月后我的抗蚊性似乎强了许多，或许这与斯里兰卡饮食有一定的关系，另外被蚊子叮多了，可能也产生了一定的抗血清，当然这只是猜测。可是这并不是结束，接之而来的是臭虫，被臭虫咬了之后身上的包很大，确切地说应该是被臭虫吸血后，奇痒无比且会红肿，而且越抓越严重。我被咬包的数量很多，范围也很大。虽然抹了风油精、白猫牌清凉油等前往田野之前准备的药膏，但根本没一点起色，十分痛苦。一场田野下来，与遗体的近距离接触、蚂蟥丛林、登革热病毒的威胁、臭虫的叮咬，等等。感觉生命中不能承受之重都经历了一遍，也体会到了人的脆弱与强大，这也许就是人类学的意义所在吧。

图 5-4 村里和电视里有关登革热的预警

另外斯里兰卡生物灾害较为严重的是马蜂，因为斯里兰卡信仰佛教，忌讳杀生，即便是有了马蜂窝也不会轻易处理。在游客较多的西格利亚古城（狮子岩）因喧闹过大经常出现被马蜂袭击的事件。其次，斯里兰卡流浪狗不少，在流浪狗多的地方被狗咬的几率自然也不小。

自然危险。例如暴雨造成的山体滑坡和泥石流、海啸。有关海啸在上文中已有详细叙述，这里不再重复。由此可见，海岛旅游具有季节性、隔离性、脆弱性。

第三节　遗产的生长："一带一路"中遗产旅游的反思

2013年9月7日，中国国家主席习近平出访中亚四国，首次在哈萨克斯坦提出共同设"丝绸之路经济带"。"丝绸之路经济带"横跨亚欧大陆，绵延7000多公里，途经多个国家。同年10月，习近平主席在出访东南亚国家期间，提出共建"21世纪海上丝绸之路"的倡议，该倡议得到国际社会高度关注。"一带一路"是"丝绸之路经济带"和"21世纪海上丝绸之路"的简称。它将充分依靠中国与有关国家既有的双多边机制，借助既有的、行之有效的区域合作平台，积极发展与沿线国家的经济合作伙伴关系，共同打造政治互信、经济融合、文化包容的利益共同体、命运共同体和责任共同体。

放眼当下，从国家到地方，再到企业，已经掀起了一股涉及国内游、出境游、入境游的丝绸之路旅游热潮。中国国家旅游局已将2015年的主题确定为"美丽中国—丝绸之路旅游年"，并将在2016年沿用这一主题，以推动"一带一路"构想。从市场方面看，"一带一路"涉及44亿人口，占世界总人口的43%，蕴含着21万亿美元的投资潜力，占世界的29%，这对旅游业来说是一个很大的市场，对于旅游研究也是一个巨大的挑战。在当今的大众旅游中，一带一路沿线中古城旅游已然成为一种特色性的旅游活动，而且呈现兴盛的态势。这种将怀旧与历史城镇相融合的旅游方式，羼入了文化遗产的诸种元素，可归入"遗产旅游"的范畴。它也将成为未来中国旅游发展的一种重要的类型和范式，也是旅游人类学研究需要投视的角度。

一　中国式的"古城"观光

旅游是一把双刃剑。今日的古城游来自过去人们保护、守护自己的家园意识和行为所致。古城游必然带来了经济效益，居民和政府的收入来源增加，游客从观光中获益。但古城的形制原本是受时间和空间限制的；而今的古城游事实上是在鼓励之中的"不设限"。在这里,"遗产"和"旅游"经常难以协同,古城游也因此将成为旅游人类学考察"遗产"与"旅游"对立、对位因素的关键。

从旅游民族志的角度看,在古城旅游中,即我们所说的遗产旅游中东道主与游客的关系相互对应。东道主与游客一个是主位一个是客位;东道主将"遗产"展示给客位的游客,而客位的游客则对"遗产"进行观光、游览、体验。理想的结果是:"遗产"成为东道主和游客共同的家园,是二者共同的"家园遗产",游客在古城中可以体验"家园感";这样的遗产才能得到更好的保护。而"家园感是通过人与人、时空与时空之间多重的边界确立和互动进行建构的"。①在这里,"家—家园"在古城游中扮演着复杂的错叠关系:古城是人们自古而形成的一种类型的"家园",游客通过旅游行为在某一个特定的古城中寻找怀旧的"家园感",而古城的文化遗产成为实现旅游怀旧的介体。"家园-遗产-旅游"于是成为一个整体。

同时,每一个整体的"部分"又具有自己的边界。边界对于"家园遗产"中的主位和客位区分是具有必要性的,这里不妨以费孝通的"大家庭—社群"作为"家园遗产"的一个边界设定。②对于古城中的东道主来说,古城是由血缘、地缘、亲缘结合在一起的社会结构,是一个主位的概念。因此对于东道主而言我们强调遗产的"原初纽带"(Primordial Tie)。正如马凌诺夫斯基所言:"家,特别是宗教的一方面,曾是中国社会与中国文化强有力的源泉。中国的旧式家庭,对于一切见解正确地人类学家,一定是可以羡慕的对象——几乎是可以崇拜的对象。因为它在许多方面,曾是那么的优美。"③"家"或"家园"的力量是强大的,"家"或"家园"是人们情感化认同的符号,"家及与家有关的概念的外延无限扩大,能推及社会各个方面,它强调的是一个'类'和一个'推'字。在个人、群体、社会这三个层次中,如果从结合关系中去考虑的话,能寻出一种共同的东西来,这就是以家的内在结构和其外延的象征秩序,来建构自身的位置。不管是'类'的概念,还是'推'的概念,都反映了中

---

① 彭兆荣:《遗产反思与阐释》,云南教育出版社 2008 年版。
② 彭兆荣:《家园遗产:现代遗产学的人类学视野》,《徐州工程学院学报》(社会科学版)2013 年第 28 期。
③ 马林诺夫斯基:《两性社会学》,商务印书馆 1935 年版。

国人的身份认同"①。

对于游客或者边界以外的人来说，家可以是"个人世界稳定的物质中心，是人们可以放心离开和安全返回的安静所在（可以使一所房子，一座村庄，一个地区，或者一个国家），及其所关注和掌控的基本核心"，它常与"愉快的记忆、亲密的关系，以及人们与家人同处所带来的那种温情和安全感联系在一起"。② 相对于东道主—主位的概念，这里游客或者边界以外的人我们可以称作是客位或者多位，这时"家园遗产"从地缘、世系（Lineage）、宗教等上升到"普世价值"（Outstanding Universal Value）。由此可见，"家园遗产"是人类传承的纽带，连接了主位、客位甚至多位之间的关系，使得遗产得以保留其原生性、关联性和整体性。这一概念不仅在人们对遗产与旅游的认知方面有着提升作用，也是人们在遗产旅游中对遗产保护的关键之所在。遗产旅游在后现代社会中要得以维持和发展，只有人们携手保护共同的"家园"才能得以实现。

理想的状况是：古城游以游客通过类似于"家园感"的体验，以达到具身性怀旧——即以全观性（身体的各种感受）体验获得一种特殊的怀旧。这样的怀旧很容易将"家-家园"与"古城"同置一畴，而保护好古城（家园遗产）才是实现体验式怀旧（旅游）的前提；反之，古城若遭到破坏，就有自己的家园毁坏的感觉。这或许是国人在古城游中需要致力而为的。

二 现代语境下的出境游

然而，怀旧旅游在中国已经趋向成熟，各地也都出现了"长相"极其相似的古城，这些古城除了外貌趋于同质化，就连所贩卖的手工艺品也趋于同质化。这些似乎已经无法吸引那些经验丰富的中产阶级旅游爱好者，他们不断寻求更多的异文化体验和刺激。那些具有数千年历史底蕴的国家自然成了他们旅游"凝视"的对象。异文化夹杂怀旧的气息，那是一种全新的体验，对于古代文明怀旧的追寻。

在 2016 年，国家旅游局发布的数据显示 2015 年中国出境旅游达 1.2 亿人次，出境人次和消费均列世界第一。中国较为领先的休闲旅游在线服务商

---

① 麻国庆:《永远的家：传统惯性与社会结合》，北京大学出版社 2009 年版。
② 彭兆荣:《遗产反思与阐释》，云南教育出版社 2008 年版。

同程旅游发布了《2016春节黄金周居民出游趋势报告》。数据显示，2016年春节黄金周出境游需求旺盛，截止至2016年1月中旬，居民春节出境游预订率为62%。而国内游预订率不足30%，海外旅游的预订率远远超过了国内游。根据中国新型的B2C旅游电子商务网站驴妈妈发布的《2016春节旅游预测报告》，"70后""80后"出游人次超过50%，成为出境游最重要消费群体。目前大多出境游更多集中在日本、韩国、东南亚等国家和地区，新"新马泰"，即新加坡、马尔代夫、泰国（以前的"新马泰"多指新加坡、马来西亚和泰国）一度成为蜜月情侣的首选。

国家旅游局在2017年1月9日发布的旅游数据显示，2016年国内旅游持续增长，出境旅游理性发展，预计全年国内旅游44.4亿人次，同比增长11%，出境旅游人数1.22亿人次，同比增长4.3%。2017年旅游经济发展维持乐观预期，一季度居民整体出游意愿为82.0%，保持在较高水平。不少用户更热衷于飞往境外海岛避寒、避霾。途牛旅游网监测数据显示，预订出境海岛游的用户占比出境游总人次超过60%，普吉、巴厘、济州、苏梅、马尔代夫、长滩、沙巴、塞班、冲绳、大堡礁等位居出境热门海岛前十强，这些海岛不仅空气质量一流、气候宜人，同时交通便利、旅游配套成熟，深受国人欢迎。

这些只是新兴网络营销旅游的数据，仍有许多实体旅行社在进行着游客的输送。2015到2016年的以网络营销为主的数据也显示了中国人出境游的趋势与火热。从长期来看，中国游客所面临的签证环境将持续改善，仅2015年就有15个国家出台了18项放宽对华签证的政策。另一方面，随着签证中心、国际航班的新增和加密，居民获得签证便捷性提高，二、三线城市的出境人数增长加速。2016年上半年中国出境旅游人数增长速度最快的前10名城市分别为长沙、深圳、重庆、成都、武汉、昆明、福州、西安等，部分城市出境游客人数增长超过100%。

斯里兰卡作为一个有历史底蕴，还有着得天独厚的自然资源无疑是具有绝对吸引力的，在诸多的旅游精英中这是一块出境游的处女地。

三 旅游与民间外交的探讨

中国人和中国游客的形象这些年来一直是负面的，无论是求学的学生、游客、海外劳工、商人和华人，中国政府一直在鼓励所谓的民间外交，建立正面的、积极的中国形象。其实，旅游何尝不是一种外交，我暂称为"旅游外交"。虽然有些学者从广义上并不同意这一个概念，称少部分的游客不能代表中国一个国家的形象，且"外交"一词所指的国与国之间的活动。在这里我们借用"外交"一词，从狭义的意义上说，每个游客、每个个体都是代表了中国和中国形象，而今天大量的中国游客走出国门，我们不能成为外国人眼中的"移动的钱包"，更应该成为中国正面形象的"移动的大使"，通过旅游，中国游客的自我形象的重新塑造，重建中国形象。

第四节 本章小结

斯里兰卡的社会结构正在慢慢地发生改变，已由传统的农业岛国逐渐转向第三服务行业。斯里兰卡现市场上的粮食很大一部分依赖于进口，包括日常做咖喱用的绿豆等。这些日常市面上销售的粮食来源于印度、巴基斯坦等国。斯里兰卡的工业产业薄弱，传统社会中斯里兰卡建房屋所使用牛粪、黏土等材料，现如今建房屋多使用水泥，这些水泥大部分是从印度进口，基础生活所用的塑料制品也依赖进口。在西方语境中，学者们认为"城—村"，即"城镇—乡村"是二元对立的结构。"二元经济结构"理论思想主要适用于分析发展中国家结构变迁、城乡关系、劳动市场、资本积累的重要理论。在我国学者的研究中，认为"城—村"之间应有"镇"的存在，在我国语境中城与村的关系应该是"城—镇—村"的三元结构。斯里兰卡的"城—村"结构与我国的"城—镇—村"结构不同，与西方的二元结构类似。但斯里兰卡的"城—村"结构不同于传统意义上的"二元经济结构"理论思想，斯里兰卡现如今的第一阶段转变到第二阶段时劳动力由无限供给变为短缺，并不是由现代工业部门而造成，而是由第三服务产业上升而引发了第一个转折点。

现如今的斯里兰卡社会由于传统农业部门的压力，旅游服务部门的工资开始提升。在近五年斯里兰卡的旅游服务业结构发生了大的改变。起初，赴斯旅游的群体以印度人和欧洲人为主。印度人赴斯旅游是因为地缘、血缘和经济关系，以英国、葡萄牙等欧洲为主的游客赴斯进行旅游是具有帝国主义的怀旧而引发的。现如今,中国游客赴斯旅游的游客数量突飞猛进,已远远超越其他国赴斯旅游人数。中斯友好关系的复兴吸引了大量中国游客,他们为斯里兰卡带来了大量现金和外汇,因此游客成为斯里兰卡社会学家和人类学家研究的重点对象。本书的前几个章节是对康提社会的详细记录和阐释,本章节以整个语境提升到了斯里兰卡大的社会、政治背景中,这无疑对于斯里兰卡研究也具有重要意义。而康提作为一个世界遗产在这个大的社会、政治背景中,遗产的旅游教育价值、经济价值等也在不断生长。

第六章 结 语

　　本书对斯里兰卡僧伽罗人的社会生活进行描述,将我观察到的僧伽罗人的生活方式记录下来,试图说明僧伽罗的社会整体和文化面貌。本书第一章对城市的内涵和城市及其周边进行梳理,后对遗产进行分类和辨析。第二章分别以阿努拉达普勒、波隆那努瓦,康提为背景,将城、水、佛牙为主线描绘了遗产累叠之形制。第三章以康提孔图贡德拉为点阐述了遗产的实践与传承。第四章以康提传统村落维瓦泰纳为点阐述了遗产的日常实践,村的日常是人们对于遗产传承与实践横向拉伸的一个展现,并从斯里兰卡基本村落到康提直至整个斯里兰卡展现了斯里兰卡水利系统全貌;对康提僧伽罗人社会生活的具体记录,从婚葬嫁娶到衣食住行展现了人们对于先辈们遗留财产与信仰的实践。第五章转向影响斯里兰卡社会生计方式的第三产业分析,聚焦在中斯旅游背景下的遗产旅游研究。第六章从三个层次对于遗产累叠和生长进行总结和理论提升。这三个小节分别是遗产的形态和关联、古城生长的机理、遗产在累叠中的生长,具体内容如下。

第一节　圣城康提遗产累叠的形态及其关联

　　本节从遗产累叠主要的历史阶段及其相互关系、遗产累叠主要的空间结构及其相互关系阐释遗产累叠的形态及其关联。后以宗教为基点,以佛牙寺为中心,阐释遗产主体对传统的坚守与选择。从雅利安人进入斯里兰卡带入了吠陀文明和种植技术，人们关于数字 32 的信仰，再到僧伽罗民族独立文化体系的形成，这是斯里兰卡僧伽罗文化体系形成的一系列过程。从阿努拉达普勒水利系统的发展，宗教的稳定，以及独特艺术的形成到波隆那努瓦国王与水利兴建的关联，以及人们对于佛牙信仰力量的加强，技术的传承，到后来的圣城康提之间的相互关联密不可分。这些文化遗产正如地下的岩层一般层层累叠。

后斯里兰卡因长期处于政治动荡和自身文化停滞的状态，外来的殖民者带入的西方文化不断入侵使斯里兰卡自身的文化羼入了诸多西方文化元素，这些西方文化元素累叠在斯里兰卡原先的文化遗产之上，形成了其特有的文化形态。这个文化形态并不是一蹴而就的，而是经过历史、社会、文化等长期积累而形成。在康提汇集了诸多遗产累叠的见证。例如，在康提的佛牙寺旁有一栋基督教堂比肩而立。这是因为在殖民时期，西方的殖民者为了更平顺的统治康提所建，如今这座教堂被列为世界保留遗产性建筑（Conserved Buildings），它的一砖一瓦诉说着僧伽罗民族与殖民者抗衡的故事。再者，为什么在如今的康提乃至整个斯里兰卡会有喝下午茶的习俗？这是因为斯里兰卡人对于英国殖民文化的吸收和延续，正如书中第四章讲述他们设立了自己的茶叶品牌，这与僧伽罗人对待最初的印度文化一样，有意识的进行了吸收，经过历史和社会的选择逐渐沉淀形成自身独特的文化遗产岩层，诸如此类的例子太多，不一而足。一砖一瓦也好，生活习性也罢，它们都是经过不同时期和阶段累叠而成，才有了如今的形态。

然而，现如今科技的发展以及交通的便捷等因素导致了斯里兰卡的现代化。在这个现代化的过程中，传统文化与现代文化形成了冲击，但康提地区的人仍然能坚守古人留下来的土地与传统。康提是一个具有较强生命力的古城，它汇集和融合了不同阶段的遗产，是一个多元化的空间，具有多元化的特征。这一时期的遗产仍然在社会关系、生产关系中不断的建构和累叠。圣城康提具有多元化的特点，且与之前所积累的遗产共时共存的。除此之外，这一空间是同样具有生机与挑战的，它并非死的、固定不变的。正是因为空间具有活力，并不是固定不变的，且具有开放性这一特点，作为遗产的圣城康提才有可能变化和生长，但他的生长绝非简单空间上的生长，下文将对古城生长的机理抽茧剥丝进行阐述。

第二节　古城生长的机理：遗产累叠的特征

世界上的城市遗产各具特色，这也是文化多样性的呈现。作为世界遗产的康提具有明显的累叠特征形态，然而一座古城要维持活态与其背后的生长机理密不可分。从早期的迁都至圣城地位的稳定是遗产的生成过程，人们对于神话历史信仰以及日常实践是遗产的养育机制。在语境的变迁中，人们仍坚持遗传和坚守是遗产的传承的动力。任何一个环节的缺失都形成不了现如今的康提。

一　生成过程：圣物—圣城

遗产的生成并非一蹴而就，也不是所有的东西都是遗产，但是任何东西都可以成为遗产。这些被累叠下来的遗产是与过去先辈们、祖先们留下来的东西相关联，是具有价值的。遗产对于个人或一个社会而言其价值并不局限于物质价值，还有精神价值，以及教育价值等等。佛牙作为斯里兰卡社会中最重要的遗产，成了一种象征性的符号，它标志了人们最虔诚的信仰和一种社会的成功，这是一种社会内在的合法性和继承性，是一种信仰和权利的确认。

作为佛牙的供奉地康提，僧伽罗王朝的最后一个所在地，也有僧伽罗传统文化坚守地支撑，太多的头衔与（历史）巧合使得民族凝聚力增强，康提的人们有着较强的文化自觉性，再加上佛牙之所在，日常社会生活的实践加强了人们心中的信仰和社会道德的规范。圣城康提是因为佛牙而神圣，康提这座城市是人们日常的一个社会空间。从圣物到圣城，是因为"经济基础与上层建筑的二元分立，正如我们所发现的那样，掩盖了物质与意识之间难以弥合的分裂，这被分割的两极能够再次被整合起来源于意识形态这一神秘概念"[1]。意识形态将圣物扩大到了供奉物的佛牙寺，又由佛牙寺到城。等价的逻辑、抽象的逻辑以及符号的逻辑召唤出了一个更大的神圣世界（空间）。因为符号同样也具有排他性，当城被圣化以后，供养神圣，即生活在圣城中的人对于遗产的维系和传统的秉持起到了至关重要的作用。生活在城里的人成了

---

[1] ［法］让・鲍德里亚：《符号政治经济学批判》，夏莹译，南京大学出版社2009年版。

维护遗产的共同体，这个共同体有了共同的认同。这也就是说，不仅仅是生活在康提的僧伽罗人是维护这个遗产的共同体，生活在这一空间中的泰米尔人，伯格人等都是遗产的维护者。当然作为世界遗产的佛牙寺不仅仅是康提人的，更是斯里兰卡人，乃至全人类的宝贵遗产。

二 养育机制：神话—实践

生成的遗产如果没有人供奉和养育，最终也只会像阿努拉达普勒古城或波隆那努瓦王宫那样成为遗址。这些遗址之所以存在，归根结底还是因为有人进行维护，如果连维护的人都不复存在，这些遗址也会随着时间的流逝而灰飞烟灭。因为人的存在，人的实践遗产才能得以保留。在古老的社会中，僧人们脱离了世俗的生活，不再为生计所扰，专心研读、修行和书写，将诸多故事和神话书写和保留下来得以流传。这些神话以象征的意义传达着社会的价值，斯里兰卡人在日常的生活中实践着这些价值，并且传承至今。例如，文中第一章提到的维杰耶故事，从那时起人们就讲述着弑狮父的辛赫巴有32个子女的故事，到人们供奉国王32道菜系，直至供奉给佛牙的32道菜系，这些都是一脉相承的。神话中穿插着教义和仪式，人们将这些融入了日常的实践。然而，正是因为这些日常的实践，是遗产体系的养育机制。在实践当中，与神话关联最为密切的是仪式。从广义上来说仪式可以是人们在社会生活中各种各样的行为，从每日僧伽罗人早上的奉花到站上波鲁瓦，或是一年一度的佛牙节，这些都是大小不一的仪式。正如文中第四章中以蒌叶为例的阐释，人们日常生活中的契约性源于信仰体系，在这一信仰体系中又包含着诸多的神话，这些神话在每一次的赠送和交换仪式中被转化为斯里兰卡情和礼，以及其背后所衍射的社会道德与法则。这些仪式贯穿在僧伽罗人的每一个生命节点中，神话与仪式相互渗透，相互推进。

斯里兰卡的诸多故事和神话中大多都是与信仰有关，而仪式强化了人们对于神话的信仰，继承了传统也传授了知识，更重要的是人们通过仪式将自己的文化执念传给了下一代。这些故事和神话以及仪式或相关的实践书写着斯里兰卡社会的文化语法。

三 传承动力：信仰—仪式

遗产的传承具有时效性，只有文化主体具有内在强大的动力，遗产才能长期得以传递。斯里兰卡社会遗产的传承与信仰紧密相连，而信仰与自然、环境、历史、社会、空间等相结合。斯里兰卡的信仰体系融合了雅利安人早期的文明和佛教的教义，其中佛教的教义更为长久的存在在这一体系中，因为每日、每周、每月、每年都有不同的仪式和节庆来实践这些信仰。这些被仪式加强过的神圣信仰又更深地融入人们世俗的生活中去，且崇尚和支持佛教发展的国王们依据信仰的教义提出宣扬保护自然的举措，圣俗互渗，相互推动。例如书中第二章介绍在波罗伽罗摩巴忽一世时期颁布法律保护森林野生动物和水里的鱼类，这无疑是对自然生态平衡的保护。这里不得不提到进化论，生物为了更好地适应环境而发生的一系列进化，但是在很多情况下人类所做的一些变化并不是为了更好地适应环境而是为了更好地满足自己。人类在不断的征服和改造自然。在斯里兰卡正是因为佛教的教义使得人在保护和发展之间寻求了一条相对平和之路。斯里兰卡的模式更像是"信仰+实践+国家政府的调控"，这些调控抵抗了现代文明社会的奢侈行为，使得国家不容易被同质化。如果说旅游是巴厘岛传统文化传承的动力，那么在斯里兰卡内在的信仰和实践则是传统文化坚守的净土。

　　道德信仰是社会秩序的一部分，它包括理性、情感和逻辑。而佛教教义的布施和奉献精神以及宣扬仁慈和善良的道义维护了社会的平和与秩序。例如文中第四章所讲到佛祖在他前世的一次轮回中是一只野兔，众神为了测试其虔诚度，派了一位天神去测试它。而这只野兔即便是面对恶魔也愿意布施甚至奉献自己，而解救和教化他人的道理一样。虽然人们在世俗的社会进行实践时并未如此的极端，但是他们却也在效仿着这些教义，条件较好的人们在过年时对于贫穷人家进行扶持。这些虔诚的付出，不求对方的任何回报，有点像我国的扶贫，但是这个点对点、人对人的扶贫是完全自愿和自发的。这些被扶贫的对象是人们身边熟悉之人，抑或是人们认为他们应该付出帮助的人。虽然从社会现实的角度而言，这些布施的人不求任何回报，但是这并不代表他们的内心没有期盼，这个期盼就是他们的信仰，人们坚信这样的善举可以不停地积累，以便换来更好的来世。

　　信仰与仪式在斯里兰卡的神圣社会中相互加强，但是这并不是乌托邦的世界。在这些历程中，也出现过阻断和困难。1815年英国殖民者攻占康提统治全岛之后曾一度停办佛牙节，然而这些文化遗产的传承者却未放弃，他们竭尽所能结合了自然灾害，力劝英国殖民者恢复了佛牙节的举办，最后取得了成功。这是一个文化主体与殖民者对抗的过程。可是被殖民的斯里兰卡已经没有了国王，仪式的主要承载者已经不复存在，人们便选择了佛牙寺的总执事穿扮成国王来完成这一仪式，这是一个文化交融的过程，也是一个仪式变迁的过程。这一仪式延续至今，文化的主体并未选择放弃而是坚守着信仰，缝补缺失。这一仪式的变迁背后是社会的变迁，社会的变迁是不可避免的，但是在这一变迁中，人们一直坚守其信仰，未曾改变。

第三节　遗产在累叠中的生长

遗产是社会进步的基石，遗产的形态也是多样的。当城市和遗产相结合时，它便也有了自己独特的形态。美国麻省理工学院的凯文·林奇（Kevin Lynch）（1918AD—1984AD）教授，认为城市有诸多形态。其中较为常见的有星形、卫星城、线形和棋盘形城市（图6-1，左）。星形城市有一个人口密集的多功能核心区，由此核心区向外发散4-8条运输骨干道，向外辐射性的发展与骨干道之间形成了"V"字形地带，"V"字形地带通往城市的郊区。卫星城，现如今也被叫作"边界城市"（Edge Cities）即在城中心的四周分布着多个小城镇，像围绕着行星一样的卫星。线性城市停留在理论阶段，极少用于实践。这样的城市生产、生活商业等分布在主干线的两旁。棋盘形城市与线形城市相反，有诸多城市都是棋盘状分布。中国古代城市和日本城市就是棋盘状分布，以及一些殖民地城市亦如此。[①]城的形态可以是多样的，康提是世界遗产，也是城。从康提的形态图（图6-1，右）中可以看出：康提的空间形态是以佛牙寺为中心，向孔图贡德拉扩散，孔图贡德拉向整个康提扩散，康提继而向四周辐射。康提就像一块具有双重磁性的磁铁吸引着人们聚集。一方面作为圣地的康提吸引着斯里兰卡其他地区，乃至世界的佛教徒。另一方面作为世界遗产的康提吸引着世界各地的游客前往。在内战结束政局相对稳定之后，这些磁性直接导致康提第三服务产业的崛起。然而正是因为第三服务产业的崛起为康提提供了大量的就业岗位，这些岗位也吸引更多的民众向这个中心靠

---

① 除了以上四种城市基本形态之外，还有其他格状模式——巴洛克轴线系统式，花边式城市等。参见（美）凯文·林奇《城市形态》，林庆怡等译，华夏出版社2001年版。

拢。为了缓解孔图贡德拉的压力，在呈"几"字形的马哈韦利河的上、下左和下右三个顶点处分别新开辟出了商圈，随着时间的流逝和经济的发展，商圈逐渐成熟，城的关税边界逐渐发生改变，城的行政边界也会随之调整和合理化。从空间上而言，康提在逐渐的"生长"。

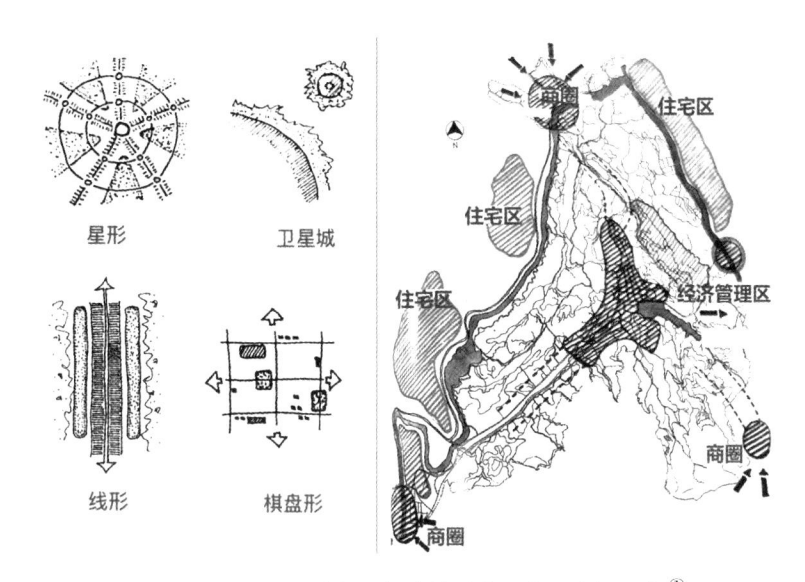

图 6-1 凯文·林奇教授提出的城市形态和康提形态[1]

随着社会的进步，科技的更新，旅游者的注入，旅游遗产导致"空间"边界不断"生长"，然而这个"生长"非简单空间上的生长。随着外来人群的进入，这些遗产是在累叠中不断的生长，遗产生长的主体是遗产承载者的文化自觉。

一 遗产主体的生长：文化自觉

所谓文化自觉，是借用我国著名社会学家费孝通先生的观点，它指生活在一定文化历史圈子的人对其文化有自知之明，并对其发展历程和未来有充分的认识。换言之，是文化的自我觉醒、自我反省、自我创建。文化自觉是人们在社会生活中有目的有意义的实践，而这种实践赋予了现实的丰富精神资源。文化遗产与民族的情感和认同息息相关，从某种角度上来

---

[1] 参见凯文·林奇：《城市形态》，林庆怡等译，华夏出版社 2001 年版.

说，一个民族对于文化遗产的态度反映了该社会的文化成熟度。正如文中第三章节所提到，当一位母亲怀孕了，她和她的家人们就会经常去佛牙寺祈福，或是到帕蒂尼女神庙去祭拜求得母子平安，孩子在母亲的肚子里就已经开始接触这些社会的实践，从出生直至长大。在斯里兰卡还经常可以看到一个现象，在康提的佛牙寺、科伦坡的国家博物馆等著名遗产地经常可以看见身着职业装（女着纱丽，男穿衬衣）的教师们带着身穿白色校服的学生们参观遗址，学生们耳濡目染，增强了民族自豪感，这也是遗产的教育价值之所在。在斯里兰卡的教育体系中，学生们要熟知百位国王的名字，对于他们心中伟大的国王，例如提婆南毗耶·帝沙、维杰耶巴忽一世、波罗伽罗摩巴忽一世等有关他们的生平和伟绩都是要熟记于心的，当然这些也是斯里兰卡教育系统中考试的重点之所在。在斯里兰卡这样一个政教合一的社会体系中，共同的祖先和遗产凝聚了僧伽罗民族的情感。这些文化遗产与人们的社会生活和信仰紧密结合，从未出生到最后的离去，全程都贯穿着祖辈留下来的传统，人们秉承着这一实践自觉和理论自觉，这些是僧伽罗人的文化自觉。

二 遗产空间的生长：文化边界

边界与土地紧密相连，土地本身是被动的，生活在这一片土地上人的行为和信仰给这片土地赋予的意义。人的社会和经济生活影响着土地和土地的边界。自古有了边界以来，就有了不断跨越边界之说。国与国之间如此，地区与地区之间亦如此，而旅游与边界及文化遗产之间有着微妙的关系。行政边界的划分意味着不同区域归属不同地方或不同行政区域管辖，行政地域的政局稳定性对于旅游有着巨大的影响。

在本书的第五章中已经对遗产空间的生长做了详细的概述与分类，主要概述了三种情况的文化遗产，旅游和边界的关系。第一，当文化遗产在某一行政区域之内时，随着社会的发展，旅游的开发，其遗产旅游的边界是向外辐射、扩张的，周边的村庄也会随着受影响。第二，如果文化遗产离边界较远，则对其遗产旅游的边界影响不大。第三，如果文化遗产离边界较近，或者就在跨越边界之处，其遗产旅游的边界是向边界的另一边扩散，且扩散力度较大。佛牙寺所在的孔图贡德拉属于第一种情况位于康提行政区域内，其遗产旅游的边界是向外辐射、扩张的。由此可见，在文化旅游中，遗产价值也在不断恢复和生长，康提不仅是空间上的生长，更是文化边界的扩散。

三 遗产价值的生长：文化旅游

斯里兰卡注重历史教育，学校会定期组织学生参观古迹和各种类型的遗址。毋庸置疑，根据斯里兰卡的教育体系，遗产对于斯里兰卡本国人的教育是具有重要影响力。当正在学习参观的当地学生见到大量外国游客进入斯里兰卡不远千里参观他们的古迹时，会引起他们的民族自豪感。斯里兰卡的这些古迹遗址对于游客而言也非常具有教育意义，特别是那些进入世界遗产条例的遗产地，它们的普世价值对整个人类都极具有教育意义。

遗产的价值涉及多个领域，包括美学、教育、思想、宗教、经济、历史、科学与技术，等等，因此遗产的价值也是一个多元体。遗产具有脆弱性，特别是世界遗产，它们许多是不可修复或不可再生的资源。正是因为遗产具有多元的价值且具有脆弱性等特点，成为人们心之所向。特别是像斯里兰卡这种经过了被殖民的血泪史，走出战乱的困境，且拥有阳光、海浪和沙滩的国家，对于那些寻求怀旧、异文化和休闲旅游的游客人们，更具有绝对的吸引力与诱惑力。政局的相对稳定和谋求经济发展，使得斯里兰卡在旅游业政策上大开绿灯，包括增加航班，对外进行旅游推广。拥有丰富资源和良好政策的斯里兰卡在市场经济中有了需求便有了市场，因此游客蜂拥而至。

斯里兰卡民众面对大量的游客进入时，意识到了"我者"和"他者"文化差异，民族认同感增强。正如书中第三章所介绍的佛牙节等仪式，在现如今更加盛大和隆重，宣传也更加广泛。当佛牙节外显的宣传活动出现在电视、网络等各种媒体中，亦加强社会主流团体的凝聚力。因为东道主们知道这已经不仅仅是僧伽罗人，乃至斯里兰卡所有不同民族的共同节日，这个节日汇入了游客上升为世界人民的财富和遗产。这些仪式和节庆是容纳族群象征意义与符号的容器，僧伽罗人通过这些仪式进一步加强了集体意识与身份，强化了自己族群的文化特点。游客们在这一时空中的驻足和喝彩，更加强了东道主的表演力与张力。在文化旅游的背景下，东道主的认同感增强，遗产的价值也不断在生长，遗产的教育价值、文化价值和经济价值也得到体现。

参考文献

中文文献

［英］爱德华·泰勒:《原始文化》,连树声译,上海文艺出版社1992年版.

［美］奥利弗·吉勒姆:《无边的城市——论战城市蔓延》,叶齐茂等译,中国建筑工业出版社2007年版.

［印］阿马蒂亚·森:《关于争鸣的印度人:印度人的历史、文化与身份论集》,刘建译,上海三联书店2007年版.

北京大学南亚研究所:《中国载籍中南亚史料汇编》,上海古籍出版社1994年版.

［印］巴沙姆:《印度文化史》,闵光沛等译,商务印书馆1997年版。

保继刚:《旅游开发研究:原理·方法·实践》,科学出版社1996年版.

保继刚:《区域旅游经济影响的评价:模型应用与案例研究》,南开大学出版社2010年版.

［英］伯特兰·罗素:《权利论》,吴友三译,商务印书馆2014年版.

邓殿臣:《斯里兰卡古代历史故事》,商务印书馆1987年版.

邓殿臣编:《东方神话传说（第五卷）:佛教、耆那教与斯里兰卡、尼泊尔神话》,北京大学出版社1994年版.

［美］戴伦·J.蒂莫西、斯蒂芬·W·博伊德:《遗产旅游》,程尽能译,旅游教育出版社2007年版.

［美］戴伦·J.蒂莫西:《文化遗产与旅游》,孙业红等译,中国旅游出版社2014年版.

董培海.李伟.《旅游、现代性与怀旧——旅游社会学得理论探索》[J].旅游

参考文献

学刊，2013年第4期.

董为民:《国外文化产业现状、发展措施与经验》,《经济研究参考》2004年第1期.

［苏］E.F.C.卢多维克:《锡兰现代史》,四川大学外语系翻译组译,四川人民出版社1980年版.

［印］恩·克·辛哈、阿·克·班纳吉:《印度通史》,张若达等译,商务印书出版社1973年版.

方李莉:《遗产:实践与经验》,云南教育出版社2008年版.

方忱:《后强人时代的斯里兰卡》,《南风窗》2015年第1期.

范文澜:《中国通史》,人民出版社1983年版.

（东晋）法显:《法显传》,文学古籍刊行社1955年版.

（东晋）法显:《佛国记》,商务印书馆2016年版.

（东晋）法显:《佛国记注译》,郭鹏注译,长春出版社1995年版.

费孝通:《乡土中国与乡土重建》,台北:风云时代出版社1993年版.

高丙中:《凝视世界的意志与学术行动——海外民族志对于中国社会科学的意义》,《广西民族大学学报》(哲学社会科学版)2009年第5期.

高丙中:《发展中国社会科学的一个路途》,《西北民族研究》2001年第1期.

高丙中:《海外民族志与世界性社会》,《世界民族》2014年第1期.

顾朝林、甄峰、张京祥:《聚集与扩散——城市空间结构新论》,东南大学出版社2001年版.

郭家宏:《斯里兰卡民族冲突的根源》,《学海》2005年第4期.

国际古迹遗址理事会国际保护中心:《国际文化遗产保护文件选编》,文物出版社2007年版.

［澳］葛兰·艾波林:《文化遗产:坚定、保存和管理》,刘蓝玉译,台北:五观艺术管理有限公司2005年版.

郭声波:《蒟酱（蒌叶）的历史与开发》,《中国农史》2007年第1期.

何明:《走向阐释:学术研讨会综述的解构与建构——以第三届全国贝叶文化研讨会的大会总结为例》,《学术界》2008年第4期.

何明、郭静伟:《"一带一路"时空秩序下的文化地理景观——中老边境商队及茶路变迁》,《云南社会科学》2016年第3期.

和少英、李闯:《桥头堡建设与云南跨境民族文化的繁荣发展》,《云南民族大学学报》(哲学社会科学版)2011年第9期.

和少英、叶海蓉:《建设民族文化大省:海外模式的启示》,《思想战线》1999年第1期.
何小莲:《宗教与文化》,同济大学出版社2002年版.
何依:《城市空间的记忆现象》,《城市建筑》2011年第8期.
黄国安:《郑和下西洋与中国占城经济文化交流》,《印度支那》1985年第2期.
耿引曾:《汉文南亚史料学》,《北京大学出版社》1991年版.
郝国强:《近10年来中国海外民族志研究反观》,《思想战线》2014年第5期.
黄心川主编:《当代亚太地区宗教》,宗教文化出版社2003年版.
贺圣达:《东南亚文化发展史》,云南人民出版社2011年版.
黄寿祺、张善文撰:《周易译注》,中华书局2016年版.
黄应贵主编:《空间、力与社会》,台北:中央研究院民族研究所1995年版.
江勤政:《印度洋上的明珠斯里兰卡》,上海锦绣文章出版社2010年版.
季羡林译:《五卷书》,人民文学出版社1981年版.
[美]凯文·林奇:《城市形态》,林庆怡等译,华夏出版社2001年版.
[毛里求斯]库兹·维恩图:《后殖民的挑战:迈向另类可能的世界》,谢明珊译,台北:韦伯文化国际出版有限公司2011年版.
林承节:《印度古代史纲》,光明日报出版社2000年版.
林承节:《殖民统治时期的印度史》,北京大学出版社2004年版.
(宋)李昉撰,夏剑钦等校注:《太平御览夏》河北教育出版社1994年版.
[法]列斐伏尔:《空间与政治》(第二版),李春译,上海人民出版社2015年版.
[英]雷蒙德·弗斯:《人文类型》,费孝通译,华夏出版社2001年版.
刘如仲:《郑和与南亚》,《南亚研究》1981年第3期.
李山校注:《管子》,中华书局2009年版.
刘世锦:《中国文化遗产事业发展报告》,社会科学文献出版社2014年版.
吕绍理:《展示台湾:权利、空间与殖民统治的形象表述》,台北:麦田出版社2011年版.
[美]刘易斯·芒福德:《城市发展史——起源、演变和前景》,宋俊岭等译,中国建筑工业出版社2004年版.
[日]芦原义信:《街道的美学》,百花文艺出版社2006年版.
麻国庆:《永远的家:传统惯性与社会结合》北京大学出版社2009年版.
(明)马欢:《瀛涯胜览》,商务印书馆2016年版.

参考文献

［美］迈克尔·托达罗、斯蒂芬·史密斯:《发展经济学》,余向华等译,机械工业出版社2009年版.

［英］迈拉·沙克利:《游客管理:世界文化遗产管理案例分析》,张晓萍等译,云南大学出版社2004年版.

马荣军:《日常性城市遗产概念辨析》,《先锋论坛》2015年第1期.

［美］米歇尔·福柯,《词与物——人文科学考古学》莫伟明译,上海三联书店2002年版.

［美］纳尔逊·格雷本,《人类学与旅游时代》,赵红梅译,广西师范大学出版社2009年版.

［锡兰］尼古拉斯、帕拉纳维达纳:《锡兰简明史》,李荣熙译,商务印书馆1972年版.

［英］诺曼·丹尼尔,《文化屏障》,王奋宇等译,浙江人民出版社1992年版.

（宋）欧阳修、宋祁撰:《新唐书》,中华书局1997年版.

彭兆荣:《旅游人类学》,民族出版社2004年版.

彭兆荣:《人类学仪式的理论与实践》,民族出版社2007年版.

彭兆荣:《遗产反思与阐释》,云南教育出版社2008年版.

彭兆荣主编:《文化遗产学十讲》,云南教育出版社2012年版.

彭兆荣:《我国的城镇化建设与文化遗产保护的关系》,《西北民族研究》,2014年第4期.

（清）钱大昭撰,黄建中等校:《广雅疏证》,中华书局2016年版.

［法］让·鲍德里亚:《符号政治经济学批判》,夏莹译,南京大学出版社2009年版.

阮仪三:《城市建设与规划基础理论》,天津科学技术出版社1992年版.

阮仪三:《城市遗产保护论》,上海科学技术出版社2005年版.

［斯里兰卡］索毕德:《晋代至唐代中国与斯里兰卡的佛教文化交流》,《安徽大学学报》2009年第4期.

沈海虹:《"集体选择"视野下的城市遗产保护研究》,博士学位论文,同济大学,2006年.

苏敬:《新修本草》,安徽科学技术出版社1981年版.

孙九霞主编:《旅游人类学:理论与经验》,社会科学文献出版社2013年版.

［美］萨拉·罗斯:《茶叶大盗:改变世界史的中国茶》,孟驰译,社会科学文献出版社2015年版.

邵铁生:《斯里兰卡文学》,外语教学与研究出版社1999年版.

[日]山下晋司编:《旅游文化学》,孙浩等译,云南大学出版社2012年版.

邵甬主编:《理想空间》,同济大学出版社2004年版.

石奕龙:应用人类学,厦门大学出版社1996年版.

(汉)宋衷注,(清)秦嘉谟辑:《世本八种》,商务印书馆1957年版.

[英]特德C.卢埃林:《政治人类学导论》,朱伦译,中央民族大学出版社2009年版.

[法]涂尔干:《宗教生活的基本形式》,渠敬东等译,上海人民出版社1999年版.

王红、宋颖聪:《旅游城镇化的分析》,《经济问题》2009年第10期.

王华、陈烈:《西方城乡发展理论进展》,《经济地理》2006年第3期.

王兰:《斯里兰卡经济格局变化》,《南亚研究》1999年第1期.

王兰:《列国志斯里兰卡》,社会科学文献出版社2004年版.

王兰:《斯里兰卡的民族宗教与文化》,昆仑出版社2005年版.

王树英:《中印文化交流与比较》,中国华侨出版社1994年版.

王建民:《中国海外民族志研究的学术史》,《西北民族研究》2013年第3期.

[苏]瓦·伊·科奇涅夫:《斯里兰卡的民族历史文化》,王兰译,中国社会科学出版社1990年版.

王云霞:《论文化遗产权》,《中国人民大学学报》,2011年第2版.

王云霞:《文化遗产法学:框架与使命》,中国环境出版社2013年版.

王镇华:《两岸文化的关怀》,德简书院1982年版.

[英]维克多·特纳:《象征之林:恩登布人仪式散论》,赵玉燕等译,商务印书馆2006年版.

[美]威廉·阿瑟·刘易斯:《二元经济论》,施炜等译.北京经济学院出版社1989年版.

[美]威廉·詹姆士:《宗教经验之种种》(上),蔡怡佳译,商务印书馆1947年版.

闻达、林少川:《见证中斯友好促进两岸交流——锡兰王子后裔在泉州》,《台声》1999年第7期.

文怀沙:《屈原招魂今绎》,百花文艺出版社2005年版.

武小龙、刘祖云:《城乡关系理论研究的脉络与走向》,《领导科学》2013年第4期.

徐黎丽:《通道地带理论——中国边疆治理理论初探》,《思想战线》2017年第2期.

徐黎丽.王悦:《"一带一路"建设中甘肃"黄金段"作用的发挥》,《西北师大学报》(社会科学版),2015年第6期.

薛克翘:《中国与南亚文化交流志》,上海人民出版社1998年版.

(汉)许镇撰,(清)段玉裁注《说文解字注》上海古籍出版社1981年版.

杨刚:《斯里兰卡凯拉尼亚大学的汉语教学》,《云南师范大学学报》(对外汉语教学与研究版)2012年第3期.

杨慧、凌文峰等:《"驻客":"游客""东道主"之间的类中介人群——丽江大研、束河、大理沙溪旅游人类学考察》,《广西民族大学学报》(哲学社会科学版),2012年第5期.

杨天宇译注:《礼记译注》,上海古籍出版社2016年版.

杨上广:《中国大城市经济空间的演化》,人民出版社2009年版.

[英]约翰·罗斯金:《建筑的七盏明灯》;张璘译,山东画报出版社2006年版.

伊夫:《印度洋上的三颗明珠》,《域外写真》2006年第5期.

余光弘:《闽西庵坝人的社会与文化》,厦门大学出版社2008年版.

袁坚:《斯里兰卡的郑和布施碑》,《南亚研究》1981年第1期.

袁逸倩:《寻找城市的记忆》,《城市建筑》2011年第8期.

余舜德:《体物入微:物与身体感的研究》台北:国立清华大学出版社2010年版.

[印]蚁垤:《罗摩衍那》,季羡林译,译林出版社2005年版.

张朝枝:《旅游与遗产保护:基于案例的理论研究》,南开大学出版社2008年版.

中国艺术研究院·中国非物质文化遗产研究中心:《中国非物质文化遗产普查手册》,文化艺术出版社2007年版.

张法:《佛塔:从印度到南亚的形式和意义变迁》,《浙江学刊》1998年第5期.

张松:《历史城市保护学导论——文化遗产和历史环境保护的一种整体性方法》,上海科学技术出版社2001年版.

张习明:《世界遗产学概论》,台北:万人出版社有限公司2004年版.

张晓萍、李伟:《旅游人类学》,南开大学出版社2008年版.

郑晴云:《朝圣与旅游:一种人类学透析》,《旅游学刊》2008年第11期.

郑时龄、薛密编译:《黑川纪章著》,中国建筑工业出版社1997年版.

赵晔、张觉校注:《吴越春秋》,岳麓书社2006年版.

周大鸣:《人类学与民族旅游:中国的实践》,《旅游学刊》2014年第2期.

(战国)庄周著.王岩峻等译注:《庄子》,山西古籍出版社2003年版.

英文文献

Abeysekera N. and Ganewatta S.N., *She is Mine: How to Win the Hearts of Chinese Tourist*, Maharagama: Shaakkya Publication, 2014.

André B., *Caste, Class and Power Changing Patterns of Stratification in a Tanjore Village*, Oxford: Oxford University Press, 2012.

Anguttara Nikāya, *Pali Text Society*, Oxford: Oxford University Press, 1888.

Asiff H., *Caste in Sri Lanka: From Ancient Times to the Present Day*, Battarmulla: Neptune Publications（Pvt）Ltd, 2013.

Bandaranayake S., *The Rock and Wall Paintings of Sri Lanka*. Colombo: Lake Housebook, 1986.

Benton, T., *Understanding Heritage and Memory*, Manchester: Manchester University Press, 2010.

Blatter, E., *The Palms of British India and Ceylon,* New York: Oxford University Press, 1926.

Boniface, P. and Fowler, P. J., *Heritage and Tourism in the global village*, London and New York: Routledge, 1993.

Brohier R.L., *Discovering Ceylon（Third Edition）*, Colombo: Sooriya Publishers, 2002.

Catherine B., *Ritual, Theory, Ritual Practice*, Oxlord: Oxford University Press, 1992.

Census of Population and Housing, *Population Atlas of Sri Lanka 2012*, Department of Census and Statistics and Ministry of Finance and Planning, 2013.

Chandrasekara N.D., *Heritage Buildings of Sri Lanka*, Colombo: The National Trust Sri Lanka, 2009.

Clifford, G., *The Interpretation of Cultures*, Basic Books: A subsidiary of Perseus books, L.L.C., 1973.

Cohen, E., "Who is a Tourist: A Conceptual Clarification" *Sociological Review*, Vol.22, No.4, 1974.

Constantakopoulou, C., *The Dance of the Island: Insularity, Networks, the Athenian Empire, and the Aegean World*, Oxford: Oxford University Press, 2010.

Coomaraswamy A.K., *Mediaeval Sinhalese Art*, New York: Pantheon Books, 1956.

Crick, M., "Representations of International Tourism in the Social Sciences: Sun, Sex, Sights, Savings, and Servility" *Annual Review of Anthropology*, Vol. 18, 1989.

Cromwell Cox O., *Caste, Class & Race: a Study in Social Dynamics*. New York: Modern Reader Paperback, 1970.

De Haan and Lipton M., "Poverty in Emerging Asia: Progress, Setbacks, and Log Jams" *Asian Development Review*, Vol.116, No.2, 1998.

De Silve K.M, *A History of Sri Lanka*, Colombo: Vijitha Yapa Publication, 2005.

Derek G. and Urry J, *Social Relations and Spatial Structures*, Hong Kong: Palgrave Macmillan, 1985.

Dewaraja L.S., *The Kandyan Kingdom*, Colombo: Lake House, 1998.

Dharmaratna H., *The Tooth Relic and the Crown*, Colombo: Gunaratne Offset Ltd, 1994.

Dhammaratana K., *Sinhalese Bō dhivaṃsaya*, Weligama: World Heritage Encyclopedia Publication, 1933.

Dilip M., *Caste, Nationalism, and Communism in South India: Malabar, 1900-1948*, New York: Cambridge University Press, 2008.

Dollard J., *Caste and Class in a Southern Town,* New York: Garden City, 1957.

Douglas M., *Purity and Danger: An Analysis of the Concepts of Pollution and Taboo*, Landon and New York: Routledge & Kegan Paul Ltd, 2001.

Gautam U., *South Asia And China*, Kathmandu: United Graphic Printers Pvt. Ltd, 2003.

Geiger W., *Mahāvamsa: The Great Chronocle of Ceylon*, Raththanapitiya: Ajith Printers（Pvt）Ltd, 2014.

George M., *Sri Lankan Tamil diaspora: Contextualizing pre-migration and post-migration traumatic events and psychological distress*, Toronto: University of Toronto, 2009.

Granburn H.H.N., "Tourism, Modernity and Nostalgia", in Akbar Ahmed and Cris Shore, eds., *The Future of Anthropoly: Its Relevance to the Contemporary World*, London: Athlone Press, University of London, 1995.

Granburn H.H.N., *Secular Ritual: A General Theory of Tourism*, London: Cognizant Communications, 2001.

Greenholtz J. F., "Does intercultural sensitivity cross cultures Validity issues in porting instruments across languages and cultures" *International Journal of Intercultural Relations*, Vol.29, No.1, 2005.

Greenwood D., "Culture by the Pound: An Anthropological Perspective on Tourism as Cultural Commoditization", in Smith, ed., *Hosts and Guests the Anthropology of Tourism*（Ed.2）, Philadelphia, PA: University of Pennsylvania Press, 1989.

Gunasekara B. ed., *The Rajavaliya or A Historical Narrative of Sinhalese Kings from Vijaya to Vimala Dharma Sury A II to Which are Added A Glossary and A List of Sovereigns*, AES Reprint: New Delhi, 1995.

Gunawardana R.A.L.H. and Pathmanathan S., *Reflections on A Heritage*, Panaluwa Padukka: State Printing Coperation Panaluwa, Padukka, 2011.

Harris M., "The Myth of the Sacred Cow", In Anthony Leeds and Andrew P. Vayda, Eds. *Man, Culture, and Animals*, Washington: American Association for the Advancement of Science, 1965.

Haputhanthri H., *Cultral Fluency: A Transformative Agenda for Caring Communities*, Colombo: Karunaratne & Sons Ltd, 2011.

Harrell B., *A Window on the Outside World: Tourism and Development in the Gambia*, American Universities Field Staff Report, 1978.

Harvey D., *The Condition of Postmodernity*, Oxford: Basil Blackwell, 1989.

Hems A. and Blockley M., *Heritage Interpretation*, Typeset in Bell Gothic and Perpetua by Florence Production Ltd, Stoodleigh, Devon Printed and bound in Great Britain by MPG Books Ltd, Bodmin, Cornwall: Taylor & Francis Group, 2006.

Howard, P., *Heritage: Management, Interpretation, Identity*, London and New York: Continuum International Publishing Group Ltd, 2003.

ICOMOS: *Cultural Tourism Charter*, Pairs: ICOMOS, 1999.

Indrapala, K., *The Evolution of an Ethnic Identity: The Times in Sri Lanka C.300 BCE to 1200CE*, Colombo: Vijitha Yapa Publications, 2007.

Jafari Jafar, *"Journal of Tourism Studies*, No.1, 1990.

Jafari J., *Encyclopedias of Tourism*. New York: Routledge, 2000.

Jayewardene A., "The Soviet Attitude Towards the Indo - Sri Lankan Problem" *Pacific Affairs*, Vol.164, No.12, 1991.

Jayasuriya L., *The Changing Face of Electoral Politics in Sri Lanka, 1994-2004*, Singapore: Marshall Cavendish Academic, 2005.

Jolliffe L. and Mohamed S. M. Aslam, "Tea Heritage Tourism: Evidence from Sri Lanka" *Journal of Heritage Tourism*, Vol.4, No.4, 2009.

Jupp J., "Democratic Socialism in Sri Lanka", *Pacific Affairs*, Vol.150, No.14, 1978.

Kelegema K., *Development Under Stress: Srilanka Economy in Transition*, Colombo: Vijitha Yapa Publications, 2006.

Kirshenblatt, G.B, *Destination Culture: Tourism, Museums, and Heritage*, Berkeley: University of California Press, 1998.

Knox R, *An Historic Relation of Ceylon*, Colombo: M.D. Gunasena & Co. Ltd, 1981.

Lash S. and Urry J., *Economies of Signs and Space*. London: SAGE Publications Ltd, 1994.

Leanen M., "Looking for the Future Through the Past", In Uzzell D.L (ed.) *Heritage Interpretation*, The Natural and Built Enviroment, London & New York: Belhaven Press, Vol.1, 1989.

Lefebvre H., trans by D. Nicholson-Smith, *The Production of Space*, Oxford: Basil Blackwell Ltd., 1991.

Lowenthal D. The *Heritage Crusade and Spoils of History*, New York: Cambridge University Press, 1996.

Mac Cannell D., *The Tourist: A New Theory of the Leisure Class*. Berkeley, CA: University of California Press, 1999.

Massey D., *For Space*, New York: SAGE Publications Ltd, 2005.

Meegahakumbura K., *Heritage of the Sacred Tooth Relic and The Temple of the Sacred Tooth Relic*, Panaluwa Padukka: State Printing Coperation Panaluwa, 2011.

Messenger P.M., *The Ethics of Collecting: Whose Culture? Cultural Property: Whose property?*, Mexico: University of New Mexico Press, 1993.

Ministry of Buddhasasana, *Tooth Relic of the Buddaha*, Published by the Department of Buddist Affairs, 1995.

Nash D, *Tourism in Pre-industrial Society*, In Aix-Provence: Centre des Hautes Etudes Touristiques, 1979.

Nash D, *Anthropology of Tourism*. Oxford: Pergamon Press, 2001.

Paranavitana R.H.C. Eds., *History of Ceylon*, University of Ceylon Edition（UHC）, No.1, 1959.

Paranavitana S, *Sinhalayo*, Boralesgamuwa: Visidunu prakashakayo, 2012.

Robson D., *The Architectural Heritage of Sri Lanka*. Talisman Publishing Pte, Ltd London, U.K.: Laurence King Publishing Ltd, 2016.

Russell I. Ed., *Images, Representations and Heritage: Moving beyond Modern Approaches to Archaeology,* New York: Springer, 2006.

Sanderatne N. *Tenancy in Ceylon's paddy lands: The 1958 Reform*, Madison: Land Tenure Center, 1972.

Roland S., *Architectuer in Early and Medieval Sri Lanka: A Study of the Thupa Bodhimanda, Uposathagara, and Patimaghara*, Durk: Krips Reppro Meppel, 1998.

Seneviratna A, *Gateway to Kandy: Ancient Monuments in The Central Hills of Sri Lanka*, Colombo: Vijitha Yapa Publications, 2008.

Seneviratna A., *The Springs of Sinhala Civilization: An Illustrated Survey of the Ancient Irrigation System of Sri Lanka（Second Edition）*, Wellampitiya: Godage International Publishers（Pvt）Ltd, 2002.

Seneviratna, A., *Śri Dalada Māḷigāwa: The Temple of The Sacred Tooth Relic（History and Architecture of The Temple）*, Colombo: Vijitha Yapa Publications, 2010.

Seneviratna A., *Śri Dalada Māḷigāwa: The Temple of The Sacred Tooth Relic（Rituals and Customs and Ceremonies）*, Colombo: Vijitha Yapa Publications, 2010.

Seneviratna A., *The Kandy Äsala Perahära（Fifth Edition）*, Colombo: Vijitha

Yapa Publications, 2014.

Seneviratne H.L., *Rituals of the Kandyan State*, Cambridge: Cambridge University Press, 1978.

Shastri A., "The Material Basis for Separatism: The Tamil Elam Movement in SriLank" *Journal of Asian Studies*, Vol.149, No.111, 1990.

Silke Von Lewinski ed., *Indigenous Heritage and Intellectual Property: Genetic Resources, Traditional Knowledge and Folklore*, Sold and distributed in North, Central and South America by Aspen Publishers: Kluwer Law International, 2003.

Sri Aurobindo, *The Secret of The Veda,* Pondicherry: Sri Aurobindo Ashram Press, 1998.

Thakker J., "Culture and classification: The cross-cultural application of the Dsm-IV" *Clinical Psychology Review*, Vol.18, No.5, 1998.

Theron N., and Wayne A. Cornelius, "Ethnology: Politics and the Migrant Poor in Mexico City" *American Anthropologist*, Vol.79, No.3, 1997.

Urry L, *Economies of Signs and Space*, London: SAGE Publications Ltd, 1994.

Urry J., *The Tourist Gaze*, London：SAGE Publications Ltd, 2009.

Van Den Berghe, *The Guest for the Other: Ethnic Tourism in San Cristobal, Mexico*, Seattle and London: University of Washington Press, 1994.

Walpola R., *History of Buddhism in Ceylon: The Anuradhapura Period 3rd Century BC-10th Century AC（Third Edition）*, Colomo:The Buddist Cultral Centre, 1993.

Weerasingle S.G.M., *A History of The Cultural Relations Between Sri Lanka and China*, Colombo: Karunaratne & Sons Ltd, 1995.

Wichramasinghe M., *Aspects of Sinhalese Culture（Fifth Edition）,* Colombo: Samayawardhana, 2006.

Wickramasinghe N., *Sri Lanka in the Modern Age: A History of Contested Identities,* Colombo: Vijitha Yapa Publications, 2006.

Wijesekera N., *The Sinhalese*, Colombo: M.D. Gunasena & Co.Ltd, 1990.

Wijesuriya B., *Changes Across Time and Space*, Nugegoda: Piyasiri Printing Systems Soratha Mawatha, Gengodawila, 2013.

Wolf E. R., *Europe and the People without History*, Berkeley: University of California Press, 1982.

Worsley P., "The three worlds: Culture and World Development" *New Society*, No.26, 1984.

Yogasundram N, *A Comprehensive History of Sri Lanka from Prehistoric Times to the Present（Third Updated Edition Reprint）*, Colombo: Vijitha Yapa Publications, 2013.

附录一

中英文对照表

一 康提地区名字

Ampitiya——安皮提亚
Asgiriya——阿斯吉利亚
Bahitawa Kanda——巴西塔瓦康达
Bowala——博瓦拉 Buwelikada——布维利卡达
Deiyannewela——德延讷威拉
Kahalla——卡哈拉
Katugastota——卡图嘎斯托塔
Katukele——卡图科勒
Kotugodella——孔图贡德拉
Lewella——勒维拉
Mahaiyawa——马海亚瓦
Mapanawatura——马巴纳瓦图拉
Mawilmada——马威尔玛达
Mulgampola——慕尔甘博拉
Nuwara Dodanwela——努瓦拉·都丹威拉
Peradeniya——佩拉德尼亚
Talwatta——塔尔瓦塔
Siyambalapitiya——西雅姆巴拉皮提亚
Suduhumpola——苏度忽姆波拉
Watapuluwa——瓦塔普鲁瓦
Wewelpitiya——威维尔皮提亚
Yatinuwara——亚提努瓦拉

二 斯里兰卡主要河流

Colombo——科伦坡
Deange Ela——迪昂戈水渠
Dunumadala Ela——杜姆马达拉水渠
Ellwala Ela——埃尔瓦拉水渠
Enigalawela Ela——艾尼嘎拉维拉水渠
Galle——加勒
Hali Ela——哈利水渠
Hal Oya——哈尔河
Heenpenkandala Ela——赫盆坎达拉水渠
Kammaldeniya Ela——卡姆马尔

丹尼亚水渠

　　Kandy——康提

　　Mahaweli Ganga——马哈韦利河

　　Meda Ela——麦达水渠

　　Medakumbura Dola——迈达库姆布拉溪流

　　Pinga Oya——拼嘎河

　　Pita Ela——皮塔水渠

　　Pusil Oya——普希尔河

　　Siyambalangekumbura Ela——西雅姆巴兰格库姆布拉水渠

　　Trincomalee——亭可马里

　　Urawala Ela——乌拉瓦拉水渠

　　Yan Oya——延河

三　斯里兰卡材料中主要国家和城市名称：

　　Afganistan——阿富汗

　　Amarabati——阿马拉瓦蒂

　　Angkor Thom——吴哥通王城

　　Arabina Sea——阿拉伯海

　　Ayutthaya——阿瑜陀耶

　　Bangkok——曼谷

　　Bangladesh——孟加拉

　　Bali——巴厘

　　Bhutan——不丹

　　Bodh Gaya——菩提迦耶

　　Borneo——渤泥

　　Cambodia——柬埔寨

　　Chang'an——长安

　　China——中国

　　Dasu——大蜀

　　Delhi——德里

　　Emei Shan——峨眉山

　　Gandhara——犍陀罗

　　Gaya——加雅

　　Gobi Desert——戈壁沙漠

　　Indonesia——印度尼西亚

　　Indian Ocean——印度洋

　　Iran——伊朗

　　Japan——日本

　　Java——爪哇

　　Kanchipuram——康契普拉姆

　　Kandy——康提

　　Kapilavasthu——伽毗罗卫国

　　Kashgar Khoton——喀什

　　Kazakhstan——哈萨克斯坦

　　Kunlun Shan——昆仑山

　　Kushinagara——拘尸那罗

　　Kyrgyzstan——吉尔吉斯斯坦

　　Lao——老挝

　　Lhasa——拉萨

　　Loulan——楼兰

　　Maleysia——马来西亚

　　Mathura——秣菟罗

　　Meerut——密鲁特

　　Mihintale——密亨达勒

　　Miran——密阮

　　Mongolia——蒙古

　　Myanmar——缅甸

　　Nagappattinum——纳加帕蒂南

　　Nagarjunakonda——那伽尔朱纳

康达

Nalanda——那烂陀

Nepal——尼泊尔

North Korea——朝鲜

Northern Route——北方线路

Pagan——蒲甘

Pakistan——巴基斯坦

Pataliputra——波吒厘子

Sanchi——桑奇

South Asian Route——南亚线路

South China Sea——中国南海

South Eastern Route——东南亚线路

South Korea——韩国

Sri Lanka——斯里兰卡

Sumatra——苏门答腊

Tai Shan——泰山

Thailand——泰国

Tukmenistan——土库曼斯坦

Usbekistan——乌兹别克斯坦

Vietnam——越南

Wutai Shan——五台山

Yangoon——仰光

四 斯里兰卡材料中丝绸之路商队所对应的城市名称

Aden——亚丁

Agra——阿格拉

Ahmedaba——艾哈迈达巴德

Aleppo——阿勒颇

Alexandria——亚历山大港

Ansi——西安

Baghdad——巴格达

Balkh——巴里黑（大夏）

Bandar Abbas（Gomnroom）——班达拉巴斯（或阿巴斯港）

Bazra——巴兹拉

Bukhara——布哈拉

Burhanpur——布兰普尔

Cairo——开罗

CEYLON（Sirendib）——锡兰

Damascus——大马士革

Delhi——德里

Gaza——加沙

Gwalior——瓜里尔

Hamadan——哈马丹

Hami——哈密

Herat——赫拉特

Isfahan——伊斯法罕

Jedda——吉达

Jodhpur——焦特普尔

Kabul——喀布尔

Kandahar——坎大哈

Kasher——喀什

KAZAK STEPPES——哈萨克大草原

Khotan——于阗

Kirman——克尔曼

Kul Ja——伊宁

Lahore——拉合尔

LopNor——罗布泊

Mecca——麦加

Medina——麦地那

Merv——梅尔夫

Mocha——穆哈

Multan——木尔坦

Nishaour——尼沙布尔

Samarkand——撒马尔罕

Sana——萨那

Shiraz——设拉子

Sironj——锡龙杰

Surat——苏拉特

Tatta——塔塔

The Great Wall——长城

Tibet——西藏

Turfan——吐鲁番

Urumchi——乌鲁木齐

Wu Su——乌孙

Yarkand——莎车

Yazd——亚兹德

五 斯里兰卡材料中对外贸易所对应的城市名称

Agra——阿格拉

Aleppo——阿勒颇

Chu'an—chou（Zaiton）——泉州（刺桐）

Damascus——大马士革

Hang—chou——杭州

Malindi——马林迪

Mombasa——蒙巴萨岛

Nanking——南京

Satgaon——索纳尔冈

Zanzibar——桑给巴尔

红色图标：

Aden——亚丁

Alexandria——亚历山大港

Al-fustar（Carrol）——开罗

Baghdad——巴格达

Basra——巴士拉

Canton(Kanfu)——广州

Cambay——肯帕德

Chang-an——长安

Delhi——德里

Herat——赫拉特

Isfahan——伊斯法罕

Jedda——吉达

Loyang——洛阳

Mantai——曼泰

蓝绿图标：

Kanchipura——建志补罗

Sanf——占城

Tamralipti——耽摩立底（多摩梨）

其他：

Arabian Sea——阿拉伯海

Balkh——大夏

Barwa——伯尔瓦

Berbera——柏培拉

Borneo——渤泥

Caesarea——凯撒里亚

Gaza——加沙

Hamadam——哈马丹

Indian Ocean——印度洋
Japan——日本
Java Sea——爪哇海
Jersalem——耶路撒冷
Kabul——喀布尔
Kilwa——基尔瓦
Kirman——克尔曼
Liu-chiu——琉球
Madagascar——马达加斯加
Malacca——马六甲
Malaya——马来亚
Maldives——马尔代夫
Medina——麦地那
Merv——梅尔夫
Mogadishu——摩加迪沙
Multan——木尔坦
Muscat——马斯喀特
Nagasaki——长崎
Nishapur——尼沙布尔
SIAM——暹罗
South China sea——中国南海
Suhat——苏哈尔
Sulawesi——苏拉威西岛
Sumatra——苏门答腊
Taif——塔伊夫
Ternate——特尔纳特（德那地）
Yazd——亚兹德
Zeila——泽拉

六　斯里兰卡茶区分布图地名

Adam's peak——亚当峰
Airport——班达拉奈克机场
Anuradhapura——阿努拉达普勒
Arugam Bay——阿鲁加姆湾
Batticaloa——拜蒂克洛
Colombo——科伦坡
Dimbulla——丁布拉
Galle——加勒
Hambantota——汉班托塔港
Hikkaduwa——黑卡杜瓦
Jaffna——贾夫纳
Kandy——康提
Kilinochchi——基利诺奇
Mannar——马纳尔
Mullativu——木拉提乌
Nilaveli——尼拉维利
Nrgombo——尼甘布
Nuwara Eliya——努瓦埃利亚
Polonnaruwa——波隆那努瓦
Puttalam——普塔勒姆
Ruhuna——卢哈纳
Sigiriya——西格利亚古城
Trincomalee——亭可马里
Uda Pussellawa——乌达普沙拉瓦
Uva——乌瓦
Vavuniya——瓦武尼亚
Wilpattu National Park——维拉帕图国家公园
Yala National Park——雅拉国家公园

后　记

　　毕业数年后，我终于鼓起勇气出版博士论文，即《遗产的累叠与生长——斯里兰卡圣城康提的民族志研究》。虽然文笔拙劣，但论文整体改动并不大。因为民族志的形式可以多样，"田野感"真实而又重要，它记录了我在田野调查期间的想法和心境。这篇论文是在我的导师彭兆荣教授悉心指导下所完成。从田野点的选定到论文的选题，以及整个写作过程他都注入了心血，甚至在我田野期间他带领团队亲赴现场，团队的帮助对我给予了极大的鼓励。在此，要感谢团队成员广西民族大学黄玲教授，贵州大学的闫玉教授、厦门大学张进福教授、四川美院的张颖教授。在田野期间，他们不遗余力地对我的论文提出了指导和修正。

　　感谢斯里兰卡科伦坡大学的苏伽斯·辛内瑞斯教授，凯拉尼亚大学的罗哈纳·拉克什曼教授，佛牙寺佛教研究中心首席，佛牙寺的执事和诸多僧侣们，我所在村庄的行政长官，我的报道人和村里的乡亲们，在斯里兰卡的华侨小伙伴们，斯里兰卡中资公司的同胞们。这里需要感谢的人实在太多，他们将田野中的许多不可能变成了可能，这些帮助足以支撑我安全和有效的在田野中"奔跑"。这里还需要感谢美国加州大学伯克利分校的纳尔逊·格拉本教授在我的整个选点和田野过程中给予我最诚心的帮助，甚至将他的家谱赠予我作为斯里兰卡研究，还有哈佛大学迈克尔·赫兹菲尔德教授对我的指点，以及对语言学习重要性的强调。

　　在祖国坚实的土地上，我的老师和兄长们对我也进行了孜孜不倦的教诲和指导。非常感谢厦门大学的余光弘教授、葛威教授、葛荣玲教授、谭红春教授、崔旭教授、张亚辉教授。中国社科院的汤晓青教授。云南大学的段丽波教授、

后　记

李晓斌教授、张晓萍教授。云南师范大学赵红梅教授。西北政法大学柯泽教授。云南民族大学的和少英教授、路芳教授、吴兴帜教授。以及门内关心我的师兄师姐，师弟师妹们。给予我帮助的人远不及此，这里无法一一列举，实感愧疚。感谢所有帮助、支持和鼓励过我的人，在此一并致谢。

最后，我要感谢读书期间先生对我的默默支持。感谢幼女的理解，将这份"缺失"的母爱化为成长的动力。感谢养育并呵护我成长的父母，他们无私的付出使我能够执着地在学术道路上孜孜以求。

余媛媛
写于加州伯克利 International House
2023 年 3 月 9 日

Abstract

In the beautiful and vast Indian Ocean, there is a country in the shape of a Teardrop, Because of its rich natural and cultural heritage, it is known as the Pearl of the Indian Ocean, This country is Sri Lanka. Sri Lanka is located between 79°-81°east longitude and 5°-9° north latitude, It is an island country 880 kilometers away from the equator. The geographical location of Sri Lanka has been very important since ancient times. It is located at the southern tip of the South Asian subcontinent, separated from the Indian Peninsula in the northwest by the Palk Strait, adjacent to the Bay of Bengal (across the sea from Thailand, Malaysia and Indonesia) to the east, and the Arabian Sea (connecting to Africa) in the west. It is a crossroads where shipping routes meet, a major port on the Indian Ocean and a transit point for trade in South Asia.

There are 8 world heritage sites in the whole island of Sri Lanka, including 2 natural heritage sites and 6 cultural heritage sites. The natural heritage is the Sinharaja Forest Reserve and the Central Highland of Sri Lanka. Among the 8 world heritage sites, there are 6 cultural heritages, one of which is Galle Fort, which was listed as a world cultural heritage in 1988, and the other 5 world cultural heritages in Sri Lanka are concentrated in Anuradapura, Polonaruwa and Kandy form a triangle area, known as the Cultural Triangle. The triangular area with the ancient city of Anuradhapura, the ancient city of Polonaruwa and the central Kandy also includes the ancient city of Sigiriya and the Golden Temple of Dambulla. These five world cultural heritage sites are a collection of the main heritage sites in Sri Lanka's

Abstract

history, and they are also the essence of Sri Lankan culture.

City is the container of human civilization with history and culture, and a socio-economic and cultural landscape, which reflects the living conditions of urban residents. Especially the ancient cities with history and stories, they are the continuation of historical context and the bond that maintains the spirit of generations; they achieve social stability and sustainable development, and also show the living conditions and life conditions of modern people. Kandy, Sri Lanka is such an ancient city with history and stories. It is the capital of the last Kandy dynasty in Sri Lanka and the second largest city in Sri Lanka. At the same time, it also enshrines the Buddha's tooth, Sakyamu, which symbolizes Sri Lanka's orthodox legal rights and kingship. Molar relic after Nirvana. Kandy has accumulated human ingenuity in urban planning, architecture, sculpture, painting, as well as music, dance and other aspects, so it is regarded as an important cultural heritage. In 1988, it was named The Sacred City of Kandy by UNESCO, Inscribed on the World Heritage List.

There are six chapters in this book, The article first sorts out heritage and city respectively, and classifies the connotation of the city and the relationship between the city and its surroundings, the connotation and classification of heritage, as well as the identification and correlation of the three heritages are expounded respectively, It then lays the groundwork for the arguments presented later, arguing that Sri Lanka's legacy has been piling up over time. With time passing by, heritage stacks also change with location. Although the development of the ancient city of Anuradhapura and the ancient city of Bologna Nuwa where the cultural core was located has stagnated, and the historical clock of the Sinhala Dynasty stopped in Kandy, the accumulation of heritage has not disappeared, Mention continues to be inherited, developed and precipitated through people's ritual practice and daily practice. As such, Kandy has become a juncture where Sri Lankan heritage stacks and grows. In Kandy, people guard the Buddha Tooth Relic and the cultural heritage that has been selected and accumulated by history and society. It still keeps stacking and growing in the practice of rutial and people's daily life. In Sri Lanka, besides the double regurgitation-feeding economic activities, the offer and practice of heritage by people is the core of the city growth.

When the city to become a cultural heritage, it becomes a multi-attractive tourism resources. To some extent, the city is a container of human civilization, but this container is not static. This container can change with the social value system. The Sacred City of Kandy is witnessing the process of change from a time and space perspective, and it continues to accumulate and grow as a legacy of Sri Lanka in the modern society.